The Gospel Beyond the Church :

Jesus, a Defiant Man, and His Gospel of the Kingdom of God

도서출판 대장간은
쇠를 달구어 연장을 만들듯이
생각을 다듬어 기독교 가치관을
바르게 세우는 곳입니다.

대장간이란 이름에는
사라져가는 복음의 능력을 되살리고,
낡은 것을 새롭게 풀무질하며, 잘못된 것을
바로 세우겠다는 의지가 담겨져 있습니다.

www.daejanggan.org

반골 예수와 그의 하나님 나라 복음

교회 너머의 복음

지은이 김대옥
초판발행 2019년 7월 22일

펴낸이 배용하
책임편집 이승호
등록 제364-2008-000013호
펴낸 곳 도서출판 대장간
www.daejanggan.org
등록한 곳 충청남도 논산시 가야곡면 매죽헌로1176번길 8-54

분류 신앙 | 복음 | 하나님나라
편집부 전화 (041) 742-1424
영업부 전화 (041) 742-1424 · 전송 0303 0959-1424
ISBN 978-89-7071-485-1 03230
CIP제어번호 CIP2019027055

값 15,000원

반골 예수와 그의 하나님 나라 복음

교회 너머의 복음

김대옥

The Gospel Beyond the Church :

Jesus, a Defiant Man, and His Gospel of the Kingdom of God

*** 일러두기**

별도의 표기가 없는 한 성경 본문은 〈표준새번역〉 본에서 인용하였다.

목차

여는 글 11

서문 17

1부 반골 예수

1장 갈릴리 예수, '강남'을 등지다 29

2장 반골 예수, 지배문화에 맞서다 49

3장 변혁자 예수, 세상을 뒤엎다 73

2부 그가 꿈꾸던 세상

4장 복음, 세상을 향한 복된 소식 99

5장 왕국, 예수가 꿈꾸는 하나님 나라 119

6장 구원, '지금 여기'에서 누리는 정상적인 삶 139

7장 샬롬, 모든 것이 온전한 평화로운 세상 161

8장 희년, 여호와의 은혜의 해 183

3부 예수와 길동무 되어

9장 회심, 하나님 나라에 참여하는 길 207

10장 연대, 가난한 노동자를 향한 하나님의 마음 227

11장 저항, 제국의 시대를 살다간 성서시대 사람들 247

12장 확장, 교회의 경계를 넘어 277

닫는 글 305

여는 글

1. 사랑하는 교회가 무너져간다.

나는 교회를 사랑한다. 내 기독교 신앙은 일찍 남편을 잃고 홀로 아이들을 양육해야 했던 내 어머니의 신앙으로부터 비롯되었다. 가난한 형편상 이곳저곳으로 이사 다녀야 했던 사정을 핑계로 청소년기 동안 멀어졌던 교회는, 스무 살 어간에 이르러서 다시 찾게 되었고, 그때부터는 온통 내 삶의 중심이 되었다. 이후 나는 종종 방황하기도 하고 교회와 소원해지기도 했지만, 줄곧 그 안에서 성장하고 사역하며, 지금에 이르기까지 교회와 함께 살아왔다. 교회는 내 인생의 터전이요 자양분이 되었고, 마치 나무의 나이테처럼 내 생애를 형성해 왔다. 그러므로 교회가 영광을 얻으면 내게도 영예요, 교회가 비루해지면 내게도 수치가 된다. 교회가 건강하면 나도 활력이 넘치고, 교회가 아프면 나도 아프다.

그 사랑하는 교회가 급격히 무너져간다. 심지어 땅에 버려져 세인들의 발밑에 짓밟히고 있다. 예수가 경고했던 맛 잃은 소금의 운명을 연상케 한다. 존경받던 목회자들이 하나둘씩 무너지는 모습을 보면 마치 '배도 시대'의 도래를 떠올리게 된다. 길 잃은 성도들은 맹목의 수렁에서 허우적거리고, 일부는 대안을 고민하며 교회들을 전전하고 있다.

급기야 많은 청년 세대들은 교회를 등지면서 '가나안 성도'가 되어가고 있다. 그들 눈에 교회의 복음은 당면현실과 아무런 연관성이 없다. 그 복음이 묘사하는 예수는, 그 선포와 달리 인간 곤경에 무력하거나 최소한 무관심하다. 현실에 무감각한 수많은 설교가 허공으로 사라진다. 급변하는 세상 속에서 교회의 부적응증은 날로 악화되어 간다.

교회 안팎의 생각 있는 많은 사람은 점차 교회의 신앙과 실천에 회의하고 있다. 심지어 교회는 안으로부터 빠르게 무너져 내리고 있다. 성장은 이미 멈춘 지 오래고, 지금은 급속도로 수적 감소를 경험하고 있다. 그 위용을 자랑하던 여러 대형교회들은 그 화려한 건물과 규모에 상관없이 그 본질에서부터 붕괴되고 있다. 그 숫자의 어떠함이 아니라 '세상의 소금과 빛'이라는 교회의 정체성 상실과 그 부산물인 돌이킬 수 없는 사회적 공신력의 붕괴다. 세인들에게 기독교는 세상의 골칫거리나 심지어 혐오의 대상으로 간주되기에 이르렀다. '교회가 세상을 구원한다'는 발언은 세상 물정 모르는 무지하고 오만한 주장으로 치부되고, 도리어 감각을 잃고 무너져가는 교회를 세상이 구원해야 하는 상황이 도래해 있다.

2. 그곳에서 진짜 예수는 내어 쫓겼다.

무너져가는 교회에 내재한 그 다양한 모순들의 원인은 수없이 많을 것이다. 그중에 나는 교회가 믿는 '예수와 그 복음'에 근본적인 문제가 있다고 본다. 대중기독교나는 여기서 '다수의 신자들이 일반적으로 그러하다고 대체로 동의하는 중간 값' 정도로 이를 정의해 둔다.가 선포하는 예수와 그의 복음은 복음서가 드러내는 그것의 '온전한' 그림으로부터 너무 멀어져 있다. 기껏해야 남은 것은 그 반쪽 정도일 뿐이다. 좀 더 거칠게 지적하면, 복음서의 예수는 교회 밖으로 내어 쫓겼고, 그가 전하던 복음, 곧 그가 십자가를 지기까지 선포하며 펼쳐냈던 그의 복음도 실종되고 말았다. 그를 따른다는 무리가 한편만을 택하고 더 중요한 나머지는 버렸거나 외면해버린 때문이다. 그나마 오늘까지 교회에 남아 명맥을 유지하는 예수는 현실 역사에는 무관심한 '교리의 예수'다. 이런 상황에서 교회의 붕괴는 이상한 현상이 아니다.

물론, 대중기독교가 붙들고 있는 복음은 오랜 세월 교회를 세우고 성도들을 길러내며, 수많은 이들에게 새로운 삶과 구원 경험을 선물해 왔다. 그런데 오늘날 그 복음은 설득력을 잃고 복원력도 상실하고 있다. 대중의 교육수준과 정보 접근 능력은 맹목적 믿음만을 강요하는 교회를 더이상 견디지 못하게 한다. 그 복음에 기초한 교회들은 극심한 변천을 겪으며 기울어가고 있다.

현시대 상황에서 그 복음에 한계가 있다는 지적은 이미 오래전부터 많은 이들에 의해 제기되어 왔다. 무언가 심히 잘못되어 있음을 깨닫는다면, 우리는 근원에서부터 다시 물어야 한다. 우리가 믿는 그 예수가 정작 어떤 이인지, 그가 십자가를 지기까지 가르치고 보여준 복음의 실체는 무엇인지부터 말이다. 우리의 예수 이해, 복음 이해, 하나님 나라 이해는 온전한 것일까? 혹 그것이 반쪽이거나, 도리어 온전한 복음을 가리는 장애가 된 것은 아닐까? 그것을 넘어서는 대안적 예수 이해, 복음 이해, 기독교적 실천 이해는 가능할까?

교회와 그 복음이 처한 이러한 현실을 목도하면서, 나는 여전히 이런 질문들을 이어오고 있다. 기독교의 복음은 여전히 유효한 것인가? 기독교는 이 상황 속에서 어떻게 자기 증거를 이어갈 수 있을까? 이 세대와 오는 세대에서 교회는 스스로를 지켜 갈 수 있을까? 과연 급변하는 세계 속에서 사람들은 기독교에 여전히 희망을 둘 수 있을까?

3. 예수의 귀환과 그 복음의 온전을 꿈꾼다.

앞으로 살펴보겠지만, 오늘 교회의 붕괴 현상 이면에는 대중기독교의 근본적인 신학 부재 내지는 극심한 편향이 놓여 있다. 이 글을 쓰는 것도 이에 대한 위기의식에 기초한다. 나는 여전히 교회에 희망을 갖는다. 이 책은 그 희망에 부응하기 위한 작은 시도다. 치우친 추를 조금이라도 옮겨내려면, 미력하나마 이런 목소리라도 내어주는 이들이 많아져야 하리라 생각했기 때문이다.

이 책에서 다루는 '예수'와 '하나님 나라'는 흔히 기독교의 복음을 처음 접하는 이들에게 소개하는 그 복음의 '초보적' 요약이 아니다. 나는 이 책을 통해 오히려 초신자와 기신자 모두가 '처음부터' 알아야 할 기독교 선포의 핵심을 짚고 싶었다. 심지어 기독교인이 아닌 일반인들도 예수가 누구이며, 그의 이상은 무엇이었으며, 따라서 기독교의 추구가 무엇이어야 하는지 살필 수 있기를 기대했다.

특별히 예수와 복음을 오해함으로 교회를 떠나 가나안 성도로 살아가는 이들에게 '좋은 소식'을 전하고 싶었다. 어떤 이유로든 실망하고 교회를 떠나간 사람들이 이 책을 통해 다시 예수와 그의 나라에 대해 생각해 볼 기회를 얻게 되기를 기대한다. 또한 예수의 핵심 메시지가 '이 땅에 임하는 하나님 나라'라는 사실을 들어본 적이 없는 이들, 또는 들어는 보았지만 여전히 모호하여 구체적인 청사진을 스스로 그릴 수 없는 이들이 좀 더 명확한 그림을 그리게 되기를 희망한다. 나아가 그 나라의 역군들로서 어떻게 이 세계의 변혁자들로 살아갈 것인가에 대해 고민하는 이들의 목마름이 조금이라도 해갈되기를 기도한다.

애석하게도 아무것도 '모르는' 사람보다는 처음부터 '잘못 알고 있는' 이들에게서 교정은 더디 일어나는 경향이 있다. 자신이 기독교에 대해 이미 잘 알고 있다고 믿는 오래된 신자들과 목회자들도 이 글을 통해 예수와 그의 복음에 대한 보다 확대된 지평을 갖게 되기를 바란다. 신앙생활을 오래 해왔으나 예수에 대해 편향된 시선에만 안주하는 이들이 열린 마음으로 이 책의 도움을 받게 되기를 기대한다.

눈과 마음을 열고 예수의 진면목을 다시 들여다보기 시작한다면, 나아가 그의 선포와 사건을 통해 그가 꿈꾸던 나라를 재구성할 수 있다면, 복음서의 예수는 다시 귀환할 수 있을 것이다. 외면했던 그의 하나님 나라 복음도 다시 온전해질 수 있을 것이다.

끝으로, 이 책과 관련하여 언급해야 할 일들은 많지만, 꼭 감사를 표해야 할 이들이 있다.

먼저 쉽지 않은 출판 사정에도 졸고를 출간해 주신 도서출판 대장간의 배용하 목사님께 감사드린다. 이 책의 메시지를 고려하며 제일 먼저 떠올린 출판사가 '대장간'이었다. 먼 산골 빈 들에서 외치는 투박한 발언임에도 배 목사님이라면 이 글의 가치를 기꺼이 살펴보아 주시지 않을까 싶었다. 대장간에서 벼리어진 이 책이 적어도 '반골 예수'의 행적을 따르고 싶어하던 이들에게 작은 위로라도 되어주었으면 하고 바란다.

그리고 자신들의 사랑하는 모교가 부끄러운 역사를 쓰지 않도록 하기위해, 나의 해직처분에 대한 학교 측의 처사를 성토하며 지지의 목소리를 내어 준 학생들과 동문들에게 감사한다. 나아가 선생을 위해 자신들의 할 바를 하겠다며 후원까지 결행한 제자들에게 감사한다. 그대들의 지지와 격려로 용기 내어 씨름을 이어가고 있음을 고백한다.

이 책을 통해 작은 영광이라도 주어진다면, 그것은 모두 이 부족한 자를 들어 목소리를 내게 하신 하나님과 주 예수께 있다.

저자 드림

서문

1. 잃어버린 반쪽, '복음서의 예수'

복음서에는 예수가 살고 있다. 그 복음서들의 기원이 1세기부터였다면, 그 예수는 2천여 년 동안 바로 거기에 있어 왔다. 그는 그 책들을 통해 변함없이 자신을 드러내고, 또 자신의 목소리를 내고 있었다. 애석하게도 긴 역사 동안 신자들은 그의 진면목을 주목해 보거나 그의 목소리를 제대로 경청하지 못해왔다. 설교자들이 자신들이 아는 만큼, 전해 받은 만큼에만 만족하고 그것에만 안주했기 때문이다. 신자들 또한 자신들의 욕망에 충실했다. 그들은 보고 싶은 모습만 보고, 듣고 싶은 목소리만 듣고 싶어했다. 양자 모두 복음서가 전하는 불편한 내용은 가리고, 제각기 자신들의 구미에 맞게 예수의 모습을 재단하고, 그의 교훈을 짜깁기하여 해석하며, 소원성취 대상으로 그를 신앙해 왔다.

과연 오늘 대중기독교에서 선포되는 예수는 복음서의 예수와 동일한 예수일까? 아니 적어도 복음서의 증거에 충분히 부합하는 예수일까? 아니면 일부분은 닮았지만 상당 부분 상이한 예수일까? 만일 그렇다면 닮은 부분은 무엇이고 상이한 모습은 또 어떤 모습일까? 반대로, 만일 우리가 믿는 예수가 복음서의 예수와 다르다면 그는 여전히 '예수'일 수 있을까? '반쪽 예수,' '부분 예수'도 여전히 '예수'인 것일까? 교회의 해석적 자유를 인정하더라도, 그것이 과도하게 채색되고 변형된 예수라면 어떻게 해야 할까? 본래 모습의 근사치를 찾을 수는 있는 것일까?

만일 이러한 질문이 대중기독교의 신앙 현실을 반영하는 것이라면 심각한 문제가 아닐 수 없다. 그동안 우리는 누구를 바라보고 누구의 목소리를 들어온 것인가 하는 문제에 직면하기 때문이다. 사실 이 질문들에 정직하게 대면하여 성서를 읽어 온 이들은 그동안 많이 있었다. 그러나 그 해석을 통해 복음서가 기록하는 예수의 민낯을 드러내면, 그를 안다고 하는 이들, 특히 오랫동안 그를 믿어 왔다고 하는 이들이 먼저 그 예수를 거부하고 저항해 왔다. 그 복음서에 나오는 그의 목소리를 그의 의도에 맞게 들려주면, 그 메시지를 통해 구원받았다고 하는 이들, 그리고 그것을 누구보다 더 잘 알고 있다고 스스로 자만하는 이들이 먼저 분개하고 정죄해왔다. 결국 예수는 그의 교회에서 설 자리를 잃어왔다. 이것이 여전히 예수를 교회 밖으로 내모는 메커니즘이다.

나는 그 복음서들을 통해 '하나님의 아들' 예수로 시작하여 '사람의 아들' 예수를 대면해 왔다. 특별히 그의 '사람 냄새 나는' 행보에 감동하고 또 그 길을 따라나섰다. 이 땅에서 그의 제자로 사는 길이라 여겨 타문화권에서 복음 전도자도 되었고, 그의 하나님 나라 청사진이 세상을 변화시키는 대안이라 여겨 열심히 살며 또 설교해 왔다. 그러나 많은 이들은 그 '사람 냄새나는' 예수에 대한 가르침을 불편해했다. 어떤 이들은 한사코 그것을 '인본주의'라고 비방했다. 심지어는 위험하다 수군거렸다. 사람으로 와서 사람들과 더불어 살다가, 그 사람들의 행복과 영생을 위해 싸우다 십자가를 진 예수를 믿는다는 공동체가 정작 예수의 그 '사람 냄새'를 지우려 애쓰는 모습은 아이러니가 아닐 수 없다.

사람들은 자기에게 익숙한 '도그마의 예수상'을 바꾸고 싶어하지 않는다. 혹자의 표현과 같이 그들은 '경건한 무지의 상태'로 계속 남아 있기를 선택한다. 그들에게 예수는 천상의 하나님으로만 머물러 계셔야 한다. 이렇게 그들은 예수에게서 인성을 지우고 그를 신의 보좌에 박제해 두는 것이다. 예수는 더이상 일상 삶에서 '따를' 본이 아니다. 그는 신자가 이 땅에 머무는 동안 그들의 욕망에 응답하는 신으로 '거기 보좌에' 머물러야 한다. 그리고는 언제일지 모를 미래의 어느 날, 구름을 타고 재림해 와서 그들을 또한 천국으로 인도하여야 한다. 그런 예수에게 찬양과 예배는 얼마든지 올려 드릴 수는 있다. 그러나 예수가 가르치고 살아내며 앞서간 십자가의 길을 따르는 일에 대해서라면 '내 알 바 아니다.'

이런 맥락에서 '복음서의 예수'는 오늘날 그의 교회에서 그 정체를 잃었다. 기독교를 표방하는 기업, 대학, 기관들 안에서도 그의 참모습은 묘연하다. 그는 교회 너머의 먼지 나는 세상 한복판으로 걸어 들어가고 있다.

2. '역사의 예수'와 '신앙의 그리스도'

학자들은 예수를 말할 때 일반적으로 '역사의 예수'와 '신앙의 그리스도'를 구분하여 설명하곤 한다. 결론부터 말하자면, 오늘날 우리가 읽고 있는 복음서는 예수와 그의 사건을 사실 그대로 기술한 문서들이라기보다는, 예수를 따랐던 초기 신자들이 예수 사후 그를 어떻게 이해했는가를 보여주는 기록들이다. 즉 복음서에 보이는 예수는 2천 년 전 나사렛에 와 살았던 사실 그대로의 '역사적 예수'가 아니라, 초기 기독교인들 사이에서 '기억되고 고백된 예수' 곧 '신앙의 그리스도'의 모습인 것이다. 아쉽게도 역사적 예수 연구를 시도했던 학자들이 밝혀낸 결론은, 오늘날 우리는 역사의 예수를 '본래 그대로' 재구성해낼 수 없다는 것이다. 복음서 외에 그를 재구성해 낼 수 있는 사료가 절대 부족하기 때문이다. 그럼에도 그들의 연구는 역사적 예수를 추적해 볼 수 있는 유용한 방법론은 물론, 그 토대에 기초한 신앙적 상상력의 여지를 제공해 주었다.

결국 어쩔 수 없이 '신앙의 예수'로 만족해야 한다면, 우리는 그를 규명하고 해석해 내는 데 있어 근거가 되는 성서 본문을 토대로, 그 시대상을 알 수 있는 역사와 문화, 그리고 주변 학문의 도움을 받을 수밖에 없다. 복음서 자체가 문자 그대로의 사실을 기록하는 역사책은 아니라 해도, 각기 다른 초점을 가진 네 권이나 되는 복음서는 그 예수의 모습을 다각적이고 입체적으로 보여주고 있다. 그리고 그 본문 안에는 1세기 팔레스타인의 역사적 현실을 오롯이 살아냈던 '사람의 아들 예수', 즉 역사적 예수의 모습이 감추인 듯 보이는 듯 드러나 있다. 그것을 통해 예수의 모든 것을 이끌어낼 수는 없지만, 당대의 역사와 문화적 배경 이해를 통해 그 신앙의 그리스도 이면에 있는 역사의 예수를 좀 더 읽어낼 수 있다.

여기에 이 주제를 꺼내는 이면에는 하나의 문제의식이 놓여 있다. 신앙의 역사가 오래되면서 대중기독교는 예수의 역사적인 양상들을 많이 잃어버렸다는 것이다. 즉 '신앙의 그리스도'의 신성에만 의존하는 동안 사람 냄새 나는 '역사의 예수'를 등한시 해 온 것이다. 그 결과 많은 이들에게 예수는 오랜 세월에 걸쳐 교리적 전통에 따라 규정되어왔다. 그 예수는 복음서 안에 살아 있는 생생한 모습보다는 교리가 정해준 대로 규격화된 채 후대에 계승되어왔다. 그는 그 본래 모습을 잃고 '만들어진 예수'가 되었다. 좀 더 거칠게 표현한다면, 예수는 복음서가 생생하게 묘사해 주는 그의 민낯보다, 이미 대중기독교가 원하는 방식으로 채색된 얼굴로 신자들 곁에 와 있다는 말이다.

문제는 오늘의 기독교가 여전히 바로 이러한 예수에만 익숙해 있다는 것이다. 그리하여 간혹 복음서에 등장하는 예수의 민낯이 드러나기라도 할 때면, 사람들은 그의 낯선 모습에 놀라워하거나 심지어 부정하기까지 한다. 많은 이들은 자신들에게 익숙한 예수에게로 되돌아가고 만다. 그 사이 그의 메시지는 '하나님 나라'라는 그 핵심 요소를 잃은 채, 계속해서 신자의 내면과 교회들 안에 편벽되이 유동한다.

3. '하나님 나라', 복되고도 위험한 소식

그리스도인들에게 '예수'가 익숙한 주제인 만큼, '하나님 나라'라는 명제 역시 새로울 것 없어 보이는 주제일 것이다. 하도 많이 들어와서 으레 다 아는 얘기라 생각될 것이다. 하지만, 사실을 일반화시켜 말하자면, 다수의 그리스도인은 '성경이 말하는' 하나님 나라에 대해서는 거의 '선택적 무지 상태'에 머물고 있다. 그에 대한 많은 것들을 들어왔지만, 그것은 복음서가, 아니 예수가 친히 들려주고, 선포하고, 보여주고, 위임했던 그 나라의 본질과 그 실체와는 너무도 동떨어진 경우가 다반사다.

이는 오늘날 미디어에 등장하는 많은 설교자의 언어사용과 그들이 전하는 메시지를 들어보면 쉽게 알 수 있다. 대중기독교에서 그것은 내세적이고 개인적이며, 영적이고 피안적이다. 또한 그것은 정적이고 수동적이며, 주관적이고 체제 순응적이다. 하지만 사람들이 각기 어떤 방식으로 이해해 왔건, 복음서에 담긴 이 주제의 원형은 대중적 이해와는 너무 다르다. 무엇보다 그 지평은 현실적이며, 의외로 보편적이며, 세계의 현실과 분리되지 않는다. 그것은 정치적으로 권력에 비판적일 뿐 아니라 경제적으로도 자본에 비판적이다.

따라서 이는 사회의 기득권을 가진 이들에게는 근본적으로 위험하게 보이는데, 이는 이 담론의 발화자인 예수가 당대에 위험한 인물로 간주되었던 맥락이다. 이 주제가 담고 있는 신학 자체가 기존 질서를 전복하는 특징을 띠고 있기에, 그것은 본성상 위험하다. 복음서가 내보이는 예수, 그리고 그가 지향하는 청사진 자체가 위험한 것이다. '세상을 구원하는' 복된 소식이 실상은 '세상을 뒤엎는' 위험한 현실을 전망하고 있기 때문이다. 그것이 복음서가 제시하는 예수의 하나님 나라의 특징이다.

이 책이 소개하는 '예수와 하나님 나라'라는 주제는 바로 이 노선을 추적하고 있다. 그것은 대중기독교가 간과하거나 의도적으로 포기해 온 것이다. 만약 이 책이 도전하는 예수와 하나님 나라의 실체를 진지하게 들여다보고, 적어도 복음서의 예수가 주장하는 하나님 나라의 어떠함을 주목해 보게 된다면, 당신은 '교회 너머' 기독교의 새로운 희망의 지평을 발견할 수 있을 것이다.

동시에 바로 이 특징 때문에, 만일 당신이 이 복되고 위험한 소식을 진지하게 붙들고 살아가기를 선택한다면, 당신은 평생 양심과 씨름하고 자기 욕망과 싸우며, 심지어 세상의 자본과 권력, 그리고 이 시대의 지배문화와 척지며 살아가게 될지도 모른다. 당신이 하나님 나라의 가치를 말하고 추구해 가다보면, 주변 사람들로부터 비난을 받거나, 심지어 속한 교회에서조차 미움을 받을지도 모른다. 평범한 회사 생활을 하든, 시민으로서 이 땅의 형편과 더불어 살아갈 때, 어쩌면 당신이 속해 있는 현 지배문화가 정상으로 여기는 것들혹자는 이를 '문명의 정상성'이라 이름했다.에 대한 많은 도전을 경험하며 살아가게 될지도 모른다.

이 '하나님 나라'의 복음을 선포했던 예수는, 바로 그 때문에 자기 종교 지도자들에게 내쫓기고 당대의 공권력에 의해 죽임을 당했다. 이 위험한 복음을 자랑하던 나도 급기야 애정하는 공동체로부터 내침을 당했다. 예수와 그의 하나님 나라 복음은 '기쁘고도 위험한 소식'이다.

4. 책을 펼쳐가며

여기에 기록된 '예수와 그의 나라' 이야기는 내가 가르치던 대학에서와 초청받은 몇몇 교회에서 설교 또는 강연 형태로 나눴던 것들을 토대로 다시 정돈한 것이다. 내가 학교에 머물며 연구하고 가르치는 동안, 예수와 그의 하나님 나라 복음은 언제나 내 공부와 사역의 초점이 되었다.

사실 이 책이 주목하는 '예수가 전한 하나님 나라'는 묵은 포도주와 같이, 성서가 오래도록 빚어온 주제다. 하지만 기독교 역사 내내 오랫동안 제대로 제시되지도 못한 채, 마치 감추어진 비밀과도 같이 숨겨진 복음처럼 남아 있었다. 누군가 그것을 드러내어 제시한 경우에도, 소수의 공동체만 반응했을 뿐, 다수 신자에게는 접근되지 못한 채 명멸을 거듭해 왔다. 그러므로 이 책이 펼쳐내는 예수의 이야기는 주류 교회에서 통용되는 '교회형' 이야기와는 사뭇 차이를 보일 수밖에 없다.

내가 종종 책에서 예수와 하나님 나라에 대한 다른 그림을 그리고 있다 해서 나와 생각이 다른 누군가를 정죄하거나, 또는 전통적인 신앙 또는 이신칭의에 대한 비판을 담았다 해서 그것을 비난하고자 하는 의도가 없다. 그것은 여전히 기독교 신앙의 핵심 토대임에 틀림없다. 나는 그 신학이 갖는 한계와 약점을 알고 있음에도, 그것은 역사의 예수와 총체적 하나님 나라의 실제를 드러냄으로 보완되고 또 극복된다는 사실을 경험적으로 깨달아 알고 있다.

또한 이 책에서 제시한 예수는, 내가 공부를 해 오는 과정에서 나름대로의 건강한 성서 읽기와 해석을 시도해 본 것이다. 예수를 역사적으로 재구성하려는 것이 아니라 믿음의 대상, 추구와 모방의 대상으로서의 예수를 바르게 읽어내려는 것이다. 복음서 저자들의 저술 동기에는 그들의 '신학적 동기'가 중요했던 것처럼, 해석자로서 나 역시 복음서 자료들 속에서 '이런 예수'를 읽어내고자 했다.

물론 이 책에서 묘사하는 예수만이 곧 '진정한' 성경의 예수요, 기타 나머지 진술은 틀렸음을 주장하고자 하는 의도도 없다. 앞서 언급했듯 그 '온전한' 예수의 해명은 애초에 불가능하다. 이 책이 제시하는 예수 역시 나의 신학적 동기에서 재구성된 예수요, 내 이해 한계 속에서 그려진 예수일 수 있음을 인정한다. 다만 우리 시대, 우리의 삶의 자리에 따라 예수를 이렇게 읽어낼 수 있기를 보이고자 했다. 이런 시도가 교회를 되살리는 데 유익하다 보았기 때문이다.

누군가는 이 책의 성서에 대한 접근과 해석이 자신의 익숙한 그림과 조금씩 다른 부분을 만날 때 종종 불편감을 느낄지도 모르겠다. 늘 그러하다고 끄덕여왔던 일들에 대해서 종종 고민거리를 얻게 될지도 모른다. 때로 낯설더라도 본문을 새롭게 접근하는 측면을 고려해 가며, 한국교회의 익숙한 신앙 형편을 말씀 안에서 새롭게 조명하고 성찰하는 기회로 삼아가기를 바란다.

각 장의 주제들을 설명해 가는 동안 종종 반복되는 내용이 눈에 띌 것이다. '반골 예수와 그의 하나님 나라'라는 주제를 강화하기 위해, 새로운 본문을 선택하는 대신 동일 본문을 반복해서 다루었다. 대신 각기 다른 주제를 통해 살피되, 반복을 통해 그 이미지를 각인하고자 했다. 특히 팔복, 주기도, 메시아 취임사, 부자 청년과 포도원 농장주인의 비유, 최후 심판의 비유, 희년 규정, 이사야의 전망 등은 자주 언급될 것이다.

끝으로 여기에 제시한 큰 그림들은 예수의 교회들이 터해야 할 '성경의 복음서'에서 추출한 원액 커피와 같은 이야기들로 여겨주면 좋겠다. 각자의 취향에 따라 이 원액에 물이나 우유, 설탕 등을 적절히 더하여 자신만의 맞춤식 커피를 만들어 마실 수 있기를 기대한다. 혹 기대되는 맛에 이르지 못하는 것은, 원액을 추출한 나의 한계 탓이 클 것이다.

교회 너머의 복음

1부

반골 예수

1장 갈릴리 예수, '강남'을 등지다

2장 반골 예수, 지배문화에 맞서다

3장 변혁자 예수, 세상을 뒤엎다

1장

갈릴리 예수, '강남'을 등지다

예수, 강남스타일?

얼마 전 가수 싸이의 노래 '강남스타일'이 세계적인 돌풍을 일으킨 적이 있다. 코믹한 뮤직비디오와 경쾌한 춤이 세계 언론에 소개되며 각국의 음원차트를 휩쓸었다. 노래 속에서 화자는 뻔뻔한 자신감으로 자신을 잘나가는 강남스타일의 오빠라 거침없이 소개한다. 자신은 부유층에 속해 있으며, 뛰는 놈을 능가하는 나는 놈이라 주장한다. 좀 배웠고학력, 가졌고재력, 괜찮은 사람평판 등… 한마디로 "강남스타일~"이라 주장하며 이성을 꼬드기는 내용이다.

하지만, 뮤직비디오의 내용을 살펴보면 흔히 강남이 연상시키는 이미지들 중 경제, 교육, 문화, 권력, 계층 등의 양극화와 외모지상주의 등을 익살스러운 캐릭터들과 저질스러운 춤을 통해 비틀고 있다. 가수 자신의 말을 들어봐도 '자신이 소위 상류층'이라 우기는 이들의 세태를 비꼬고자 했다고 한다. 희화화와 풍자를 사용하여, 천민자본주의적 가치에 편승한 한심한 허세를 조롱한 것이다. 돈이든 권력이든, 외모든 배경이든, 학력이든 스펙이든, 가진 사람이나 성공한 사람이 아니면 낙오자looser로 평가되는 작금의 세태를 말이다. 그 세계 속에서 사람들은 너 나 없이 '강남스타일'을 원하고, 또 스스로 그러하다고 허세를 부린다. 물론 그에 따른 부작용은 심각하다. 그 게임에서 밀려나지 않기 위해 사람들은 수단과 방법을 가리지 않고 그 '강남 리그'에 참여하려 아우성이다. 그 와중에 낙오자가 된 이들 가운데서는 심지어 삶을 포기하는 경우들도 있다.

애석하게도 오늘날 그리스도인들 역시 이 생존게임에서 자유롭지 않다. 소위 가진 자들이 주도하는 그 게임의 규칙 앞에서 덩달아 휘둘리며 강남스타일을 추종하는 것이다. 그것은 심지어 그리스도인들이 갖는 예수의 정체에 대한 이해에까지 반영되고 있다. 그리스도인 대중은 성경에 계시된 예수가 누구인지, 그가 어떤 스타일인지 별로 아는 바가 없다. 앎의 대상으로서의 예수는, 어린 시절부터 교회에서 배운 대중적 이미지면 족하다. 중요한 점은, 그들 스스로의 기대와 욕망에 부응하는 강남스타일 예수면 된다. 그런 예수가 성경 안에 없다 해도 상관없다. 그런 이미지를 만들어 그를 찬양하고 예배하면 된다. 교회를 선택할 때도 그곳은 강남스타일이어야 한다. 도시에서 가장 크고 화려한 건물을 가진 교회, 유명한 목사가 목회하는 교회라야 한다. 고급 예배당에 앉아 최고의 음향과 영상, 기타 편의시설을 갖추고 예배할 수 있어야한다. 강남스타일 교회란, 각기 명품 옷을 입고, 화려한 치장에, 고급차를 운전하고, 경건한 발걸음으로 예배하러 가면서, 스스로 '나는 강남스타일'이라 안위할 수 있는 곳이다.

당연하겠지만 그 강남스타일 교회에서 선포되는 예수는 '강남스타일 예수'다. 그 예수의 복음은 '예수 믿고 범사에 잘된다'는 '성공신학과 번영신학, 긍정의 힘'을 강화하는 '성공복음'이다. 아직도 어떤 강단에서는 '왜 이 교회에는 판검사, 의사, 재력가가 없느냐'며 '예수 잘 믿으라' 호통이 나온다. 예배당은 화려하고 내용도 '영화로운 구주 예수' 찬송 일색이다. 점잖은 예식에, 모두들 고상하게 설교를 듣지만, 정작 강조되는 것은 '성공할 나, 더 잘되는 나'이다!

혹시 이것이 오늘 우리들의 자화상은 아닌가?

교회가 만든 신화의 예수

우리가 알고 예배한다는 예수는 누구이며 어떤 존재인가? 잠시 멈춰 한번 생각해 보자. '예수'라는 그의 이름에서는 어떤 이미지가 떠오르는가?

이런 질문 앞에 많은 이들은 '구원자, 그리스도, 어린양, 사랑의 주, 목자, 권능자, 영화로운 분...' 등의 답을 기계적으로 생각해 낼 것이다. 이와 같은 인식 때문에, 예수를 믿는다는 것은 고상하고 안전하며, 도덕적이며, 성공적인 인생을 살고, 괜찮은 사람들 틈바구니에서 경건한 분위기를 갖춰 사는 삶의 방식으로 이해해야 할 것만 같다. 그래서 우리도 그의 이름으로 그런 삶을 살아야 한다고 주장하는 설교에 '아멘'동의을 연발하며 그런 신앙에 헌신을 다짐한다. 덕분에 오늘 기독교는 외부인들에게 가진 자들의 종교, 부와 권력을 추종하는 종교처럼 보인다. 보란 듯이 여러 교회들은 부와 권력세습을 당연시하며, 예수 믿어 잘살게 된다는 성공신학과 더불어 지배자와 지배문화에 순응하는 복종신학을 공고히 한다.

하지만 불편한 진실은, 복음서가 보여주는 민낯의 예수는 그런 인물이 아니라는 데 있다. 즉 그의 스타일은 우리가 기계적으로 예상하는 것과 정 반대의 모습이라는 것이다. 결국, 오늘날 섬기고 따르는 예수는 성경의 예수가 아니라, 강남스타일을 추구하는 대중들에 의해 이 시대 성공신화에 부응하기 위해 새롭게 '창조된 신화의 예수'인 것이다.

그의 기원을 모른다?

잘 아는 것처럼, 예수가 세상 무대에 등장했을 때, 사람들은 그를 메시아로 인정하지도 않았고 도리어 퇴박을 놓고 멸시하였다. 왜 그랬을까? 결론부터 말하면, 그는 그들이 기대하는 메시아상과 달라도 너무 달랐기 때문이다. 이제 간단히 그의 삶의 과정들을 좀 더 들여다보자. '신앙적 진술' 이면에 있는 예수의 '역사적인 모습'을 좀 더 살펴보기로 하자. 물론 '역사적 예수'를 규명해 내는 것은 쉬운 일이 아니다. 복음서 이외에 신뢰할 만한 자료들의 결핍은 그 실체 규명을 어렵게 한다.

먼저 이 질문에 답해 보라. 혹시 예수의 생일을 아는가? 12월 25일, 성탄절이 떠오르는 사람은 낭만적인 독자다. 역사적으로 예수의 출생일은 알려진 바 없다. 심지어 성경은 그의 나이도 모른다. 예수가 떠나간 후 그의 전기적 작품을 기록하던 누가는 그에 대한 다양한 전승과 기록을 뒤지며 그의 이야기를 재구성했음에도, 그의 출생연도나 나이, 그가 공적 무대공생애에 등장한 때의 나이 등을 모르고 있다. 그 즈음 그는 '서른 쯤' 되어 보였다고 진술할 따름이다.누가 3:23 그리고 그는 '요셉'의 아들, 또는 '마리아의 아들'마가 6:3이라고 알려져 있었다. 이 두 정보는 적어도 예수가 이전에 사람들의 주목을 받던 특별한 인물이 아니었음을 암시한다. 그의 출생과 소속에 대한 사람들의 의견은 분분했던 것으로 보이며, 결국 공생애에 등장하기까지 사람들의 주목을 받지 않았던 인물이었음을 말해 준다.

실제로 초대교회에 맨 처음 회람된 문서들은 사실 예수의 생애를 기록한 복음서들60~90년대이 아니라 바울의 편지들이었다.50년대 바울의 증거 속에 예수의 출생과 생애에 대한 언급은 아예 없다. 또한 복음서들 중 가장 먼저 기록되었을 것이라 여겨지는 마가복음에도 예수의 출생과 공생애 이전에 관한 언급은 단 한 줄도 없다. 그나마 예수의 출생 기사를 기록하고 있는 마태와 누가는 각기 전혀 다른 버전의 이야기를 전해준다. 전자는 동방박사로 대표되는 이야기요, 후자는 목동들과 마구간 말구유로 잘 알려진 이야기가 그것이다. 예수의 신성을 강조한 요한복음 역시 예수의 출생에 관한 기사나 성장기의 에피소드에 전혀 무관심하다.

왜일까? 왜 네 권이나 되는 복음서, 곧 예수에 관한 전기적 작품들 속에 예수의 출생과 성장기에 있었을법한 이야기들이 없거나, 심지어 다르거나, 아니면 그의 나이나 출신성분을 모호하게 언급할까? 이러저러한 가능성을 예측해 볼 수 있겠지만 한 가지 분명한 것은 그의 '미천한' 출신성분 때문일 것이다. 그가 갈릴리 가난한 노동자의 아들이었다면, 누구도 그의 출생과 성장기를 주목해 보지 않았을 것이 오히려 당연하다. 기록에 의존하지 않던 고대사회가 으레 그러했듯이, 심지어 그의 부모들 역시 그에 대해 특별한 기억을 가지고 있지 않았던 것으로 보인다. 예수 사후 그를 따르던 초기 교회에서도 그 일들이 공유되지 않았다는 점이 그것을 방증한다.

그럼에도 마태복음과 누가복음에는 예수의 출생을 말하는 기사들이 담겨 있고, 나아가 그의 생애에 관한 다양한 에피소드를 간직하고 있다. 이 책의 강조점에 맞추어 보기 위해, 사안을 보다 신학적인 의도로 기술한 마태 보다는 '가난한' 이들의 시점에 보다 충실했던 누가가 전하는 이야기에 초점을 두고 이를 좀 더 살펴보도록 하자.

그의 출생

누가복음에는 그의 출생 시의 일련의 에피소드가 등장한다. 이것이 역사적 사실인가의 문제는 별개로 하고, 우선 천사 가브리엘의 잉태수태고지에 이어 처녀 마리아의 임신과 같은 초자연적인 이야기들이 전개된다. 뒤이어 그 사건에 담긴 의미를 노래하는 일련의 찬가들이 소개된다. 그리고 드디어 우리의 주인공 아기 예수가 태어난다.

누가가 전하는 기사에 따르면, 그가 세상에 태어날 때 그의 부모는 그를 누일 따뜻한 방 하나 마련해 주지 못했다. 그는 여행길에서 만난 어느 허름한 농가의 마구간 한켠에서 태어난다. 그의 이 땅에서의 삶은 짐승의 거처에서 짐승들과 함께, 짐승의 구유에 누임으로 시작되었다는 것이다. 성서기자는 오히려 그 비천한 출생이 '메시아의 증거'라 지적한다. 누가 2:12 거기서 그는 들판에서 양을 치던 목동들의 방문으로 세상을 접한다. 목동들은 당대 술주정뱅이, 사기꾼 등으로 배척받던 바닥 인생들이었다. 그는 '빈민 스타일'이다.

하지만 그의 출생에는 엄청난 반전이 예고되어 있다. 먼저 주목해 볼 내용은 예수의 모친 마리아의 노래다. 누가 1:46-55 그녀는 태중의 아기를 통해 하나님이 이 땅 위에 하실 일을 노래한다. 그녀의 하나님에 대한 인식을 보라.

> 제왕들을 왕좌에서 끌어 내리시고 비천한 사람들을 높이셨습니다. 주린 사람들을 좋은 것으로 배부르게 하시고, 부한 사람들을 빈손으로 떠나보내셨습니다. 1:52-53

그 모친의 입을 통해 태중에 있는 예수는 '비천하고 보잘 것 없는 자들에게 희망을 주는 이'로 불린다. 그의 출생은 가난한 자를 높이시고 배불리시는 하나님, 가난한 자들을 들어 부자들을 부끄럽게 하시는 하나님의 현실을 불러오게 할 것이다. 또한 그에게 주어진 예언은 '사람들을 분열시키고 엄청난 배척과 반대를 받는 눈엣가시2:34f'로 제시된다. 갈릴리 빈농의 딸이었을 마리아의 하나님에 대한 인식은 자신의 빈곤한 현실과 유리되어있지 않았다.

나아가, 이스라엘의 메시아요 세상의 구주요 하나님의 아들이라 여김 받는 이답지 않게, 놀랍게도 우리는 예수의 성장기에 관한 자세한 정보를 모른다. 누가가 전한 열두 살 때 예루살렘에 갔던 에피소드 하나 외에 우리는 그의 어린 시절과 청년기에 이르는 흔적에 관해 전혀 아는 바가 없다. 누가 2:41ff 아무튼 그는 공생애에 등장하기 전까지 세인들의 관심사로부터 멀리 있었다.

어떤가? 이것이 바로 기독교가 구주로 신앙하는 예수의 스타일이다! 그는 태생부터 비천했다. 하지만 결국 그는 '가진 자를 더욱 부요케 하고 권력자들의 터를 영원히 견고케 하는 보장'이 아니라, 거꾸로 '권력자들을 권자에서 끌어내리고 비천한 자들을 높이는 이'로 고백되고 있다. 예수에 대한 기독교의 대중적인 이미지와 이해와는 너무 다른 이야기가 아닌가?

나사렛 사람

그는 서울의 강남 출신이 아니었다. 그는 갈릴리 나사렛 출신이었다. 그는 황제의 아들도, 고관대작의 아들도 아니었다. 무명 목수 요셉과 가난한 농부의 딸인 무명의 여인 마리아 사이에서 태어나 성장했다. 그를 일컫는 대명사는 '나사렛 목수집 큰 아들'이었다.

그의 이름을 보라. '예수'라는 이름은 가장 흔한 이름 중의 하나인 '예슈아'였다. 여호수아와 동명. '예수'는 갈릴리 지방의 발음이었던 것으로 보인다. 그것도 시골 '나사렛'이란 지방 이름을 그 앞에 붙여야 다른 '예슈아'들과 구분되는 흔한 이름이었다.

갈릴리 나사렛! 훗날 청년 나다나엘의 입을 통해 그 도시의 인상에 대한 당대의 이해현실이 드러난다. "나사렛? 거기서 무슨 선한 것이 날 수 있겠는가?" 요한 1:46 갈릴리는 수도 예루살렘에서 가장 먼 땅이요 벽촌이었다. 말소리만 들어도 그 심한 억양으로 인해 '갈릴리 촌사람'임을 알만 한 지역이었다. 나사렛은 그 지역의 한 산골마을이었다. 그 뿐이겠는가? 갈릴리는 '이방인의 땅마태 4:15,' '죽음의 땅4:16'으로도 인식되어 있었다. 솔로몬이 두로지금의 레바논 왕에게 성전건축의 대가로 그 땅을 주었을 때 그 왕은 그 땅을 받고도 기뻐하지 않았던 '쓸모없는 땅'이었다.

> 10 솔로몬은 주의 성전과 왕궁, 이 두 건물을 다 짓는 데 스무 해가 걸렸다. 11 두로의 히람 왕이 백향목과 잣나무와 금을, 솔로몬이 원하는 대로 모두 보내왔으므로, 솔로몬 왕은 갈릴리 땅에 있는 성읍 스무 개를 히람에게 주었다. 12 히람이 두로에서부터 와서, 솔로몬이 그에게 준 성읍을 보았는데, 그 성들이 마음에 차지 않아서, 13 "나의 형제여, 그대가 나에게 준 성읍들이 겨우 이런 것들이오?" 하고 말하였다. 그래서 오늘날까지 그 곳을 가불의쓸모없는 땅이라고 한다. 왕상 9:10-13

나사렛 사람 예수는 그의 태생에 이어 그의 신분, 그의 성장기에 이르도록 세인들이 그를 주목해 볼만한 어떤 '흠모할 만한 것'도 없었음에 틀림없다. 그는 평생을 육체노동자로 살아온 사람이었다. 그는 단순히 '목수'가 아니라 '일용직 노동자'에 가까운 삶을 지속해 온 사람이었다. 목수로 번역한 헬라어 '테크톤'은 문자적으로 목수 또는 석수로 번역되지만, 실제로는 건설현장의 일용 노동자로 보는 것이 보다 정확한 현실을 반영하는 단어일 것이기 때문이다.

이를 뒷받침 할 재미있는 기사가 요한복음에 소개되어 있다.

> 56 "… 너희의 조상 아브라함은 나의 날을 보게 될 것을 즐거워하였으며, 마침내 보고서 기뻐하였다." 57 유대 사람들이 말하였다. "당신은 아직 나이가 쉰도 안 되었는데, 아브라함을 보았단 말이오?" 요한 8:56-57

사람들은 그가 '아직 오십 세'가 되지 않은 사람으로 보았다. 그가 공적 무대에 등장할 때 약 삼십쯤 되었다는 보도가 잘못된 것이 아니라면, 그의 나이는 삼십쯤 되었지만 사람들에게는 '오십에 가까운, 하지만 아직 오십은 아닌' 사람으로 보였던 것이다. 평균연령이 지금보다 훨씬 낮았던 그때를 전제해 본다면, 힘겨운 육체노동의 연속은 그로 하여금 동년배들보다 훨씬 더 나이 들어 보이게 만들었을 것으로 추측해 볼 수 있다.

어떤가? 예수는 어느 동화나라의 왕자나 귀족으로 태어나 성장기 내내 모든 것이 구비된 사회적 환경 하에서 안락한 삶을 누려온 이가 아니었다. 그는 거칠고 굴곡 많은 삶을 살아온 사람, 고통과 슬픔을 아는 사람, 이사야의 기록처럼 배척과 멸시가 익숙한 나사렛 사람으로 살았다.

'반전 있는' 예수

누가의 보도에 따르면 예수는 하나님 나라 운동을 시작하면서 자신의 고향 나사렛 회당에서 취임사를 한 것으로 기록된다. 누가 4 그런데 그는 바로 첫 설교의 자리에서부터 배척을 받는다. 그들은 외쳤다.

"목수의 아들이 아니냐?"

그것은 그의 신분에 관한 언급이었다. 하지만 이 한마디 안에 예수에 대한 당대 사람들의 사회적, 관습적 인식이 모두 담겨있었다.

'갈릴리 예수? 목수의 아들? 그가 은혜롭게 말하는 것은 알겠다만, 감히 메시아라니...'

그들은 그를 나사렛 절벽 아래로 밀쳐 죽이려 했다. 물론 보다 직접적인 이유는, 예수가 그러한 하나님 나라의 현실이 '유대인들'을 넘어 '이방인들'에게까지 임할 것이라는 해설로 그들의 선민의식과 민족주의를 건들었던 것으로 보인다.

사람들이 예수를 메시아로 인정하지 않은 이유는 많았다. 가장 실질적인 이유는 예수가 그들이 기대했던 정치적 해방자로서의 메시아상과 일치하지 않았기 때문이었다. 하지만, 그 이면에는 그가 끝없이 회의적인 질문에 대면해야 했고, 멸시 받고 업신여김을 당하며 십자가에 죽어간 근본적인 이유가 있다. 그것은 그가 사람들이 기대하던 "귀족스타일 강남스타일"이 아니라 "천민스타일 갈릴리 스타일"이었기 때문이다.

첫째, 외모 지상주의 사회, 곧 잘생긴 외모가 재산이요 능력인 사회에서, 그는 잘생긴 외모의 소유자가 아니었을 가능성이 많다. 성경이 영웅적 인물묘사에서 보이는 그 외모에 대한 묘사가 예수의 묘사 가운데에는 발견되지 않는 것으로도 유추해 볼 수 있다. 예컨대, 다니엘이나 사울, 다윗 같은 인물을 소개할 때 그 외모의 준수함handsome에 대해 강조하는 것과 대조적으로 예수의 등장에서는 네 명의 기자 중 아무도 그의 외모를 언급하지 않는다. 이로 볼 때, 그에게는 늠름한 키와 풍채, 또는 눈길 끌만한 준수한 외모가 없었음으로 이해할 수 있다. 만일 그렇지 않았다면 그 놀라운 기적들을 보도하는 복음서 기자들이 그의 준수함을 생략할 이유가 없을 것이기 때문이다. 아무튼 그는 외모로 사람들에게 메시아라는 '믿음'을 주지 못했음에 틀림없다. 훗날 교회가 예수의 메시아 예고라 해석했던 이사야의 예언으로 돌아가 본다.

> 2 그는 주 안에서, 마치 연한 순과 같이, 마른 땅에서 나온 싹과 같이 자라서, 그에게는 고운 모양도 없고, 훌륭한 풍채도 없으니, 우리가 보기에 흠모할 만한 아름다운 모습이 없다. 3 그는 사람들에게 멸시를 받고, 버림을 받고, 고통을 많이 겪었다. 그는 언제나 병을 앓고 있었다. 사람들이 그에게 얼굴을 돌렸고, 그가 멸시를 받으니, 우리도 덩달아 그를 귀하게 여기지 않았다. 이사 53:2-3

보는 것으로 판단하기에 익숙한 사람들은 손쉽게 결론을 내린다. '그가 메시아일리 만무하다!'

둘째, 물질 만능주의 사회, 즉 돈이 곧 권력이요 만능인 사회에서 그는 가난했다. 그는 천한 출신에 근원도 불확실한 청년, 그의 말처럼 '머리 둘 곳조차 없던' 가난한 노동자 출신의 순회설교자였다. 어찌된 영문인지 그에게는 농경사회에서 가장 중요한 재산인 경작할 토지가 없었다. 아버지 요셉도 노동자 신분이었던 것으로 보아 그 선대 어디쯤에서 그들의 '유업'이었을 토지를 빼앗기고 일용 노동자로 살아가고 있었던 것이다. 예수는 공생애 동안 내내 순회 전도자로 여러 지역들을 전전하며 살아야 했다. 따라서 그들을 후원하던 여인들의 작은 물질적 지원으로 연명하며 지내야 했다. 굶주림이 잦았을까? 그를 보는 사람들은 그를 보고 '술보요 먹보'라는 별명으로 부르기까지 했다. 반대자들의 악의적 과장을 감안하더라도, 이는 그가 잔치자리 마다 자주 모습을 드러냈고, 그곳에 제공된 음식들을 '게걸스럽게 먹고 마시는' 모습으로 사람들에게 비춰졌다는 것을 부인하기는 어렵다. 그는 가난한 '나그네'로 공생애에 임했다.

셋째, 귀족 엘리트주의 사회, 곧 수도 예루살렘을 근거로 한 엘리트 중심사회에서, 그는 시골 벽촌이었던 갈릴리 나사렛 출신이었다. 그의 형편으로는 이렇다 할 스승의 문하생이 되어 율법을 공부할 수 있는 처지가 못 되었다. 따라서 그는 학벌이나 소속, 타인의 존경을 자아내는 신분도 없는 평범한 사람이었다. 공적인 무대에 등장하여 하나님 나라 운동을 시작하면서도, 그는 귀공자들이나 적어도 지배계급에 속한 이들이 아닌, 그곳 하층민들을 동지로 삼았다. 심지어 시골출신 어부들로도 모자라, 문젯거리들까지도 제자그룹에 포함시켰다. 요한과 야고보는 '우레의 아들들'이라 불릴 정도의 괴팍한 성질의 소유자들이었고, 마태는 당시 매국노라 지탄받던 세리 출신이며, 열심당원 시몬은 당시 혁명적 무장투쟁을 옹호하던 정치단체 출신이라 하지 않던가.

게다가 평생을 갈릴리에서 살았던 예수는 표준말이 아닌 지독한 지방 사투리를 썼다. 훗날 베드로의 경우에서 보듯 그것은 사람에 대한 편견을 제공했다. "당신의 말씨를 보니 확실하오." 마 27:73 오늘날엔 인기를 끄는 드라마나 영화가 지역 방언을 전면에 다루면서 사투리에 대한 자연스런 수용력을 끌어 올려주긴 했지만, 그동안 우리 문화 속에서 지역 방언은 어처구니없이 촌놈, 조폭, 못 배우고 가난한 사람들의 언어라는 무시와 편견을 은연중에 발휘하게 했다. 지금도 그러한데 2천 년 전 고대사회의 사정을 물어 무엇하리요? 실제로 이스라엘 타 지역에서는 갈릴리 사투리를 쓰는 사람에게는 회당에서 성경을 낭독할 수 없게 했다고도 하니, 그 형편을 짐작하고도 남는다.

또한 그는 욕설도 서슴지 않는 거친 모습을 보이기도 했다. 외식하던 바리새인들에게 "뱀들아, 독사의 새끼들아…" 마태 23:33 … "회칠한 무덤이여!"라는 욕언을 날리는 것은 기본이요, 당대 통치자인 헤롯에게도 공개적으로 "그 여우에게 가서 말하라"고 일갈하기까지 했다. 누가 13:32 바울도 바예수에게 "너 속임수와 악행으로 가득 찬 악마의 자식아…"〈행전 13:10〉라고 욕을 한 바 있다.

거기에 더하여 그는 행동도 과격하고 거침없었다. 그는 불의한 권력자들 앞에서도 굴하지 않고 행동했다. 성전청결 사건에서의 예수는 상을 뒤엎고, 채찍을 휘두르며 사람들과 짐승들을 내어 쫓았다. 마태 21:12 그 위엄 있는 성전도 '돌 위에 돌 하나 남김없이 무너질 것'을 거침없이 선언했다. 사람들은 그것이 하나님의 거룩한 분노, 곧 의분 때문이었다고 이해하지만, 이것이 예수의 실제모습이었을 것이다.

넷째, 교리중심의 근본주의적 사고가 팽배하던 시대, 종교가 곧 권력인 사회 속에서, 그는 '죄인과 세리, 창녀'들과 격의 없이 어울리며 기득권자들의 권위에 도전했다. 그가 사람들에게 얻었던 별명을 기억하는가? '먹기를 탐하고 포도주를 즐기는 자, 죄인들의 친구, 창녀들을 환영하는 자'였다. 마태 11:19

당대 형식적 온전을 추구하던 종교분파인 바리새파 사람들은 그러한 그를 비난했다. '아니 어떻게 죄인들과 어울린단 말인가? 어떻게 금식도 하지 않는가?' 그들은 손쉽게 결론을 내릴 수 있었다. '그가 메시아일리 만무하다!'

당대 그의 세계는 이 예수를 어떻게 여겼는가? 우선 권력자들은 분노했다. 기존의 지배질서정치, 경제, 사회, 종교 등에 반하는 그의 급진적 행보는 힘 있는 자들의 권력기반을 위협했다. 민란을 두려워한 그들은 그를 어떻게 제거할 것인가를 모색했다. 율법주의적 신앙을 추구하는 당시의 엘리트 고관대작들의 눈에 그는 몹시 불편한 존재였다.

결국 이 예수는 급진적 독립혁명가였던 바라바보다 더 위험한 존재로 인식되기에 이르렀다. 결국 그는 잔혹한 십자가에 처형되었다. 그는 '유대인의 왕'이라는 죄목으로, 그 죄패와 함께, 정치적 모반자들에게나 지우던 십자가 위에서 피 흘리며 죽어갔다. 그것도 성문 밖 해골이라 불리는 골고다에서, 완전히 발가벗겨진 채 가장 치욕스럽고 고통스러운 죽음을 당했다. 그는 자연사나 사고사, 또는 병사나 암살 등으로 인한 죽음이 아니라, 당대 공권력에 의해 체제반역이라는 죄목을 받고 가장 극악한 방식으로 죽임을 당했던 것이다.

이것이 바로 '반전 있는' '예수 스타일'이다. 이래도 그를 따른다는 우리가 '강남스타일' 예수를 상정할 수 있는가?

그런 예수를 따르는 우리

성경의 비유 중에는 '강남스타일'에 비견할 만한 것이 하나 있다. 바로 '바빌론 스타일'이다. 요한계시록 18장은 멸망할 바빌론 성이 큰 성, 견고한 성, 화려한 성읍, 부요한 성읍임을 강조한다. 우리는 '갈릴리 스타일'의 예수를 따른다고 하면서, 수억-수천억짜리 예배당에서 수백-수천만원짜리 악기들이 동원된 강남스타일/바빌론 스타일의 예배를 당연시하지는 않는가? 처절한 고통 속에 있는 인간을 구원하러 이 땅에 가장 낮은 모습으로 와서 땅의 불의한 현실에 맞서다 십자가를 진 이를 따른다면서, 우리는 불의한 역사현실에서 곱게 발을 빼고 강남스타일의 영광스런 천국만 노래하지는 않는가? '너희 중에 지극히 작은 자가 하나님 나라에서는 가장 큰 자요, 그에게 한 것이 곧 내게 한 것'이라는데도, 하늘의 예수만 찾고 골방에서의 신비만 추구하고 있는지도 모른다. 예수는 그 힘없고 가난한 자들과 자신을 동일시하는데도, 우리는 '강남스타일'의 사람이 되려하고 또 그들과 사귀려 애쓰지는 않는가? 우리 예수는 잃어버리는 자를 찾아 구원하러 오셨다는데도, 죄인들의 친구라는데도, 우리는 강남스타일을 외치며 죄인을 정죄하고 분리주의자들처럼 행동하지는 않는가?

엘리트주의에 물든 기독교는 고상함만 추구하고 점잔만 빼다 어느덧 '가진 자들의 교회'가 됐다. 하지만 성경은 여전히 가난하고 억압받는 자들을 위한 기독교를 그려준다. 야고보가 전해주는 '참된 경건'에 대한 정의는 가난한 자들에 대한 태도에 달려있다. "하느님 아버지 앞에 떳떳하고 순수한 신앙생활을 하는 사람은 어려움을 당하고 있는 고아들과 과부들을 돌보아 주며 자기 자신을 지켜 세속에 물들지 않게 하는 사람입니다." 1:27. 공동번역

그런데 반대로, 오늘날 우리는 가난한 자들을 교회에서 내 쫓고 있다. 가난한 이들은 이처럼 강남스타일을 추구하는 이들의 발치 아래서 초라한 자신의 신분과 행색을 한하며, 빈약한 자신의 지갑을 부끄러워하다 결국 교회로부터 발길을 돌리고 있다. 예수가 그려주는 하나님

나라에서는 상석에 존중받아야 할 가난한 이들이, 도리어 '예수의 교회'라는 곳에서는 아예 문밖으로 쫓겨나고 있는 것이다.

초기 교회 때부터 예루살렘 교회의 수장이었던 야고보는 교인들의 이런 행태를 경고했다. 어떻게 교회가 부자들을 선대하느라 가난한 자들을 그렇게 박대할 수 있는가?

> 1 나의 형제자매 여러분, 여러분은 영광의 우리 주 예수 그리스도
> 를 믿고 있으니, 사람을 차별하여 대하지 마십시오. 2 이를테면
> 여러분의 회당에 화려한 옷을 입은 사람이 금가락지를 끼고 들어
> 오고, 또 남루한 옷을 입은 가난한 사람도 들어온다고 합시다. 3
> 여러분이 화려한 옷차림을 한 사람에게는 특별한 호의를 보이면
> 서 "여기 좋은 자리에 앉으십시오" 하고 가난한 사람에게는 "당
> 신은 거기에 서 있든지, 나의 발치에 앉든지 하시오" 하고 말하면
> 4 바로 여러분은 서로서로 차별을 하고 나쁜 생각으로 남을 판단
> 하는 사람이 된 것이 아니고 무엇이겠습니까?
> 5 나의 사랑하는 형제자매 여러분, 들으십시오. 하나님께서는 세
> 상의 가난한 사람을 택하셔서, 믿음이 좋은 사람이 되게 하시고,
> 하나님을 사랑하는 이들에게 약속하신 그 나라의 상속자가 되게
> 하지 않으셨습니까? 6 그런데 여러분은 가난한 사람들을 업신여
> 겼습니다. 여러분을 압박하는 사람은 부자들이 아닙니까? 또 여
> 러분을 법정으로 끌고 가는 사람도 바로 그들이 아닙니까? 7 하
> 나님께서 여러분에게 주신 그 존귀한 이름을 모독하는 사람도,
> 바로 그들이 아닙니까? 8 여러분이 성경을 따라 "네 이웃을 네 몸
> 같이 사랑하라" 한 으뜸가는 법을 지키면, 그것을 잘하는 일입니

다. 9 그러나 여러분이 사람을 차별해서 대하면 죄를 짓는 것이요, 여러분은 율법을 따라 범법자로 판정을 받게 됩니다. 야고 2:1–9

요한계시록의 결론은 그 강남스타일 바빌론 성의 멸망을 예고한다. "바빌론은 귀신들의 거처가 되고 온갖 더러운 영의 소굴이 되고, 더럽고 가증한 온갖 새들의 집이 되었구나!" 18:2 이 선언과 함께 크고 화려한 '강남스타일'의 견고한 성은 막을 내린다.

그러면 어떻게 할 것인가?

결론은 분명하다. '강남스타일' 기독교 신앙은 '예수 신앙'이 아니다. 이는 성경에 없는 '만들어진' 예수를 신봉하는 것이다.

첫째, 오늘날 우리에게 익숙한 신앙생활, 기도생활을 조심해야 한다. 강남스타일에 편입되기를 위해 능력 달라고, 기회를 달라고 기도하는 것은 예수의 이름으로 그를 욕보이는 행위다. 남들보다 먼저 성공하겠다고, 좋은 위치에 오르게 해 달라고 새벽기도나 금식 기도를 하는 것은 갈릴리 예수에 어울리지 않는다. 한정된 재화의 무한독식과 불공정한 분배문제로 발생하는 구조적 모순이 지배하는 오늘의 시장경제 현실 속에서, 예수 믿으면 잘된다, 긍정의 힘으로 성공할 수 있다는 믿음을 설파하는 자들은 '갈릴리 예수'는 부인하고 '강남 예수'를 파는 거짓 예언자들이다. 설사 그렇게 해서 기도응답을 받는다면, 그것은 갈릴리 예수의 '아바 하나님'의 응답이 아니다. 그런 류의 간증은 우리네 하나님이 나를 구원하는 대신 다른 누군가를 그 착취의 자리에서 신음하게 하시는 하나님임을 선언하는 셈이다.

둘째, 자신이 먼저 그러한 상류층에 들고자 하는 욕망을 거절함으로, 이러한 강남스타일의 지배적인 삶의 방식에 도전해야 한다. 갈릴리 예수의 이름으로 강남스타일을 조소하라. 소위 바빌론의 성공주의 복음을 과감히 거부하라. 대신 '반전 있는 갈릴리의 예수 스타일'을 선택하라. 그것은 단순한 삶simple life을 선택하고, 자기의 욕망을 부인하며 부요한 삶의 스타일을 의도적으로 포기하는 것이다. 가난한 이들과 사회적 약자들을 위해 살겠다고 삶의 목표를 재설정하는 것에서부터 시작하라. 갈릴리 예수의 약속대로, 하나님은 그의 나라를 추구하는 자에게 필요한 쓸 것을 모두 채우실 것이다. 마태 6장

셋째, 그리고 난 후에, 모든 것을 다 가지고도 더 가지려는 사람들과 그 시스템에 저항해야 한다. 자신들이 가진 것을 지키기 위해 약자들을 억압하고, 자신들이 서민편이라고 거짓을 일삼고, 자신들만이 이 세상을 살기 좋은 나라로 만들 수 있다고 선동하는 이들을 거부하라. 청년세대들을 '88만원 세대'로 고착화시켜 놓고, 그들을 취업전쟁에 매몰시키고, 아름다운 청춘을 다 바치게 하는 세상에 분노하라.

넷째, 혹 인생에서 겪는 가난과 실패, 낙오자가 되는 것을 두려워하지 마라. 예수는 바로 그러한 사람들을 부요케 하기 위해 그들 중의 한 사람으로 살았다. 근본적으로 복음서가 전하는 예수의 복음은 가난한 이들에게 반전이 임한다는 복된 소식이다. 심지어 가난은 오히려 갈릴리의 예수와 그를 따르는 사람들이 선택하여 산 삶의 방식이었다. 강남스타일이 아닌 예수스타일을 따르던 앞선 믿음의 선진들 역시 실패와 낙오와 멸시를 당연한 것으로 여기며 고난을 받았다. 히브 11장

이 장에서 우리는 '강남스타일'을 등진 '갈릴리스타일' 예수를 주목

했다. 예수의 역사적 면모를 간략하게나마 이해하지 못하면, 그의 메시지의 본래 의미를 추출하기 어렵다. 예수와 상관없이 말씀에 대한 전혀 다른 해석과 적용은 결국 '강남스타일'을 낳게 되어 있다.

예수는 우리의 욕망으로 가득한 기대치에 부응하는 '강남스타일'이 아니라 '갈릴리스타일'이다. 우리의 주 예수는 예루살렘, 성전 배경의 제사장, 권력자, 엘리트, 경건주의자, 전통주의자 등의 모습으로 우리 앞에 살아가지 않았다. 예수는 그 시대 다른 종파 사람들과 확연히 다른 삶을 살아갔다. 사두개인들을 중심한 귀족 권력은 축재하고 야합하며 백성의 삶에는 무관심하며 살아갔고, 종교적 해법을 지니고 있다고 믿던 바리새인들은 율법주의와 분리주의를 추구하며 살아갔다. 에센파 사람들은 은둔을 선택했고 열심당 사람들은 보다 급진적 해방을 추구하며 살아갔다. 그러나 예수는 로마의 압제상황 하에서 소외되고 기억되지 못한 가난한 자들의 무리 속에서 하나님 나라의 도래를 선포하며 살아갔다. 그 혁명의 도시 갈릴리 한켠에서 말이다. 그에게는 흠모할 만한 것 하나 없었다. 너무도 비천해서 대다수 군중에게 '메시아'라 인정도 받지 못했다. 오늘도 '갈릴리 스타일'의 예수는 가장 낮은 곳에, 가장 가난한 자의 모습으로, 가장 억압받고, 소외된 자의 모습으로 이 땅에 현존해 있다.

오늘날, 당신은 무슨 스타일을 선택할 것인가? 갈릴리의 예수 곧 우리 복음의 근원이 갈릴리임을 망각하고, 우리가 굳이 강남스타일, 바빌론 스타일을 추종하고 살아간다면 도리어 많은 사람들이 우리들의 행보를 비꼴 것이다.

부활의 새벽, 예수는 그 '하나님 나라'의 복음의 본고장인 갈릴리로 제자들을 소환했다. 기독교의 복음은 갈릴리에서부터 시작했고 또 다시 거기에서 출발해야 했다. 오늘도 예수는 '하나님 나라'를 꿈꾸는 제자들을 부른다.

"갈릴리로 오라!"

"너희는 갈릴리 스타일이다!"

2장

반골 예수, 지배문화에 맞서다

당신이 아는 예수, 그가 '그'인가?

기독교 신앙의 핵심은 예수 그리스도의 '죽음과 부활'에 토대를 두고 있다. 그 신앙은 불의한 역사 속에서 십자가에 달려 처형당한 예수를 기념하는 것으로 시작한다. 독일 신학자 몰트만은, 참된 기독교 신앙은 "십자가에 달린 그분을 인식하는데 있으며, 십자가에 달린 그리스도 안에 계신 하나님을 인식하는데 있다"고 말했다. 그 십자가에 대한 바른 이해와 적용이 오늘의 억압과 고통으로부터 참된 자유와 회복을 가져오기 때문일 것이다.

하지만 언제부터인가 우리의 고백 속에는 십자가의 맥락은 사라지고, 다만 죄인을 향한 하나님의 은혜와 그 죄로부터의 구원 상징으로만 이해되고 있다. 예수의 저항과 죽음의 상징인 십자가가 오늘날 교회의 선포 속에서는 다만 '대속의 의미'만을 전달하고 있다. 십자가에 달린 역사속의 예수는 오늘 기독교인들의 신앙에서 신비와 피안의 구원자로만 기념되고 만다. 한마디로 위기다. 예수에게서 이 십자가의 맥락을 제거하면, 역사적이고 실존적인 하나님 나라가 내세적이고 영적인 천국으로만 축소되고 말기 때문이다. 예수에게서 역사를 제거하면 '구원'도 '죽어서 천국 가는' 탈 역사적인 구원으로만 이해된다. 그것이 제도화된 종교의 모습이다. 실상은 죽었고 형식만 남은 화석화된 종교양상이 그것이다. 이쯤에서 우리는 예수가 누구인가 하는 근원적 질문을 다시 던져야 한다.

예수가 누구인가 하는 질문은, 예수 시대 1세기 팔레스타인의 종교인들을 포함하여 많은 사람들이 무던히도 물었던 질문이다. 우리는 우리 시대의 신앙을 바로하기 위해, 이 시대에 이 질문을 다시 꺼내 든다.

"그가 누구인가?" "예수는 누구였던가?" "내가 아는 예수가 바로 '그' 예수인가?"

과연 그는 누구였을까? 그리고 오늘 우리에게 예수는 누구인가? 이 질문에 대한 오늘 우리의 대답은 우리에게 어떤 신앙적 실천을 요구할 것인가?

우리는 적어도 복음서가 전하는 예수의 총체적인 모습을 놓치지 않아야 한다. 단순히 '신앙의 대상'이 아니라, 삶에서 그의 족적을 뒤따라가야 할 예수이기 때문이다. 우선 예수에 대한 우리시대의 대중적 편향성의 실체를 간단히 살펴보기 위해 그림 하나를 살펴보도록 하자.

왼쪽의 그림은 일반적으로 그리스도인들이 가장 많이 보았을 예수의 초상화다. 은연중에 우리가 예수의 이미지를 떠 올릴 때 쉽게 인상 지워지는 그 이미지다. 지금도 어느 작은 교회의 예배당 한켠이나 신자들 가정 등에서 쉽게 볼 수 있는 그림이다. 그는 우리의 이해 속에서 키도 훤칠하고 얼굴도 잘 생긴 할리우드 스타 풍의 백인 남성이다.

하지만 다음에 나오는 그림을 참고해 보라. 많은 이들에게는 매우 낯선 그림일 것이다. 아마도 이것이 복음서에 나오는 1세기 예수의 얼굴에 가까운 것이라고 한다면 충격 받을 사람들이 많을 것이다. 실제로 이것은 영국 맨체스터 대학교 리처드 니브 교수법의학가 1세기 유대인의 두개골을 토대로 복원한 예수의 두상이다. 이것이 차라리 제자 베드로의 얼굴이라면 쉽게 수긍이 갈만 하지만, 예수의 이미지라 하면 쉽사리 수긍하기 어려울 것이다. 평소에 익숙한 앞의 이미지와는 너무도 다른 얼굴이기 때문이다.

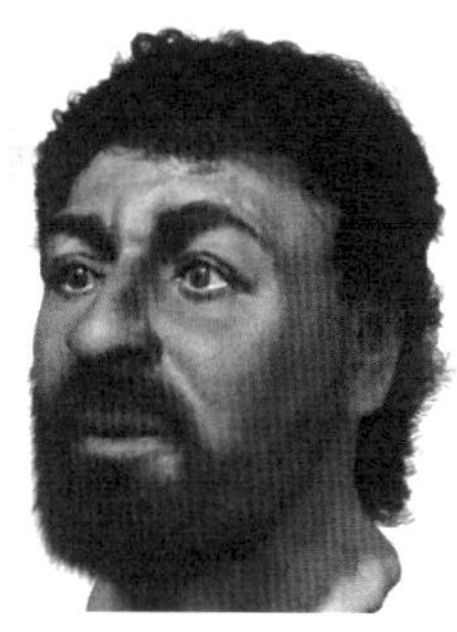

물론 우리는 실제 예수가 어떻게 생겼을지 알 수 없다. 다만 그도 '사람의 아들'로서 당대 1세기의 평범한 청년의 모습으로 이 땅을 살아갔을 것은 분명하다. 예수가 중동 팔레스타인 사람들 속에서 태어나 그곳에서 평생을 노동자로 살다 간 청년이었다면, 우리가 늘 익숙하게 보아왔던 위의 백인의 얼굴은 아니었을 것임에는 틀림없다. 오히려 두 번째의 그림이 예수의 실제 모습에 가까울 것이라는 결론을 쉽게 내릴 수 있다. 따라서 우리가 '당연히' 그러하리라고 믿던 예수에 대한 이미지와 그 이해는, 위의 익숙한 그림과 낯선 그림에서 보는 그 차이만큼이나 클 수 있음을 인정할 수 있을 것이다. 실제로 '신앙의 그리스도'에 대한 대중적 이미지와 '역사적 예수'에 대한 실제 이미지 사이에 커다란 간격이 있음을 전제해야 한다.

우리는 과연 예수를 '알고' 있는가? 그렇다면 그 예수는 성서가 증언하는 '그 예수'에 얼마나 근사치의 예수일까? 우리가 믿는 '신앙의 예수'는 과연 실물 예수, 곧 '역사의 예수'와 얼마나 근접해 있을까? 과연 우리 안의 예수 이미지는 성경이 제시하고 의도하는 예수를 충분히 잘 반영하고 있을까?

이번 장에서는 예수의 설교 속에 나타난 강조점을 중심으로 그의 정체를 재구성해보고자 한다. 그의 설교를 집약하고 있는 산상설교의 팔복의 메시지에 나타난 예수의 모습을 그려보자.

예수의 설교에 나타난 그의 자화상

마태복음에 소개된 산 위에서의 설교산상수훈. 마태 5-7장는 흔히 예수의 설교의 백미로 간주된다. 특히 그 설교의 도입부에는 팔복여덟 가지 복의 선언의 말씀이 있다. 많은 이들이 이 본문을 하나님 나라의 윤리를 규정하는 예수의 귀한 가르침으로는 인정하나, 대개의 경우 이 본문을 예수 자신과는 상관없이 읽어낸다. 하지만 필자는 이것을 예수의 자기 증거요, 그의 자화상과 분리할 수 없는 말씀으로 읽어왔다. 예수가 훌륭한 설교자의 표상이라면 그의 설교는 자신의 존재를 반영해 낼 수밖에 없다. 따라서 팔복의 메시지는 그대로 자신의 삶이었고, 그의 청중들을 초청하고자 했던 삶의 이상이었을 것이다. 그는 팔복이 규명하는 실천적 인간상에 관심했다. 그는 선언했다.

"복이 있을 것입니다, 그대, 마음 청결한 사람들이여... 복이 있을 것입니다, 그대, 온유한 사람, 긍휼히 여기는 사람들이여..."

여기까지는 대중기독교에 익숙한 예수 이미지와 잘 부합한다. 하지만 다음 항목들에서부터는 기존에 익숙한 예수에 대한 이해에 불편함이 생길 수도 있다.

"복이 있을 것입니다, 그대, 지금 가난하고, 지금 슬퍼 애통하는 사람들이여..."

"복이 있을 것입니다, 그대, 정의로운 일에 굶주리고 목마른 사람, 평화를 위해 싸우는 사람, 정의를 위해 싸우다 박해 받는 사람들이여..."

이 대목에 이르면, 어느덧 예수는 상당히 낯선 이가 되어 있음을 발견할 것이다. 왠지 사회의 부적응 자와 같고, 심지어 종교적 경계선을 넘어 정치적인 목소리를 가진 과격한 사람이라는 분위기까지 내비치기 때문이다. 또한 예수가 말하는 그 인물상은 대중적 기독교가 그려주는 기독인 상과는 먼 현실처럼 인식되고, 사실 피하고 싶은 현실이기 때문이다.

생각해 보라. 가난이 복인가? 이윤의 극대화와 재화의 무한축적이 미덕이요 성공이라 여기는 세상에 '가난한 이가 복되다'니 얼마나 비현실적인 주장인가? 애통하는 삶이 복인가? 나만 행복하게 누리며 잘 사는 것이 최고의 추구가 된 세상에서, 슬픔 가득한 삶이 어찌 행복이란 말인가? 온유함이 복인가? 어찌하든 싸우며 버티며 생존을 보장받아야 하는 세상에서 따사로운 온유함이 행복의 조건이 된다는 것인가? 마음 청결함이 복인가? 남을 속이지 않고는 살아내기 힘든 세상에서 정직이 어떤 점에서 복인가? 정치적이든 경제적이든 어떻게든 혹세무민하고 부풀리고 속여서라도 소기의 목적을 달성하려는 세상에, 매사를 그 과정과 상관없이 그 결과만으로 사람을 판단하는 세상에서 과연 정직이 복인가? 무한경쟁시대에 타인을 긍휼히 여김이 복인가?

이 복의 선언 속에 나타난 예수의 표준은 지극히 비현실적이다. 하지만 이것이 바로 예수가 말하고자 했던 본심이라면 사정은 달라진다. 그것은 세상 가치에 반하는 가치 전복적인 선언이다! 예수는 시대에 맞서는 반골이다.

국어사전에 따르면 반골反骨은 "권력이나 권위에 맹종하지 않고 저항하는 기개, 또는 그러한 기개를 가진 사람"을 일컫는다. 예수는 '체제 순응적'이지 않았으며, 무작정 복종하는 소위 '천사표'인간이 아니었다. 그리고 그의 모든 삶과 사역, 그리고 그의 하나님 나라 선포는 맹목적 신앙과 무조건적 복종의 행보가 아니었다.

'반골'이라는 용어가 불온해 보이고, 예수께 어울리지 않는다고 느끼는 이도 있을 것이다. 하지만 이것은 성서의 진술과 상관없이 우리 인식 속에 새겨진 예수의 이미지가 언제나 '온유하고 겸손한 어린양'이요, '선한 목자' 뿐이기 때문이다. 따라서 그 맥락적 이미지를 가지고 성서를 대하니, 팔복을 읽으면서도 우리는 '반골 예수'를 발견하지 못한다. 다시 강조하지만 예수에 대한 바른 이해가 바른 신앙, 바른 삶을 이끌어 낸다. 팔복에서 제시하시는 특징들을 통해 그의 면면을 살펴보자.

가난한 사람

예수는 가난한 사람이었다. 그는 오늘도 가난한 사람으로 이곳에 있으며, 앞으로도 가난한 사람 중의 한 사람으로 우리 중에 존재할 것이다. 그러므로 그는 '부요가 축복이요, 부가 곧 권력'이라는 세상에서 반골이었고 또 반골이다.

1장에서도 살펴본 바와 같이, 그는 좋은 가문 출신도, 대도시의 성공한 스타도 아니었다. 그는 한 시골 동네의 가난한 무명 목수의 아들로 태어났다. 누가복음의 저자는 심지어 그의 출생 시에 누일 곳이 없어 말구유에 누인 것으로 소개한다. 갓난 아들을 봉헌하는데 그의 부모는 1년 된 어린양 대신 비둘기 두 마리로 제사한다. 누가 2:22f. 레위 12:6ff 참조 그는 가난한 집안의 아들이었다.

그래서일까? 우리는 그의 생일도 모른다. 심지어 누가의 에피소드 하나를 빼면, 성경에는 그의 어린 시절이나 청년시절에 대한 증언들이 아예 없다. 그는 가난하고 신분은 초라해서 사람들의 눈에 띄지도 않았던 사람이었다.

그의 직업은 무엇이었는가? 목수였다. 당시의 목수의 주업은 '목공예가나 가구 만드는 일'이 아니었다. 중동의 서민들 집에는 오늘날에도 가구가 거의 없다. 2천 년 전 예수의 삶을 오늘 우리 세계의 인식으로부터 재구성해서는 안 된다. 당시 목수는 주로 건설 현장의 막노동 일을 하는 사람이었다. 학자들에 따르면 당시 인근 세포리스와 티베리아스에는 신도시 건설이 한창이었다고 한다. 가구를 만들고 있는 경건한 꽃미남이 아니라, 건설현장에서의 육체노동을 하며 땀을 흘리고 있는 거친 얼굴의 노동자 예수를 그려보는 것이 보다 현실적이리라.

당시의 목수는 농민계층에 속한 사람이었지만, 경제적으로 농민보다 훨씬 못한 삶을 살았다고 한다. 그런데 당시 농경기반의 유대사회에서 왜 예수는 목수로 살았어야 했을까? 유대사회에서 그가 막노동을 하며 살았다는 것은 어느 대부터 일지는 모르나 조상들 대에서 땅의 기업을 잃은 집안이었던 것이다. 땅이라는 생존수단을 잃은 핍절한 삶을 살아왔을 것이다. 희년이 작동하지 않는 살벌한 세계 속에서 그의 집안은 무산계급이었던 것이다. 그래서 그의 취임사에 언급한 '희년'의 이

슈는 예수 개인에게도 절실한 주제였을 것임에 틀림없다. 누가 4

게다가 그는 평생을 갈릴리 나사렛 사람으로 자라고, 살며, 활동했다. 종교적 혐오가 서려 있는 '이방인의 땅' 갈릴리, 물리적으로도 수도에서 이격되어 있는 땅, 예루살렘 부재지주들의 경제적 수탈로 피폐해진 땅 갈릴리는 예수 시대에 이미 혁명의 도시요 반골의 도시가 되어 있었다.

그랬다. 나사렛출신 청년 예수는 가난한 막노동자로 살며, 부의 축적이 복이라는 세상에 반골이었다. 그는 부의 축적을 오히려 '악'이라는 구조적 모순으로 인식하고 있었다.

애통하는 사람

예수는 애통하는 사람이었다. 그는 오늘도 애통하는 사람으로 이곳에 있으며, 앞으로도 애통하는 사람들 중의 한 사람으로 우리 중에 거할 것이다. 그러므로 그는 타인의 고통에 아랑곳하지 않고라도 나 혼자 잘 먹고 잘 사는 게 복이라는 세상에서 반골이었고 또 반골이다.

그의 시대는 폭력적 식민제국인 로마에 의해 나라를 빼앗기고, 삶의 터전도 양심도 빼앗기고 살던 시절이었다. 마치 일제 강점기의 우리 민족이 그러했던 것처럼, 갈릴리 사람들은 역사도 언어도 빼앗기고, 신앙도, 자유도, 정조도 빼앗기고 살아가고 있었다. 많은 이들이 무장투쟁에 나섰던 남편을 잃었고, 가난으로 병들고, 기경하던 땅마저 빼앗기고 떠돌이로 유리하며 살아가고 있었다. 그들 편에 서서 그들을 보호하며 인도하는 목자 하나 없었다. 하나같이 소외되고, 헐벗고, 굶주리고, 방치되고, 무시당하고, 방황하며 죽어가는 사람들 속에 갈릴리의 이 가난한 청년 예수도 거기에 있었다.

그는 이같은 고통의 심연에 노출된 인간 실존에 대해 애통하는 사람이었다. 어떤 이들이 설명하려 드는 것처럼 그는 자신의 죄성에 대해 애통하며 수행하는 명상가가 아니었다. 그의 '정상적인' 인간성을 고려해 본다면, 그는 혼란스럽고 고통스런 역사현실을 애통해 하지 않을 수 없었을 것이다. 예수는 이런 역사현실에 문자적으로 '창자가 끊어지는' 애끓는 아픔을 토로하며 살았다. 죄와 질병은 물론, 정치적 억압과 경제적 착취, 사회적 소외로 가득한 인간세상을 애통해 했다. 동시에 그러한 세상을 돌아보기는커녕 약자들의 곤경을 이용하여 축재의 기회를 삼는 권력에 분노했다. 또한 그는 독립운동에 희생된 전사들의 과부와 고아들을 압제하고 착취하는 권력가진 이들, 돈을 쌓아두고도 가난한 이들의 처지에 공감할 줄 모르는 이들, 불의와 탐욕의 세상을 못 본 체하는 종교지도자들, 스스로 의롭다하며 위선으로 자신의 종교를 삼는 이들, 아이와 여자들을 인간취급하지 않는 가부장적 남자들이 득세하고 사는 세상을 슬퍼했다. 그는 슬픔과 탄식으로 점철된 그 험한 세대와 씨름하며 살았다. 어쩌면 이 애통이 청년 예수로 하여금 하나님 나라 운동을 시작하는 동인이 되었을지도 모른다.

이 연민의 사람 예수가 하나님 나라 운동을 전개해 가는 동안 사탄의 유혹은 얼마나 큰 것이었을지 가늠해보라. 저 굶주리는 백성들에게 그 광야에 널린 돌들로 떡덩이를 만들어 먹일 수 있다면! 저 병들어 죽어가는 백성들을 그 초인적인 능력으로 모두 치유하고 자유롭게 할 수 있다면! 저 악한 로마와 성전권력가들을 무찌르고 단숨에 정상적인 세상으로 회복시킬 수 있다면!

하지만 그는 '사람의 아들'의 길을 묵묵히 선택했다. 제국에 짓밟힌 1세기 팔레스타인의 청년 예수는, 자기만 잘 먹고 잘 사는 게 복이라는 그 세상을 애통해 하는 반골이었다.

이 가난하고 애통하는 팔복의 사람 갈릴리 노동자 출신의 예수를 주로 고백하면서, 왜 오늘날 그리스도인들 다들 부자 되려 고민할까? 왜 고통 가득한 세상에서 예수와는 분리된 삶을 꿈꿀까? 사람이 성공하고 권력과 부를 거머쥐고, 안정된 삶을 살게 되면 약자들과 타인의 고통에 쉽게 공감할 것으로 기대하지만, 아니다. 거꾸로 대부분은 무감각해진다. 예수가 왜 갈릴리를 선택하고 그곳에서 하나님 나라를 선포했겠는가? 왜 예루살렘에 가서 소위 '큰 목회' 하지 않았겠는가? 왜 그 선한 것을 기대할 수 없던 곳, 히브리 성경에 단 한 번도 언급되지도 않는 나사렛 사람으로 살아갔겠는가? 왜 갈릴리에서 평생을 살며, 온 공생애를 거기에서 보냈겠는가? 그리고 왜 부활 후 하나님 나라 운동을 재출발시킬 때, 제자들을 다시 갈릴리로 모았겠는가? 이 가난하고 슬픔의 사람인 예수의 제자들인 우리도 그와 같아지는 복을 추구해야 하지 않겠는가?

정의에 굶주리고 목마른 사람

예수는 정의에 주리고 목마른 사람, 정의를 위해 박해 받는 사람이었다. 그는 오늘도 정의에 목마른 사람으로 이곳에 있으며, 앞으로도 불의에 희생되는 이들 가운데서 정의를 추구하는 이로 존재할 것이다. 그러므로 예수는 나 살기도 버겁다는 세상, 혹여 해를 당할까봐 타인의 고통에 침묵하는 세상에 반골이었고 또 반골이다!

우리가 그리는 예수는 언제나 거룩하고 경건하며 세속으로부터 분리된 존재다. 이미 하늘 보좌에 좌정해 있거나, 설사 이 땅에 관심을 두더라도 타락한 정치현실에는 초연하기까지 한 예수다. 그래서 예수 믿는 사람은 다 '착한 사람'이어야 한다는 내재된 기대가 존재한다. 불의를 비판해서도, 나쁜 일에 욕 한마디 해서도 안 되고, 악한 일을 막아서려 행동해서도 안 되며, 불의한 현실에도 저항하지 않는 소시민 상을 기대한다. 그리스도인들이 소위 '착한아이 신드롬'에 머무는 것은 예수에 대한 오해와 편향에서 비롯된다. 그러니 교회의 청년들이 조금만 자기 주장을 해도 버릇없다 비난하고, 불의한 정치현실에 저항의 목소리만 내도 불온하다 정죄한다. 예수의 이름으로 일컬음 받는 교회가 역설적이게도 예수의 반골정신을 가진 사람들을 발도 못 붙이게 한다.

하지만 그는 사람들의 기준에 참으로 불온한 반골이었다. 예수의 면면을 살펴보라. 그의 소문을 들은 이들은 그가 정치적 메시아일 것으로 확신했다. 그의 출생에 관한 기록들을 보라. 하늘의 인도함을 받고 외국에서 온 사절동방박사들이 유대왕 헤롯을 알현하며 누구를 찾았는가? '유대인의 왕'!으로 나신 이를 찾았다. 왕 헤롯은 이를 어떻게 받아들였는가? 베들레헴 인근의 유아들을 살해해 버릴 정도로, 헤롯과 당대의 역사는 아기 예수를 '정적'으로 이해했다. 아기 예수는 이집트로 정치적 '망명'을 떠나야 했다.

공생애 시작 당시에는 어떤가? 예수의 선포 내용을 주목해 보라.누가 4 그는 선지자의 '메시아 예언'이 오늘 이루어졌다고 선언한다. 나사렛 사람들은 자신을 메시아로 선언하는 이 희년 선포자를 절벽에 밀쳐 죽이려 했다. 심하지 않은가? 마음에 들지 않거나, 정도에 지나치다 생각되면 '미친것'으로 간주하고 쫓아내면 그만이었다. 그런데 왜 그들은 집단적 살해를 도모했을까? 그 내용을 보라.4:16 그는 결코 자신을 온유하고 겸손한 종교지도자로 소개하지 않는다. 그는 "가난한 사람에게 좋은 소식을, 포로된 자에게 자유를, 눈 먼 자에게 눈뜸을, 눌린 자에게 자유를" 선언하는 해방자였다!

이 선언이야말로 구원자요 해방자인 '메시아'가 도래했다는 선포였다. 당대의 시선에서 보아 그는 자신이 하나님의 약속된 정치적 수장임을 선언하고 있었다. 그는 모든 억압과 폭력에 매인사람들을 자유롭게 하는 정의의 사람으로 왔다. 당대 포로들이 누군가? 대다수가 독립 운동을 하다 투옥된 정치범들이거나 재산을 빼앗기고 빚을 갚지 못해 구금되어 있던 경제사범들이었다. 억눌린 자들은 누군가? 생존을 위한 부채와 노예상태에서 지주들 밑에서 억압받던 군중들이었다. 또한 그는 이스라엘 역사에 경험되지 않았던 희년을 선포하는 급진적 개혁가로 왔음을 알린다. 모든 빚진 것들을 탕감하고, 그 부채로 인해 노예된 자들을 해방하며, 땅을 빼앗긴 모든 자들에게 다시 옛 기업을 반환해주는 희년을 선언한 것이다. 레위기 25 그는 모든 왜곡된 질서에 '원위치'를 선언하는 정의의 해방자였다.

예수의 표면적인 의도와는 상관없이, 당시 청중들에게 예수의 설교는 지독하게 정치적이었다. 메시아? 희년? 어쩌면 기득권자들에게는 무산자들의 혁명적 선동쯤으로 들렸을 지도 모른다. 그의 사역기간 내내 사람들은 그를 주목하며 질문했다.

"당신이 '그' 메시아인가?"

마침내 생애 마지막 주간에 이르러 있는 그를 주목해 보라. 그의 예루살렘 입성은 온 예루살렘을 소동케 했다. 그는 의도적으로 준비한 새끼나귀를 타고, 감히 스가랴 선지자의 메시아예언 성취를 구현해 냈다. 스가 9:9 사람들은 종려나무를 흔들며 "호산나 우리를 구하소서, 다윗의 자손이여 메시아여!" 노래하며 환호했다. 군중들은 놀라고 열광했다.

이튿날 그는 예루살렘 성전에 들어와 성전을 뒤엎었다. 그것은 메시아로서 행하는 당대의 성전체제와 성전권력에 대한 준엄한 정의의 심판의 상징적 행동이었다. 그는 뒤이어 성전에 서서 날마다 종교 권력자들에 대한 강력한 성토를 이어갔다.

"화있을진저 서기관과 바리새인들이여..." 마태 23

그러나 예루살렘 권세자들의 눈에 그는 참람한 선동가였다. 그들 눈에 그는 메시아나 경건한 랍비가 아니라 그들의 체제에 맞서는 지독한 반골이었다. 그는 당장 로마의 총독, 유대의 왕, 종교권력자들, 지주들, 재벌들, 국회산헤드린 의원들, 관료들에게 눈엣가시였다! 당대 성전권력으로 정치와 종교권력을 장악하고 있던 사두개인들이 보든, 지방권력을 장악하고 율법주의로 돌파구를 찾고 있던 바리새인들이 보든, 그는 제거대상 1호가 되었다. 반골 예수는 모두에게 공공의 적이 된 것이다.

그런 반골을 대하는 당시 기득권의 반응이 바로 십자가 처형이었다. 거기까지 이르는 데는 단 1주일 밖에 걸리지 않았다. 십자가는 당대의 반체제 정치범에게 허락하던 로마의 극형이었다. 죄목이 무엇이었는가? 죄패에 적은 것처럼, 그는 '유대인의 왕'이었다! 황제가 있고, 유대 왕이 버젓이 살아있는 현실에서 왕이라니... 민중 봉기를 이끌다 수감된 것으로 보이는 또 다른 정치범 바라바를 그 대신 놓아줄 만큼, 예수는 그들의 눈에 위험한 존재였다. 그는 그들에게 로마와 국가권력에 반항한 반골이요 정치적 반체제 인물이었다.

또 있다. 종교적 맥락에 있어서도 그는 율법에 얽매이기 보다는 진정한 '옳음'義을 추구하며 융통성 있고 유연한 태도를 고수했다. 이에 사람들은 맹비난을 퍼부었다. 그들은 그의 거침없는 사귐에 '먹기를 탐하고 포도주를 즐기는 자', 곧 먹보요 술주정뱅이라 비난했다. 그것은 '랍비'라 일컬음 받던 선지자에게, 하나님 나라를 선포하던 설교자에게 매우 어울리지 않는 반골의 모습이었다.

게다가 율법 폐기자, 이스라엘을 미혹하는 자, 성전을 허무는 자, 신성모독자라는 비난을 받았다. 그는 공공연히 안식일을 거부하고, 율법의 음식법을 폐지했다. 그는 사람사람의 아들이 안식일의 주인임을 선언하며, 안식일에도 당당히 병을 고치고 밀밭 사이를 걸었다. 그는 율법이 부정하다 선언한 것도 '하나님이 지으신 모든 것이 깨끗하다'는 말로 재해석했다. 이에 바리새인들은 즉각 반발했다. 나아가 그는 중앙성전을 모독하고 아무 곳에서나 아무에게나 죄사함을 선언했다. 성전제도를 파기하며 스스로 죄사함의 권세를 선언하며 '무법자'의 면모를 보이는 그에게 사두개인들도 즉각 반발했다.

그렇게 합의된 결론이 바로 십자가였다! 이 반골스러움이 바로 우리가 놓치고 있는 예수의 다른 측면, 곧 십자가를 부른 역사적 맥락이다. 그 십자가에 대한 후대의 해석인 '대속의 의미'만 강조하느라, 정작 예수의 사회정치적 맥락을 간과한다. 그러니 오늘날 대중적 그리스도인들에게 이해되는 십자가는 더 이상 현실에 임해올 하나님 나라와 상관이 없게 된 듯하다. 신자들은 그의 보혈로 구원받아 사후천국을 보장받는다는 신조만 반복하고 있다. 그것은 예수에게서 '삶'을 제거해 버리는 격이다. 그리하여 기독교에는 역사 현실과는 상관이 없는, 탈 역사적 예수만 동그마니 남아있게 되었다!

십자가는 의에 주리고 목말랐던 예수가 정의로 인해 박해받은 자리다. 그러므로 그것은 대속뿐 아니라, 정의에 목마른 자들이 갖는 불의한 세상에 대한 저항과 참여의 상징이다. 이러한 예수와 십자가에서 사회-정치적 함의를 제거하려는 것은 이 예수의 혼을 제거하는 것과 다를 바 없다. 십자가의 복음이 갖는 세상 변혁의 역동을 지워버리려는 것이다.

평화를 만드는 사람

예수는 평화를 만드는 사람이었다. 그는 오늘도 평화를 위해 일하는 사람으로 이곳에 있으며, 앞으로도 평화를 추구하는 이들 중에 거할 것이다. 그러므로 그는 폭력이 곧 정의라는 세상에 반골이었고 또 반골이다.

예수는 하나님이 통치하시는 새로운 세계질서하나님 나라를 꿈꾸고 있었지만, 민중들의 요구처럼 폭력에 의존하지 않았다. 그는 근본적으로 세상질서를 전복시키는 하나님 나라의 도래를 선포했지만 결코 무장투쟁이나 폭력을 용인하지 않았다. 그래서 백성들은 그를 오해했고, 심지어 세례요한도 그를 의심했다. 그들은 전통적인 메시아 관을 통해 예수와 함께 물리적으로 전복되지 않는 현실을 의심했다.

선지자들은 메시아의 도래를 예고하며 그의 이름이 기묘자, 모사, 평강의 왕이사 9:6이라 선언했다. 예언자들은 오랜 평화의 이상을 실현하기 위해 오실 메시아를 꿈꿨다. 그때에는 모든 민족이 칼과 창을 벼리어 쟁기와 보습을 만들고, 더 이상 전쟁연습을 그치게 될 것이었다. 이사 2:4 심지어 사자와 어린양이 함께 뛰놀며 어린아이가 독사굴에 손을 넣어도 상함도 해도 없는 세상이 임할 것이었다. 이사 65:25

예수는 세상이 당연시하던 팍스 로마나Pax Romana의 폭력을 막아서서, 사랑과 자비와 공평과 정의가 다스리는 하나님 나라를 꿈꿨다. 심지어 그는 율법이 제시하는 동해동량同害同量 보복법눈에는 눈, 이에는 이.

출애굽 21:24 같은 폭력과 복수의 사슬마저 끊고자 했다. 오른 뺨을 때리면 왼뺨까지 내어 밀고, 겉옷을 빼앗으면 속옷까지도 주며, 오리를 동행하자 요구하면 십리라도 동행해 주는 현실을 제시했다. 급기야 그는 원수마저도 사랑으로 포용하는 평화를 요구했다. 마태 5:38ff 폭력의 세계에 두려워 숨거나 무관심하며 발을 빼는 것이 아니라, 오히려 비폭력으로 맞서며, 종내는 십자가에 자신을 내어 줘버리기까지 한 그는 평화 그 자체였다.

예수는 체포되던 밤에 칼을 휘두르던 제자를 향해 칼을 거둘 것을 권면했다.

"네 칼을 칼집에 도로 꽂아라. 칼을 쓰는 사람은 모두 칼로 망한다." 마태 27:51

그는 십자가 상에서까지 자신을 박해하는 사람들을 위해 끝까지 용서하는 사람이었다. 그는 보복하지 않음으로 평화를 가져오는 현실을 몸소 보여주었다. 결국 이 평화의 왕 예수의 사랑과 평화의 복음은 세상을 정복했다.

오늘날 많은 그리스도인들은 기독교 평화운동에 대해 당혹해 한다. 종종 교회에서 평화를 말하면 좌파니 종북이니 하면서 비난한다. 정작 평화의 왕인 예수의 교회 안에서 평화의 신학조차 정돈되지 못한 것이다. 그러다보니 청년들은 기독교적 평화에 대한 논의를 해 볼 기회도 없이 전쟁연습군복무에 내몰리고 있다. 국가주의와 전쟁론자들의 안보논리에 의해 기독교적 평화가치마저 폐기되고 있다. 평화의 왕을 예배하는 기독교 공동체가 오히려 평화에 반하는 전쟁논리의 선봉에 서는 것이야말로 아이러니가 아닌가?

더 있다. 사회 종교적으로도 그는 사람들 눈에 이단아요, 불온한 반사회적 인사였다. 신분과 계층을 가리지 않는 그의 평화적 관계맺음은 결국 사달을 불러왔다. 그는 당대 문화가 배제하던 종교적 죄인들, 몸을 팔던 여인들, 로마의 앞잡이 세관원들, 혼혈민족인 사마리아 여인, 이방인이었던 페니키아 여인 등 사회적 소외자들과 급진적인 포용적 관계를 이어갔다. 그는 자신을 닮은 가난하고 더러운 부랑자들과 어울리며, 소위 '죄인' 부류와도 편하게 어울렸다. 자신의 출신이 그러했으니 예수는 현실적으로도 그러한 계층의 사람들과 쉽게 어울렸을 것이었다.

그의 동지요 제자들은 모두 제도권 밖의 사람들이었다. 제사장도 레위인도 아니었다. 인정받는 선생님들 밑에서 공부하며 학위를 가진 이들도 아니었다. 그들은 주로 갈릴리 호수에서 평생 고기를 잡던 어부 출신들이었다. 게다가 성질 사나운 베드로나 가룟 사람 유다 같은 편집증적 인물은 물론, 각기 다른 성향과 성품을 가진 이들을 모두 포용했다. 평화의 사람 예수는 심지어 그는 이념적 좌우도 모두 포용하고 있었다. 매국노로 비난받던 세리 마태나 폭력도 용인하던 열심당원 시몬까지 그의 제자 중에 있었다!

예수를 따르는 사람들

그리스도인은 이 팔복의 사람 예수의 사람들이다. 예수를 따르는 사람들을 '그리스도인'이라 부르는 데, 이 단어에는 자연인人 앞에 그의 호칭인 '그리스도'가 부착되어 있다. 그들은 그리스도의 사람들이다. 그러므로 그리스도인들은 예수를 따라 반골의 기개로 살아야 한다.

예수는 팔복에 이어 곧장 자신과의 관계 안에 있는 무리들의 정체와 소임을 구체화 한다.

> 11 너희가 나 때문에 모욕을 당하고, 박해를 받고, 터무니없는 말
> 로 온갖 비난을 받으면, 너희에게 복이 있다. 12 너희는 기뻐하고
> 즐거워하여라. 하늘에서 받을 너희의 상이 크기 때문이다. 너희
> 보다 먼저 온 예언자들도 이와 같이 박해를 받았다. 13 너희는 세
> 상의 소금이다. 소금이 짠맛을 잃으면, 무엇으로 짠맛을 내겠느
> 냐? 그러면 아무데도 쓸 데가 없으므로 바깥에 내버리니, 사람들
> 이 짓밟을 뿐이다. 14 너희는 세상의 빛이다. 산 위에 있는 동네
> 는 숨길 수 없다. 15 또 사람이 등불을 켜서 됫박 아래에 두지 않
> 고, 등경 위에 둔다. 그래야 등불이 집 안에 있는 모든 사람에게
> 환히 비친다. 16 이와 같이, 너희 빛을 사람에게 비추어서, 그들
> 이 너희의 착한 행실을 보고 하늘에 계신 너희 아버지께 영광을
> 돌리게 하여라 마태 5:11-16

예수의 이해대로라면, 그리고 그가 옳았다면 왜 예수는 자기를 따르는 이들의 운명을 이런 방식으로 이해했을까? 그는 그의 하나님 나라의 복음 특성이 세상의 기존 질서에 맞서는 반골 성격임을 알고 있었기 때문이다. 따라서 예수를 따르는 그리스도인은 예수 때문에 욕먹고, 박해받을 수밖에 없는 사람들이다. 만일 예수의 제자로 사는 것이 다만 착하게 살고, 구제하고, 사회복지에 앞장서는 것이라면 누가 욕하고 박해하겠는가? 누가 옥에 가두고, 십자가에 처형하겠는가? 그것은 예수 시대나 지금이나 마찬가지다. 예수는 오해하지 않았다. 예수는 우리가 이 세상을 향하여 선지자적 삶을 살아주기를 기대했다. 예수를

따르는 것은 선지자적 기개로 사는 것이요, 결국은 세상의 박해 아래 살게 된다는 것이다. 선지자들이 누구인가? 그야말로 당대의 반골들이 아니었는가? 왕과 권력자들의 횡포와 세상의 불의를 거침없이 탄핵하며 하나님의 정의를 외친 사람들이 아니었는가?

그리고 그는 그를 따르는 사람들의 정체를 확인시켜 준다. 달리 표현하면 다음과 같다.

'너희는 이 팔복의 사람처럼 살아야 한다. 그것은 세상에 대하여는 반골로 사는 것을 의미한다. 이 세속의 문화에 거스르며 사는 것이다. 왜냐하면 너희는 세상의(!) 소금이요 빛이기 때문이다. 이 썩어져 가는 세상에서 그 부패에서 생명을 보존할 존재들이다. 이 어두운 세상을 진리의 빛으로 밝게 비출 사람들이다. 그렇게 되면 그 불의하고 부패한 존재들의 허상이 숨김없이 폭로되고 드러나게 될 것이다.'

소금과 빛의 역할이 우리 생각만큼 그렇게 소극적인 역할인가? 조용히 녹아지고 은밀히 비추이는 빛이기만 한가? 결코 아니다! 얼마나 적극적이면 자신을 녹여서라도 세상의 그 거대한 부패의 힘을 막아서겠나? 얼마나 급진적이면 자신을 불태워서라도 세상의 거짓과 불의를 적나라하게 폭로하고야 말겠는가? 그래야 세상이 그리스도인들을 보고 하나님이 계신 것과 하나님이 공의와 사랑의 하나님이신 것을 깨닫지 않겠는가? 그래야 그들이 그 하나님을 칭송하지 않겠는가?

그런 소금이 그 맛을 잃어버리면 무슨 쓸모가 있겠는가? 그런 빛이 덮개 아래 교회 안 놓여 있다면 무슨 효용이 있겠는가? 반골 예수의 제자들이 이 세상에서 반골로 살아내지 않는다면 무슨 존재의미가 있단 말인가?

예수는 팔복을 통해 자기 정체를 드러냈다. 그는 팔복의 사람이었다. 동시에 팔복의 말씀은 그러한 삶을 살아가는 사람들에 대한 예수의 노골적 편들기다. 예수의 모든 이웃이 바로 가난한 자 억눌린 자들이었다. 병들어도 대책 없던 가산을 빼앗긴 과부와 고아들이었다. 그리하여 애통하며, 그래서 몸을 팔고, 그래서 죄인이라 손가락질 받던 부류의 사람들이었다. 예수는 바리새인의 율법주의를 지켜낼 수 없던, 그래서 '죄인' 취급을 받던 사람들을 노골적으로 편들었다. 그들을 위해 목소리를 냈다. 그들이 하나님 나라의 주빈이어야 한다. 예수는 우리가 그 팔복을 살아냄으로 세상의 소금되고 빛 되는 존재명령을 수행하라 권한다.

우리 구주 예수? 마냥 착한 예수? 그러다보니 세상에 발을 빼고 있는 예수?

그것은 겁 많은 우리의 기대나 상상 속에서 만들어진 예수일지 몰라도, 복음서 속의 예수를 충분히 반영하지 못한다. 아니 그러한 예수를 본받아야 한다고 주장한다면, 그것은 오히려 반 성경적이기까지 하다.

그를 따르던 제자들 중 어느 한사람 편히 죽어간 사람 있는가? 그들은 이 팔복의 사람 예수를 따르느라, 예수처럼 가난하고 애통하며, 평화와 정의를 추구하다 박해를 받았다.

전날에 한국교회는 이 예수의 정신을 따라 민족의 고난과 역사현실과 함께 성장해왔다. 봉건사회에서 근대로 이행해 오는 과정에서 사회개혁을 주도하고, 일제의 침탈과 식민치하에서의 독립운동에 앞장섰다. 의식 있는 사람들은 교회로 몰려들 만큼, 교회는 세상에게 그렇게 이해되었던 것이다. 독재체제 하에서도 인권과 민주화를 위해 투쟁하고, 터부시되던 통일논의의 물꼬를 트기도 했다. 교회는 예수정신, 팔복의 정신, 십자가 정신, 세상에 대한 반골정신으로 고난과 박해를 감내하면서도 당대의 역사현실에 구체적인 참여를 통해 세상변혁의 주체가 되어왔다.

그런데 오늘날 우리에게 그 반골 예수는 역사 현실에는 무관심한 분으로 소개된다. 그 예수 자신을 따르는 신자들에게 이 땅의 불의한 정치, 무자비한 사회 현실에는 발을 빼고 물러가 골방에 머물며, 교회로 모여 예배하고 봉사하라고만 명령하는 분으로 둔갑해 있다. 그래서 그의 몸 된 교회는 공적이고 사회적 현실에 대해 짐짓 모른 체하며, 소위 '천국 가는' 내세 복음에만 집착한다. 그저 엄숙한 분위기에서 격식 있고 고상한 언어로 찬양과 기도를 반복하면서, 예수의 하나님 나라 복음을 단순히 개인윤리나 개인영성 매뉴얼 정도로 격하시키고 있다. 그런 예배와 신앙의 열심 속에서, 정작 하나님께서 관심하시는 사회정의와 공의가 강물처럼 흐르게 하는 하나님 나라는 까맣게 망각되었다. 곳곳에서 반골 예수의 정신을 가진 실천가들은 정치적이요 이념적이요 반 기독교적이라 비난을 받는다.

사자와 어린양, 어떤 예수인가?

생각해 보라. 만일 지금 우리시대에 이 성경의 예수가 우리 사회현실에 와 있다면, 그는 무엇을 설교하고, 누구와 연대하며, 어떤 행동을 할까? 그는 신자들에게 이 세상의 불의한 현실에 눈 감으라 하겠는가? 혹세무민하는 불의한 권력자들과 재벌들과, 그들의 나팔수 노릇만 하는 언론과 그러한 선동에 부화뇌동하는 무지한 백성들을 책망치 않겠는가? 당시에 그러했듯이, 그가 예배당 뿐 아니라 거리와 광장으로 나가, 불의한 세상을 탄핵하며 하나님의 심판을 외치지 않을까? 그러한 현실에 눈감고 여전히 평안만 노래하는 목회자들과 교회들에 회개를 촉구하지 않겠는가? 나아가 여전히 가난하고, 병들고, 소외되고 죄인 취급 받는 이들 곁에 서서, 그들의 권리를 위해 변호하고 싸워주지 않겠는가? 아무도 그의 뒤를 따르지 않는다면, 심지어 광야의 요한처럼 일인시위라도 하고 있지 않겠는가?

이제 다시 그림 하나를 그려보자. 여기에 '어린 양'과 '사자'가 있다. 둘 다 성경이 제시하는 예수의 은유들이다. 하지만 대중기독교는 막연히 예수를 '어린양 예수'의 이미지로만 고정시켜 두고 있다. 반면 '유다의 사자'인 예수의 이미지는 낯설기만 하다. "반골 예수"는 둘 중 어떤 이미지에 부합하는가? 내 안의 예수는 어떤 이미지를 강조하고 있는가?

예수를 닮고 싶고 따르고 싶은 마음에는 어떤 이미지의 예수가 떠오르는가? 우리의 삶의 태도에서 '어린 양'과 같은 예수의 모습 뿐 아니라 '사자'와 같은 예수의 모습이 동시에 발현될 수 있도록 그 이미지를 재고해 보아야 하지 않겠는가? 예수를 따르고 싶다면, 그래서 예수의 이름으로 세상을 변화시키는 것이 꿈이라면, 예수처럼 먼저 불의한 세상에 관심하고, 좀 불온해져야 할 것이다. 예수의 제자는 그저 착한 체제순응적인 사람이 아니다. 예수 정신은 팔복의 정신이다. 그것은 십자가 정신이며, 하나님 나라의 정신이다. 십자가로 표현된 예수의 저항정신, 반골정신을 가져야 할 것이다. 그것은 신앙적 기개요, 용기이기도 하다.

이런 예수에게서 오늘날 교회는 그의 정치색을 제거하려 시도한다. 하지만 그것은 불가능하고도 위험한 발상이다. 인간은 존재적으로 사회적, 정치적인 동물이다. 정치에 적극적인 입장을 표명하는 것만이 정치적인 것이 아니라, 비정치적인 태도도 정치적 입장이다! 우리가 이 땅에 살아가는 한 정치현실이라는 실제 영향력에서 벗어날 수 없다. 게다가 오늘날 세계가 직면한 가장 결정적인 문제들은 모두 정치 현실에서 결정된다. 성경의 예언자 전통은 지극히 정치적 국면에서 일어났던 일이다. 노예해방, 미국의 인권운동 등 세계의 주요 역사적 전환점이 된 사건들은 정치적인 맥락에서 발생했다.

그런데 이 반골 예수를 주로 고백하는 예수의 교회가 맥락도 벗어난 성경 구절을 인용하며 이원론을 주장한다. '가이사의 것은 가이사에게, 하나님의 것은 하나님께!' 마가 12:17 애초에 그것은 교회의 입막음 위한 세상 지배자들의 의도였고, 교회는 거기에 순응해 버린 것임을 기억해야 한다. 그렇게 교회는 권력에 순응해버림으로써, 박해를 피하고자 했다. 그리고는 이 엄청난 반골 예수를 순전히 '세상 죄를 지고 가는 하나님의 어린양'으로만 그리기 시작했다. '유다의 사자' 창세 49 예수에게서 이빨, 발톱 모두 뽑아버리고 유순하고 온유한 어린양으로 고쳐 그린 것이다!

그 결과 열심 있는 그리스도인들은 현실사회문제에 소극적이 되고 정치는 이방인들에게 맡겨버렸다. 그러니 교회 내에서 정치에 관한 건강한 신학이 정돈되지 못하고, 거기서 정치 일선에 나가는 그리스도인들이 기독교적으로 세계를 바라보거나 역할하지 못한다.

단순히 착한 기독인으로서는 결코 세상을 변화시킬 수 없다! 세상에 대한 무관심으로, 세상에 대해 할 수 있는 일은 아무 것도 없다. 그저 골방으로 물러가 기도하는 것으로 통칠 수 있는 현실이 아니다. 이 세상이 어떤 세상인가? 오늘 세상은 인간을 겨우 소비의 주체 정도로나 인식하는 세상 아닌가? 심지어 인간을 아예 소비재 자체로 물상화하여 비인간화 시키는 세상 아닌가? 국민들로 겨우 투표기 역할이나 맡기고 뒤에서 공작정치를 펼치면서 그걸 민주주의라 하는 세상이다. 그런 세상 사조에 반기를 들고, 예수의 제자로 살겠다고 회심하는 것이 참된 기독교적 고백이 아니겠는가?

반골 예수는 우리를 이 세상변혁의 주역으로 축복하며 부른다!

복되어라, 하나님 나라를 위해 가난에 맞서 싸우는 사람이여,

복되어라, 고통 가득한 세상을 위해 애통하는 사람이여,

복되어라, 의에 굶주리고 목마른 사람이여,

복되어라, 평화를 위해 수고하는 사람이여,

복되어라, 정의로운 세상을 위하여 박해 받는 사람이여…

하나님의 나라가 당신의 것이다!

3장

변혁자 예수, 세상을 뒤엎다

상이한 예수 이해

어떤 종교든, 그 믿음의 대상을 어떻게 이해하는가에 따라 신자의 꿈과 목표, 실천, 삶의 내용이 결정된다. 그렇다면 당신의 예수는 어떤 분이신가? 물론 이 질문은 어떤 점에서 부적절하다. 우리는 성경의 예수를 믿지, '자신의 예수'를 믿는 것은 아니기 때문이다. 그러나 실제로 각자는 자신이 속한 공동체의 신앙 고백 속에 정형화 되어 있는 예수에 대한 이해를 지니고 있다. 앞서도 강조해 왔지만, 중요한 질문은 과연 대중적 예수 이해가 그에 대한 성경적 이해와 부합하는가 하는 것이다. 아무리 오랜 세월 동안 예수에 대해 들어왔고, 심지어 예수를 전하는 사람일지라도, 어쩌면 내가 말하는 예수는 복음서가 증거하고 암시하는 예수와는 사뭇 다른 양상의 예수일 수 있다.

당연하게도, 예수를 따르는 제자들 안에는 예수에 대한 많은 이해 또는 오해가 있다. 예수의 '제자'는 예수를 따르는 사람들이다. 그를 따르며 배우며, 삶을 공유하면서 궁극적으로 그 제자들에게 드러나는 삶은 결국 예수의 삶이 흔적처럼 드러나는 것일 게다. 마치 예수가 그들의 삶을 통해 살아가는 것처럼, 제자들의 삶 하나하나가 타인의 눈에

'저것이 예수가 구현하고자 하는 삶의 양태'라고 할 수 있는 것이 되어야 할 것이다.

과연 오늘날 예수의 제자들이 살아내는 삶이 정말 예수가 그들을 통해 사는 것처럼 그들 삶 속에서 예수의 삶이 살아지고 있는 것일까? 실제로는 그들의 신앙 열심과는 상관없이 많은 그리스도인의 삶에는 복음서가 제시하는 예수의 모양새가 사뭇 다르게 나타난다는 문제에 봉착하게 된다. 그래서 다시금 이 주제를 강조해 보는 것이다.

예수 그는 누구인가? 그리스도의 교회가 믿고 선포하는 예수는 정작 복음서가 증거 해 주는 예수와 얼마나 일치하는가? 그의 성품과 메시지, 사역, 수난과 죽음 ... 애석하게도 오늘 우리 안에는 그에 대한 수많은 몰이해들이 그에 대한 이해를 대신하고 있다.

변혁자 예수

필자가 몸담고 있던 대학교에 들어서면, 그 입구에는 커다란 바위에 새긴 학교의 모토가 보인다. Why not change the world? '세상을 변화시키자'라는 도전이다. 이 대학은 이 모토를 전면에 걸고 한국에 있는 기독 학생들을 불러 모으고 있다. '그대에게 세상을 변화시키고 싶은 열정이 있는가? 그렇다면 이곳으로 오라. 여기서 학문과 신앙으로 무장하여 이 세상을 변화시켜보라'고 도전하고 있다.

대개의 그리스도인은 동일한 신앙적 모토를 갖는다. 그리스도인은 세상을 어떻게 이해하고 있는가? 세상이 어떠하기에, 우리는 변화가 필요하다 보는가? 무엇이 바뀌어야하며, 어떻게 바꾸어야 하는가? 더 심각한 질문은 세상은 바뀔 수 있는 것인가? 또한 그렇게 세상을 바꾼 그 변혁의 전형이 있는가?

이를 위해 변혁자 예수를 소개하고자 한다. 예수야말로 세상 변혁의 본이다! 그에 대한 다양한 정의와 이해가 있지만, 이 장에서는 '변혁자'란 측면에서 살펴보려 한다. 먼저 전제할 것이 있다. 예수는 유대인의 한 사람으로서 유대인의 사회 속에 살다 간 사람이었다. 예수는 당시 유대주의가 제시하던 신앙요목을 수정하여 제시하는 것을 넘어 그 패러다임을 전환시켰다. 그들의 생각, 사고의 틀, 전통, 신앙방식, 심지어 율법체제에 도전했다. 그는 스스로도 '새 술'이라 일컬을 만큼 옛 것을 완전히 전복시키고 새로운 질서를 가져왔다. 그렇다면 유대교에 희망이 없었을까? 왜 굳이 개선이 아닌 변혁의 방식이어야 했을까? 오늘 21세기의 기독교는 희망이 있는가? 어느 만큼의 개선만으로 가능할 수 있는가? 새로운 전복이 필요하지는 않겠는가? 변혁자 예수는 21세기의 기독교에 어떤 반응을 보일 것인가? 여기에 핵심적인 열 가지 내용만 간추려 정돈해 본다.

1. 신관 전복 – 예수의 하나님은 모세의 하나님과 다르다?

예수는 당대에 당연시되던 신관을 뒤엎었다.

율법과 구약의 많은 기사들 속에 묘사된 하나님을 생각해 보라. 성경은 창세기에서부터 가혹한 심판주로서의 하나님을 많이 보여준다. 장엄한 창조의 하나님으로 시작하지만, '처음 인간'에 대한 저주에서부터 시작하여 에덴에서부터의 추방, 전 인류에 대한 홍수심판, 바벨탑 사건에 대한 심판, 소돔과 고모라에 대한 심판 등, 인간 세상을 향한 차갑고 심지어 잔인한 모습으로 하나님을 소개한다. 출애굽기에서 이스라엘을 놀랍게 구출하는 하나님은 그 과정에서도 애굽의 모든 장자를 심판으로 죽인다. 거칠고 험악한 광야생활 중에도 하나님은 여전히 백성을 책망하며 심판하는 분이다. 모세오경 내내 하나님은 율법을 강요하고, 그 규정을 조금만 벗어나도 가차 없이 심판한다. 역사서에서 보이는 하나님은 주저 없이 이민족들을 진멸하는 분이며, 심지어 자기 백성도 이민족을 불러와 가차 없이 심판하며 포로로 사로잡히게 하는 무서운 하나님이다.

그러나 예수에게 그 하나님은 더 이상 정죄하고 심판하시는 분이 아니다. 저 먼 하늘 위 보좌에 앉아 벌할 인간들을 감찰하는 분이 아니다. 오히려 지금 여기, 고통스런 삶터에서 비인간적인 삶을 살고 있는 당신의 백성들을 구원하는 하나님이다. 기도를 가르쳐달라는 제자들의 요청에, 그는 하나님을 하늘에 계신 '아버지'로 소개하면서 하나님 나라가 임하게 하기를 구하라 요청한다. 그리하여 모두가 일용할 양식에 배부른 현실을 누리게 하는 분으로 그를 소개한다. 그분은 공중 나는 새를 먹이며 이름 없는 들풀도 입히는 하나님이다. 그분은 선인뿐 아니라 악인에게도 공히 햇볕과 비를 주는 사랑의 하나님이다. 은혜를 모르는 자들에게까지도 자비로운 분이다. 그분은 도무지 차별하지 않는 분이다. 그러므로 그 하나님의 자녀들은 그와 같이 사랑과 자비의 자세로 이웃을 대면해야 한다.

예수의 하나님은 더 이상 배타적인 유대의 민족신이 아니다. 그분은 온 민족과 열방을 사랑하고 구원하는 하나님이다. 모든 민족을 차별 없이 사랑하는 하나님이다. 심지어 그분은 사마리아인의 하나님이요, 이방인의 하나님이다. 그러므로 제각기 얼굴이 다르고, 언어가 다르고, 사는 곳이 다르고, 문화가 다르고, 종교가 달라도 그들은 한 하나님이 지으신 백성들이다. 그 하나님 앞에서 모든 민족은 한 백성이다.

예수는 한사코 교리가 아닌 사랑과 긍휼의 하나님을 강조해 보인다.

그는 잃은 양을 찾을 때까지 찾아 헤매는 선한 목자 하나님이다. 또한 탕자의 허물도 묻지 않고 벗은 발로 뛰어나와 그를 맞이하는 아버지 하나님이다. 그는 현장에서 간음하다 사로잡힌 여인도 정죄하지 않는 긍휼의 하나님이다. 부정하다는 혈루증 여인에게도 평안을 허락하며, 아들 잃은 나인성 과부에게도 생명을 회복시키는 생명과 자비의 하나님이다. 그분은 암탉과 같이 자녀들을 품는 모성애를 지닌 하나님이다. 사마리아 수가성 여인에게도 따뜻하게 말을 건네는 하나님이요, 어린 아이들도 외면치 않는 하나님이다. 예수가 전하고 증명해 보인 하나님은 그 오랜 세월동안 당연시되었던 당대의 하나님 상을 전복했다.

2. 율법주의 전복 - 종교를 위한 인간인가 인간을 위한 종교인가?

예수의 하나님에 대한 이 같은 이해는 당대의 율법주의를 전복시켰다.

1세기 팔레스타인의 당대 주류 종교에는 율법주의가 편만해 있었다. 당시 유대교는 사두개파, 바리새파, 에센파, 젤롯당과 같은 여러 종파들이 있었다. 복음서의 예수가 강하게 비판했던 바리새파는 당대 로마에 의한 치욕스런 압제상황을 신앙적으로 진단했다. '이스라엘이 하나님의 언약율법으로부터 멀어졌기 때문이다.' 그렇다면 처방은 당연히 하나님이 주신 율법을 철두철미하게 지켜내는 것이었다. 그들은 토라모세오경에 담긴 율법 뿐 아니라 장로의 전통이라고 하는 600개가 넘는 조항들을 세부적으로 만들었다고 한다. 가령 안식일 규정만 하더라도 별도로 39개의 세부 규정을 만들고, 세부규정은 또한 수백 개가 넘는 사례들로 구성되어 있을 정도였다고 한다.

율법주의는 당연한 것으로 인식되었다. 율법은 지켜져야만 했고, 그 율법이 안식일의 세부내용을 규정하고 있다면 그 규정은 준수되어야만 했다. 그것을 깨뜨리는 것은 하나님의 계명을 깨뜨리는 것이요, 그것은 곧 죄요, 그 죄는 마땅히 심판을 불러올 것이기 때문이다. 문제는 예수 자신과 제자 그룹은 물론, 당시 대부분의 가난한 민중들은 그 기준에서 보아 율법을 어기는 부류의 사람들이 되었다. 왜일까? 그들이 악인이고 죄인이어서가 아니라 그들의 가난한 현실이 그 세부규정들을 모두 지켜내기 힘들게 만들었기 때문이다. 흔히 성경에는 세리, 창녀, 죄인과 같이 고정된 부류의 사람들을 일컫는 말이 있다. 거기에 나오는 '죄인'이라는 사람들의 부류는 도덕적 위반자나 법적 위반자가 아니라 이들이 언급했던 종교적 율법 위반자를 의미했다.

이처럼 예수가 등장했을 무렵 율법주의는 만연해 있었고, 예수는 이로 인해 고통 받는 대중들의 현실을 아프게 보았다. 예수가 당대 종교권력자들과 부딪히게 되는 첫 이슈가 율법주의에 경도된 안식일 문제였다. 마가 2 예수와 그의 제자들이 안식일에 병을 고쳤다거나 추수행위를 했다는 등의 문제였다. 예수가 안식일에 병인을 고쳤다는 사실은 그 규정에 따라 안식일 규정을 어긴 '죄인'이 되고 만 것이다.

안식일은 기본적으로 쉼과 재창조의 날이다. 하나님이 인간의 회복과 재창조와 그 본연의 하나님 형상 회복의 날로 인간에게 주신 복스러운 날이다. 그러나 안식일을 지킬 수 없던 대부분의 민중들은 결과적으로 죄인이 되고 말았다. 가난 때문에 안식일마저 노동을 해야 했던 사람들은 안식일을 문자 그대로 지켜낼 수 없었다. 안식일 준수에는 걸음 수까지 제한되어 있었고, 일할 수 있는 양, 조리할 수 있는 음식 등 39가지 금령들에 의해 철저한 안식일을 지켜야 했다.

물론 바리새인이나 종교지도자들처럼 넉넉히 사는 자들은 얼마든지 안식일에 일하지 않아도 되었기에 안식일 규정을 준수하는 것은 쉬운 일이었다. 그러나 정작 삶이 버거운 일반 민중들은 늘 가난에 쪼들려 있었기에 안식일에도 안식할 수 없었다. 하루 벌어서 하루 먹어야 할 민중들의 삶은 안식일을 준수할 수가 없었던 것이다. 하지만 유대 율법주의는 그들을 고스란히 정죄했다.

예수는 안식일이라 해서 병든 자들의 고통을 '내일로' 미루지 않았다. 안식일이라 해서 배고픔을 내일 해결할 문제로 넘기지 않았다. 사람의 곤경은 지금 당장 해소되어야 했다. 예수에게 안식일은 규정을 준수하기 위해 인간 곤경의 해소도 유보해야할 날이 아니라, 오히려 인간의 회복과 온전을 위한 날이어야 했다.

논쟁이 일자 예수는 물러서지 않았다. 그는 과감히 안식일에 병을 고치고, 배고픈 제자들의 취식행위를 옹호했다. 오히려 안식일에 대한 율법을 재해석하기까지 했다. 여기에서 예수가 하고 있는 행동은 무엇인가? 그는 안식일에 관한 율법주의에 노골적으로 시위하고 있는 것이다. 율법은 사람들을 억압이 아닌 자유롭게 하고자 주신 것이다. 율법주의는 단순히 '종교'가 아닌, 신자들의 모든 삶을 지배하던 견고한 체제였다. 예수는 그것을 변혁하고 있었다. 이 대목에서, 종래에 대중기독교가 이해해 오던 예수의 모습과 이 안식일과 관련해서 권력자들과 갈등하고 있는 모습들에서 드러나는 예수의 모습을 비교해 보라. 율법주의에 맞서고 있는 예수를 적절히 이해하고 있었는가?

3. 정죄적 풍토 전복 – 죄인을 만들어 그들 위에 군림할 셈인가?

이는 안식일과 연결되는 부분인데, 예수는 죄인과 의인의 개념을 뒤바꿔 놓았다.

앞서 언급한대로, 당시의 율법 규정들을 어기는 사람들은 어김없이 '죄인'이 되었다. 가난한 사람들에게 이 율법의 정죄는 한 마디로 종교적 속박이었다. 먹고살기 힘들던 기층 민중들을 죄인으로 만들었던 종교인들은 가난한 민중의 먹고 사는 문제가 걸려있는 삶의 현실에 무감각했다. 그들은 종교적 율법주의에 안주하며 그 율법주의가 주는 혜택을 누리며 스스로를 위무했다. 안식일에 쉴 수 없는 사람들을 죄인으로 만듦으로 자신들을 의화하며 종교적 권위를 드높였던 것이다. 스스로를 민중과 분리하여 자신들의 권력을 공고히 했다. 하지만 예수는 민중들이 잃어버린바 된 생명의 이슈들에 관심하며 안식일 문제를 재해석했다. 예수에게 종교는 그가 그토록 강조했던 인간다운 삶을 위해 봉사하는 것이어야 했다.

예수는 거꾸로, 이처럼 타인들을 정죄함으로 스스로를 의롭다하는 자들을 비난했다. 예수가 가장 분노해 하고 끝까지 싸웠던 부류가 바로 이런 위선자들이었다. 하지만 그들의 종교 프레임에 갇혀 있던 민중들은 율법을 철저히 지키며 경건한 모습으로 살아내는 이들을 존경했다. 그들이야말로 하나님의 축복받은 이들이라 생각했기 때문이다. 그러나 예수의 눈으로 볼 때, 그들의 표면적 경건은 오히려 위선이었다. 그는 당대 종교가 규정하던 의인의 정의도, 그들이 정죄한 죄인의 정의도 완전히 뒤엎었다. 이것이 예수가 이끌어 낸 변혁이었다.

현장에서 간음하다 잡힌 여인의 이야기는 빼 놓을 수 없을 것이다. 요한 8 율법주의 종교는 심지어 사람을 살리는 성경을 붙들어 사람들을 정죄하고 죽이는 살인도구로 사용하고 있었다. 사람을 온전케 하고자 율법을 제정하신 하나님의 본뜻은 사라지고, 위반자에 대한 무자비한 정의가 일상화되고 있었다. 현장에서 간음하다 붙잡힌 경우라면, 그

종교에 재해석의 여지는 없는 것이다. 그러나 예수는 판을 뒤엎는다. "여러분 중에 죄 없는 이가 있다면 먼저 돌로 치시오." 타인을 향해 들었던 정죄의 돌들은 자신을 향하고, 하나 둘 양심을 살필 수 있는 사람들에 의해 이내 정죄의 법은 자비의 법으로 전복된다. 예수는 말한다. "나도 그대를 정죄하지 않습니다." 그러니 "가서, 이제부터 다시는 죄를 짓지 말아요." 요한 8:11

그의 이야기 속에서는 정죄가 변하여 포용을 낳고, 죄인이라 치부되던 사람들이 하나님 나라의 주인공으로 초대를 받는다. 죄의 삯으로 고통을 당한다고 간주되던 이들이 아브라함의 품에 안긴다. 오히려 의인이라 여겼던 이들이 하나님 나라에 들어오지 못하고, 뜨거운 불구덩이에 떨어진다. 이러한 반전이 예수의 이야기 속에 얼마나 많이 등장하는가?

4. 죄의 신학과 성전제도 전복 – 누가 그대를 죄 있다 하는가?

예수는 질병과 재난의 근원으로 간주되던 죄의 신학과 그 용서를 위한 시스템을 전복한다.

예수가 가는 곳마다 병든 자와 귀신들린 사람들이 많이 몰려왔다. 예수는 그들을 영접하며 만지며 치료한다. 그런데 그는 병을 고쳐주기만 하지 않고 꼭 한마디를 덧붙임으로 대적자들의 시빗거리에 휘말렸다. '당신의 죄가 용서함을 받았습니다.' 마태 9:2 그는 질병의 원인이 그의 죄 때문이라 믿고 있는 사람들에게 죄 용서를 선언함으로써 질병으로부터의 자유는 물론 그 세계관의 치료까지 시도하고 있는 것일까? 사람들은 그런 그를 '신성모독'이라 야유하며 비난했다. 왜일까?

당대의 정통 유대교 신학에서 볼 때 죄 용서는 하나님께 속한 것이었다. 게다가 죄 용서는 아무 데서나 일어나서는 안 되는 일이었다. 유대 성전신학에 따르면, 죄인은 예루살렘 성전에 제물을 가지고 가서 제사장 앞에서 율법이 정한 절차에 따라 제사를 드리고 제사장의 사면 선언을 받아야 했다. 그런데 예수는 성전이란 제의 공간도, 희생제물도, 제사장의 중재도 없이, 아무 데서나 누구에게나 죄 용서를 선언했다. 심지어 자신이 이 땅에서 죄용서 하는 권세가 있다고까지 선언했다. 얼마나 파격이며 신성모독적인가? 그는 이러한 언행을 통해 일거에 정통 종교적 권위를 흔들어 버린다. 성전에 가지 않고도 이런 일이 가능한 것이라면, 실상은 성전제도 자체의 기반을 흔든 것이다. 그러니 당대 종교적 권위자들이 보기에 얼마나 심각한 문젯거리였겠는가? 엄연히 '하나님의 말씀'인 율법이 있고, 그에 기초한 종교제도가 있고, 이를 수행하는 종교지도자들이 있는데, 예수는 이 모든 것을 무시하고 죄 용서를 선언하고 있었다.

이것이 바로 예수가 드러낸 '제사가 아니라 자비'를 원하시는 하나님의 중심이었다. 마태 12:7 그것은 제의 자체가 아니라 고통 받는 민중들의 온전한 회복이었다. 어쩌면 그는 인간이 경험하는 질병과 고통의 근원이, 그들이 범했거나 강요당해 온 죄의 사회-종교적 프레임이 아님을 시위하고 싶었는지도 모른다. 그는 심판자 하나님의 시선 아래서 죄의식에 짓눌려 육체적 사회적 고통 속에서 신음하고 있는 민중들에게 자유를 주고자 했던 것이다. 그들은 '죄인'이 아니라 오히려 죄의 구조적 현현인 사회 구조악의 희생자들이었다. 그들은 정죄가 아니라 그 구조악으로부터 구원, 곧 '자유'가 필요한 이들이었다. 예수는 이들을 구원하고 있었다.

결과적으로 예수는 율법도 성전도 제사장도 전통도 모두 무시한 것으로 간주되었다. 성전무용론, 율법무용론, 제사장 무용론, 제사 무용론 등을 시위하는 모양새였다. 그러니 당대 종교적 권력을 가지고 있는 신학자들의 눈에 '그가 하나님의 권능으로 병을 고친다'라고 인정할 수 없었다. 예수의 행보 하나하나는 십자가를 향하고 있었다.

5. 사회적 위계질서 전복 – 누가 내 동료인가?

예수는 당대에 당연시되던 사회적 위계질서도 뒤엎는다.

그의 사귐의 대상을 한 번 보라. 특히 예수가 공유하는 식탁자리에 가보라. 그는 주로 누구와 같이 식탁을 공유하는가? 원래 식사자리는 단순히 밥 먹는 자리를 넘어선다. 대개 사회 경제적으로 비슷한 사람들이 함께 사귐과 식탁교제가 이루어지는 것이 정례적인 일이다. 접대나 시혜의 자리가 아니라면 말이다. 그것은 예나 지금이나, 또한 어느 사회나 마찬가지다.

그러나 그는 전통적인 식탁교제 법칙을 해체함으로써 하나님이 어떤 분인가를 드러냈다. 그는 당대에 아무도 사귐의 대상으로 간주하지 않았던 가난한 자들과 세리, 죄인들과 함께 잔치자리에서 어울렸다. 세리들은 당대에 매국노로 취급받던 사람들이다. 배타적 하나님 신앙을 가진 유대인들에게 세리들은 사귐의 대상이 아니라 혐오의 대상이었다. 또한 부정한 창기라는 비난을 받던 여성들이나, 천덕꾸러기로 취급받는 무지렁이 백성들은 함께 식탁을 공유할 이들이 아니었다.

그런데 예수는 오히려 그들과 함께했다. 오죽하면 사람들이 그러한 예수를 보며 '죄인들의 친구'라는 별명을 붙였겠는가? 그들 눈에 예수는 점잖지 못한 사람이었다. 또 다른 별명은 '포도주를 즐기고 먹기를 탐하는 자'였다. 그는 낮은 수준의 싸구려 술잔이 오가는 자리에서 그들과 함께 늘 어울렸던 것이다. '먹기를 탐하는 자'라는 말은 먹보라는 조롱이다. 문자적으로 '게걸스럽게 먹는 자'라는 악의가 담긴 별명이다. 사실 예수는 가난한 갈릴리 나사렛 시골 사람이다. 게다가 육체노동으로 살아왔던 자요, 공생애 시절에도 주요 지원도 없이 순회전도를 하고 있었으니 식생활에 어려움도 많았을 것이다. 그러니 함께 먹을 수 있는 잔치자리 같은 곳에서 식사하는 것을 기꺼이 여겼을 것으로 보인다.

하지만 그렇게 죄인 취급받던 사람들은 예수와의 식탁에서 비로소 태초의 존엄을 간직한 '인간'이 되었다. 그들은 더 이상 죄인이 아니었고, 창녀도 세리도 아니었다. 세간의 '규정'에 따라 혐오와 차별을 감내하던 사람들이 예수의 식탁에서는 비로소 하나님의 형상 닮은 진정한 인간이 되었다. 그들을 하나님의 시선으로 바라보는 예수의 시선 때문에 말이다. 이렇게 예수 안에서 세상은 전복되고 있었다.

예수가 여성들과 아이들을 어떻게 대했는지도 기억할 것이다. 가부장적 사회 속에서 여성은 사람 수로도 치지 않았다. 오병이어 기적사건에서 보리떡 다섯 개와 물고기 두 마리로 배불리 먹었던 '사람'들은 '남자만' 오천 명이었다. 그 기사 속 어디에도 '여자와 아이들'은 수에 들지 못했다. 심지어 여자들은 토라공부도 금지되어 있었다. 예수는 아이들을 배격하는 제자들을 꾸짖으며 하나님 나라가 바로 그들의 것이라며 그들을 격상시켰다. 마가 10:14 당대 사회에 얼마나 혁명적인 일이었겠는가? 그는 지배질서의 위협이 되었다.

6. 축복의 개념 전복 – 누가 부자를 복 있는 자라 하는가?

예수는 하나님의 복과 저주의 개념을 전복시킨다.

다시 1세기 유대 세계관으로 돌아가 보자. 무엇이 복이며 누가 복 있는 자인가? 당연히 부와 권력, 명예 등을 소유하고 평안을 구가하는 것이 곧 하나님의 복으로 이해되었다. 그 모든 것은 하나님의 복 주심에 의한 선물로 이해되었다. 따라서 부자는 당연히 존중을 받았다.

8복의 다른 버전인 '4복 4화'에서 예수는 가난한 자에게 복이 있고 부자에게는 화가 있을 것임을 선언했다. 누가 6 예수의 청사진에서는 부자가 그대로 부자인 채로 하나님 나라에 참여할 수 없다. 부자가 부자로 남는 것은 그 자체로 악이요 화다. 부자는 자신의 소유를 나누어 가난한 자들과 평균케 된 현실을 만듦으로 하나님 나라에 들어오는 것이다. 그 외에는 길이 없다.

예수의 비유 하나를 살펴보자. 부자와 거지 나사로의 얘기를 기억할 것이다. 누가 16 이야기 속 그 부자는 하나님의 축복을 받은 자로 인식되는 자다. 그런데 이야기 속에서 엄청난 반전이 일어난다. 이생의 삶이 끝나고 그들은 사후의 현실을 만난다. 당연히 저주를 받았을 법한 거지 나사로가 아브라함 품에 있다. 반면 당연히 복을 받을 법한 부자가 거꾸로 뜨거운 불 속에서 고생을 하고 있다. 무언가 단단히 잘못되었다. 이 땅에서 아무 것도 가진 게 없이 걸인으로 산다는 것은 하나님의 저주와 심판으로 간주되었다. 그런 거지 나사로가 아브라함 품에 안겨 있다. 이 땅에서 호의호식하며 이미 하나님의 복을 받았다고 믿었던 부자는 불 속에 있다. 그들의 전제가 완전히 뒤바뀌었다. 완전한 신학적-세계관적 전복이 발생한 것이다.

무엇이 이런 전복을 가져왔는가? 그 부자의 문제는 무엇이었는가? 그가 경건하지 않았던 것일까? 유대인이었다면 그는 분명 경건히 살았을 것이다. 앞서 언급했다. '죄인' 부류의 사람들은 안식일도 지킬 수 없지만 이 부자들은 먹을 양식이 풍족하기 때문에 손 하나 까딱하지 않아도 기꺼이 안식일 지켜낸다. 그러니 율법적으로 죄인일 수가 없다. 그러나 예수는 이를 지옥 불에 해당하는 악으로 보고 있다. 자기 상 밑에서 부스러기로 연명하고 있는 거지가 있는데도 그가 여전히 부자로 남아 홀로 호의호식하고 있는 현실을 예수는 불의하다 보는 것이다.

부자가 양심의 가책 없이 여전히 부자로 남아있기 위해서는, 그 부가 하나님의 축복이라는 교리가 필요했다. 그러나 예수는 이런 불의한 교리를 깨뜨린다. 축복과 저주의 개념을 완전히 뒤엎는다. 이게 변혁자 예수의 세계관적 전복이다. 예수에게 부는 하나님의 축복이 아니다. 그는 가난이 저주라는 관점도 전복시킨다. 예수는 하나님 나라의 전복적 비밀을 전달한다. "하나님과 재물돈: 맘몬을 함께 섬길 수 없다!" 그는 돈을 '하나님'과의 경쟁위치에 올려두면서 심각한 양자택일을 요구한다. 이는 부자들을 향한 엄중한 경고다. '너희가 여전히 부자인 이유는 너희의 신이 돈인 까닭이다. 너희가 하나님을 섬긴다는 생각은 스스로 속은 것이다. 실상 너희의 신은 돈맘몬이다.'

예수는 자신이 만난 부자에게 오히려 가진 것을 팔아 가난한 자에게 주어서 함께 배부른 현실을 만들고 하나님 나라에 동참해 오도록 초청한다. 마태 19 가난하여 오늘 일용할 양식이 없어 주려있는 그 백성이 있는 한, 많은 이들이 일용할 양식의 결핍으로 주린 현실 속에 있는 데도 여전히 부자로 남아 있는 것은 '악惡'이다. 그런 부는 복福이 아니라 화禍다!

이런 얘기를 듣고 있는 당대 부자들은 얼마나 분노했을까?

7. 주객의 전도 – 하나님 나라의 주빈主賓은 누구인가?

예수는 하나님 나라에 참여하는 주빈을 뒤바꾼다.

부자에 대한 예수의 탄핵은 이어진다. 당연히 하나님 나라의 상석에 앉게 될 것이라 여겨진 부자와 권세자들이 오히려 예수의 이야기 속에서 추방을 당한다. 오히려 그들은 바깥 어두운데 쫓겨나 슬피 울며 이를 갈게 될 것이다. 누가 13:28 부자들은 하나님 나라에 들어오기 어렵다. 어찌나 어려운지 나귀가 바늘구멍을 통과해 가면이나 모를까 불가능하다. 마태 19 다시 말해 부자는 하나님 나라에 들어갈 수 없다. 이 말을 들은 제자들은 깜짝 놀란다. 무슨 얘기를 하는 건가? '부자축복받은 자들이 하나님 나라에 들어갈 수 없다니?' 부자들이야말로 하나님 나라의 가장 상석에 앉을 자들이 아닌가?

그러나 예수의 판결 속에서 부자들은 정죄를 받고 탄핵을 당한다. 반면에 하나님 나라는 지금 억압받고 고통 받는 자들의 몫이다. 그러니 그들의 처소인 '길과 산울가'에까지 가서 죄인 부류에 속한 사람들을 막론하고 보이는 대로 하나님의 잔치 상으로 초청해 오라는 것이다.

예수가 이 땅에서 하나님 나라를 시위하며 그가 맞아들인 부류의 사람들을 나열해 보라. 가난한 자, 포로된 자, 억눌린 자, 병든 자, 땅을 빼앗긴 자, 병자, 죄인이라 일컬음 받던 자, 여자, 아이들, 사마리아인, 이방인, 부정하다 여겨지던 사람들, 기타 주류사회가 혐오하고 차별하고 배제하던 모든 부류의 사람들이다. 그들이 하나님 나라의 큰 잔치에 주빈으로 초청된다. 아니 이 땅에서 그들은 예수와 함께 그 잔칫상을 맛보고 있다. 그것이 예수가 그리고 있는 하나님 나라다.

이처럼 당대 기득권자들의 신학과 실천 자체를 뒤엎고 탄핵하고 정죄하는 예수의 변혁적인 모습은 그들에게 얼마나 불편했겠는가? 반면 죄인이라는 낙인 속에서 사람 취급 받지 못하고 살던 사람들에게는 얼마나 복된 소식이었겠는가?

8. 심판의 척도 전복 – 누가 영생을 얻는가?

예수는 하나님의 심판의 척도에 대한 대중들의 생각을 전복시킨다.

이스라엘은 '우리가 하나님의 언약백성인 한 우리에게 하나님의 구원은 당연하다'고 생각했다. 그리고 그 구원이 영원한 천국 또는 아브라함의 품이라 믿는 이들이 있었다면, 자신들이야 말로 그에 합당한 자들이라 생각했다. 그들이 만든 신학인데 자기들을 배제한 어떤 다른 답이 있겠는가?

하지만 예수는 산상수훈의 결론마태 7장에서, "나더러 '주님, 주님' 하는 사람이라고 해서 다 하늘나라에 들어가는 것이 아니다"라고 잘라 말한다. 그는 '아버지의 뜻대로 행하는 자'에게 방점을 찍는다.

마태복음 25장에서 그는 마지막 때의 심판의 그림을 선명히 그려주면서 매우 분명한 평가의 척도를 알려준다. 그것은 오늘날 개신교도들조차 혼동케 하는 것들이다. 개신교는 이신칭의以信稱義. 믿음으로 의롭게 됨 교리를 너무 강조한 나머지 믿음에 합당한 실천을 많이 약화시켜 왔다. '예수 천국' 아니던가. 그래서 심지어 실천을 강조하는 예수의 메시지마저 왜곡되는 지경이다.

이 그림 속에는 전 세계 모든 민족이 소환되어 심판 받는 장면이 펼쳐진다. 단순히 그리스도인만 모아놓은 게 아니다. 예수는 마치 목자가 양과 염소를 구별하듯 영원한 복을 얻을 자와 영원한 형벌을 받을 자를 손쉽게 가른다. 예수가 사람들을 그렇게 가르는 척도가 무엇인가? 만일 오늘날 우리처럼 '예수 믿어 구원'이라면, 마땅히 '예수 신앙' 여부가 그 척도이어야 한다. 그리고 예수는 그 믿음을 곧장 알아보아 주거나, 각 사람에게 '그대는 나를 믿었소?'라고 묻거나, 아니면 '당신은 기독교인이요?' 라고 물어야 할 것이다.

그런데 예수는 그 결정적인 질문을 하지 않는다! 오히려 보편 종교의 상식에나 어울릴만한 질문을 던진다.

'그대는 내가 주리고, 목마르고, 헐벗고, 아프고, 옥에 갇히고, 집 없이 유리할 때 어떻게 해 주었소?'

그 질문 앞에서 사람들은 간단히 구별되어 버리고 만다. 그것은 '철학적이거나 신학적인' 모호한 진술이나, 어떤 추상적이고 사변적인 답변을 요하지 않는다. 그 실천 여부로 간단히 판결나고 만다.

그는 오른쪽에 있는 '양들'에게 온화한 목소리로 말을 건넨다.

'그대들은 나의 필요의 때에 그것들을 채워주었소. 내가 굶주릴 때 먹을 것을 주었고, 목마를 때 마실 것을, 헐벗을 때 입을 것을, 몸이 아플 때 돌아보아 주었소. 내가 옥에 갇혔을 때 찾아와 주었고, 집 없이 떠돌며 유리할 때 나를 들여 주었소. 그뿐이겠소? 내가 핍절하고 고통받는 모든 상황 속에서 그대들은 모른 척 하지 않고 살펴주었소.'

그들은 도리어 깜짝 놀라 반문한다.

'우리가 언제 당신께 그리했습니까?'

'아니오. 그대들 가운데 있는 지극히 작은 자, 스스로를 구원할 수 없는 지극히 미약한 자, 온갖 필요에 처한 자들에게 한 것이 곧 나에게 한 것이오.'

그는 왼편에 있는 '염소들'에게 정 반대의 말을 건넨다. 그들은 예수에게 할 바를 했다고 항변한다. 그러나 '너희 중에 지극히 작은 자들에게 하지 않은 것이 곧 내게 하지 않은 것'이라는 말에 유구무언이다. 그림은 이렇게 뒤엎이고 만다.

대중기독교의 신조인 '예수 믿어 천국'이란 토대가 휘청거린다. 당혹스럽다. 우리가 예수를 믿고 있는 방향과, 정작 예수가 가리키는 방향이 이토록 다르다. 오히려 예수는, '예수 믿으면 구원은 따 놓은 당상'이라 믿고 사는 대다수 그리스도인의 행함 없는 관념적 신앙에 경고를 보낸다. 이는 소위 '행위구원론'이라 비판하는 목소리들에게도 경종을 울린다. 온전한 믿음이라면 그 믿음에 합당한 실천을 분리시킬 수 없고, 온전한 실천이라면 그 실천을 가능케 한 건강한 믿음의 토대가 필요하지 않겠는가? 이신칭의만을 고집하고 사는 이들이 이 판결의 메시지를 대한다면 예수를 제대로 이해하고 있는가 하는 질문이 생겨야 마땅하다.

9. 메시아 상 전복 – 민중의 고난에 동참하는 메시아!

예수는 당대에 편만한 정치적 메시아 상을 뒤집었다.

'메시아' Messiah는 구약성서를 기록한 히브리말로써 신약성서에 '그리스도'라 번역되었다. 즉 구약의 메시아나 신약의 그리스도는 같은 의미다. 당대 이스라엘 사람들은 로마의 압제로부터 그들을 구원해 줄 다윗의 자손 유대인의 왕을 대망하고 있었다. 그들에게 구원은 언제나 그런 고통의 상황으로부터 해방이었기 때문에, 그들의 수치를 씻고 하나님 백성의 존엄을 회복해 줄 영웅을 대망하고 있었던 것이다.

그러나 메시아일 것으로 기대되던 예수는 그들이 기대했던 정치적 행보를 전혀 보이지 않았다. 적어도 표면적으로 보기에 그에게는 정치적인 목표가 없어 보였다. 사람들은 예수를 따라다니며 수군거렸다.

'예수가 그리스도인가?'

예수가 메시아란 사실을 미리 와서 증거했던 세례 요한이 예수에게 사람을 보냈다. 그는 헤롯왕의 불의를 비판한 이유로 투옥되어 있었다. '나는 당신이 메시아임을 이스라엘 앞에 증거했는데, 진정 당신이 바로 그 메시아가 맞습니까, 아니면 우리가 다른 분을 기다려야 합니까?' 누가 7:19 세례 요한도 혼동한 것이다. 감옥에 갇혀서도 메시아의 회복의 순간을 대망하고 있는데 정작 기대했던 예수에게서는 아무런 소문이 들려오지 않았던 것이다. 요한은 조만간 예수가 왕으로 등극하여 세상을 완전히 뒤엎을 줄 알았다. 그래서 로마도 물러가고 완전한 하나님 백성으로서의 영광을 회복할 것으로 기대했다. 그런데 아무런 일도 일어나지 않았다.

예수는 회답을 보냈다. "가서, 너희가 보고 들은 것을 요한에게 알려라. 눈먼 사람이 보고, 다리 저는 사람이 걷고, 나병 환자가 깨끗해지고, 귀먹은 사람이 듣고, 죽은 사람이 살아나고, 가난한 사람이 복음을 듣는다." 누가 7:22 하나님 나라가 이 땅 위에 어떻게 임하고 있는지를 보고 들은 대로 전하라는 것이다. 예수의 청사진과 1세기 팔레스타인 군중이 기대하고 있던 기대가 달랐던 것이다.

이처럼, 예수가 스스로 자신이 정치적 메시아라고 드러내지 않았음에도, 당대 권력자들은 그가 바로 정치적 메시아였음을 인정하고 말았다. 그가 정치적 변혁을 '주장'하거나 그런 행보를 보이지 않았음에도, 그가 메시아였음이 권력자들에 의해 '증명' 되었던 것이다. 무슨 뜻인가? 예수의 십자가 처형이 이를 증명한다. 잘 아는 바와 같이 십자가는 유대의 일상적인 사형제도가 아니다. 그것은 로마가 가진 제도로써, 피지배국의 반항적 노예나 정치범에게만 가하는 극형이었다. 따라서 만일 우리가 예수의 십자가 죽음을 고백한다면, 그가 로마의 반체제

인사로 죽음을 당했다는 역사적 의미를 인정하는 것이다. 예수가 십자가에 달린 죄목은 '유대인의 왕'이었다. 마태 27:37 당대 예루살렘에 있던 권력집단은 실제로 정치적 목적을 가지고 폭동을 일으키며 그 체제를 전복하고자 노력했던 인물로 알려진 바라바를 풀어주고 예수를 처형해야 할 정도로 그를 위협으로 인식했다. 예수는 정치적 목적을 전면에 내세운 적도, 폭력으로 저항한 적도 없었다. 그럼에도 당대 지배계층은 폭력적으로 체제를 전복하고자 했던 바라바보다도 예수를 더 위험한 인물로 보았다.

또한 예수에 대한 사형선고는 유대법정이 아닌 로마 법정이 내렸다. 과거 유대법정은 사형선고도 가능했다. 그러나 체제에 반한 반역죄에 대한 사형선고는 내리지 못했다. 산헤드린 법정은 신성모독 등과 같은 종교적 이슈에 대한 사형선고가 가능했음에도 그러하지 못했다. 합당한 증거를 찾을 수 없었던 것이다. 그래서 예수를 빌라도가 관할하던 로마법정으로 보낸 것이다. 로마의 법정은 예수에게 사형을 선고했고 게다가 그것은 십자가형이었다. 그것은 로마의 입장에서 보아 예수가 모반자, 곧 체제전복을 꾀했던 정치적 위험인물이었다는 역사적 결론이다.

예수가 스스로 정치적 메시아의 모습을 전혀 보이지 않았음에도 불구하고, 당대 기득권 사회는 예수를 물리적 폭력을 행사하며 로마에 저항했던 이들보다도 더 위험한 존재로 간주했다. 왜냐하면 사실 처음부터 예수의 행보는 그들이 당연시 해왔던 질서와 관행, 전통, 율법, 종교, 신학, 실천 등을 완전히 변혁시키고 있었기 때문이다. 사실 예수는 저항과 봉기의 땅 갈릴리 사람으로, 과격한 사회의식을 가진 청년들의 실상에 익숙한 사람이었다. 그럼에도 그는 정치적 해방자로서의 메시아상에 동의하지 않았다. 민족주의에 사로잡히지도 않았으며, 권력을 접수하려 하지도 않았다. 그는 영광의 왕이 아닌, 고난 받는 민중의 고통에 동참하는 고난의 종으로서의 메시아였던 것이다.

10. 개인주의적, 구복적 종교의 전복 – 이 땅에 임하는 하나님 나라의 이상을 꿈꾸다

예수는 개인주의적이고 구복적인 종교의 초점을 뒤엎었다.

고통스런 현실을 살아내야 하는 민중들에게는 자신이 처한 현실적 고통이 자기 신앙의 초점일 수밖에 없다. 가난한 노동자였던 예수도 그 사실을 뼈저리게 인식하고 있었다. 그래서 그도 고통으로 점철된 일상 속에서의 온전한 회복을 꿈꾸며 하나님 나라를 선포했다. 주린 자들을 먹이고 병든 자들을 고치며 귀신들린 자들을 온전케 했다.

그러나 동시에 그는 '우리 모두의 현실' 속에 구현되어야 하는 총체적 하나님 나라를 꿈꾸며 가르쳤다. 그가 가르친 기도에는 하나님의 나라가 저 하늘에서와 같이 이 땅에 임해 오기를 간구하고 있다. 먹을 것, 마실 것, 입을 것에 대한 염려는 오직 그의 나라와 정의를 구함으로 해결 될 것이었다. 마태 6 오히려 그는 이러한 하나님 나라의 도래를 장애하는 것은 개인의 이기적이고 구복중심의 신앙에 있음을 지적했다. 부자들은 탐욕스러웠고, 표면상 경건한 기득권자들은 무자비하기까지 했다. 그들은 자신이 가진 재물이 너무 많아 근심하여 떠나갔고, 쌓아둘 곡식이 너무 많아 창고를 새로 지었다. 그러면서도 자신들의 상에서 떨어지는 것들로 배를 채우던 거지 나사로들에게는 눈길조차 주지 않았다. 예수는 그들을 가리켜 '모른다'고 선언하며 "이 나라의 아들들은 바깥 어두운 데로 쫓겨나서, 거기에서 울며 이를 갈 것이다"라고 경

고했다. 마태 8:12

오늘날 많은 그리스도인들은 이 예수가 꿈꾸던 이 땅에 도래할 하나님 나라를 꿈꾸기를 중단하고 죽어서 천국 가는 종교로 탈바꿈 시켰다. 그들은 이 땅에서 이 위험하기 짝이 없는 변혁의 꿈을 꾸던 이상주의자인 예수 따르기를 포기했다. 그들은 불가능해 보이는 이 하나님 나라를 더 이상 꿈꾸지 않는다. 도리어 현실적인 이 세대는 자신들의 좁은 시각 안에서 실현 가능한 것에만 집착한다. 그들은 이 예수의 꿈을 자신들의 욕망이나 충족하는 수단으로 바꿔버렸다.

예수의 하나님 나라에 대한 주제는 다음 장에서 더 자세히 살펴보도록 하자.

예수는 오늘 우리에게 누구인가?

세상은 예수를 안다. 그리스도인들의 생각에 세상은 예수를 전혀 모를 것 같지만, 오히려 그들은 복음서가 전하는 예수의 핵심적인 모습을 이해하고 있다. 곧 그들은 예수가 이 땅에 살아간다면 어떻게 살아갈 것이라는 전제를 잘 알고 있다. 반면 그리스도인들은 거꾸로 예수를 향해 '주여, 주여' 하면서도 박제화된 예수의 단면만을 숭배하고 있다. 이미 승천하여 보좌에 앉아계시는 신적인 예수만으로 그들은 만족하고 있다. 세상은 그리스도인들 안에서 더 이상 '예수의 현존'을 인식하지 못한다. 오늘날 기독교에는 예수가 없는 것처럼 보인다.

그리스도인들은 여전히 예배와 찬양, 기도와 같은 종교적 속성에는 충실한데 정작 예수가 꿈꾸던 이 땅에서 구현되는 하나님의 통치현실에는 무감각하다. 스스로 기독교를 유일한 진리의 종교라고 주장하면서도 타종교의 신앙양상과 다를 바도 없는 신앙에 안주하고 있다. 이제 세상은 '교회의 복음'을 순순히 믿지 않으며, 누구도 그들의 종교적 실천에 매력을 느끼지 않는다. 이제는 그리스도인들이 콩으로 메주를 쑨대도 그 진위와 순도를 의심하는 세태에까지 이르러 있다. 목회자들이 교회를 세습하고 도덕적 부정과 불법적 행태를 거듭해도 교회는 아랑곳하지 않는다. 그러니 세상이 불의하고 불법이 난무한다 한들 무관심이 당연하다. 그들은 마치 생각도 없이 맹신하며 맹종하는 사람들 같이 움직인다. 세상은 오늘날 기독교가 세상을 변화시킬 수 있다는 전제에 아무도 희망을 걸지 않는다. 도리어 많은 예배당은 지역사회의 혐오시설이 되었고, 많은 기독교인들은 혐오집단처럼 오해를 받는다. 그와 같은 종교적 예수쟁이로서는 세상의 어떠한 변화도 얻어낼 수 없다.

또 하나 기억해야 할 것이 있다. 그리스도인들에게 '세상을 변화시키자'라는 구호를 외치면 그들은 기꺼이 그리고 기쁘게 아멘하며 파이팅을 외친다. 그러나 '세상을 변화시키자'는 말은 얼마나 위험한 말인지 모른다. 변혁자 예수의 삶을 보았는가? 예수는 이런 변혁적 태도로 인해 고난을 받고 십자가에서 죽임을 당했다. 세상 주관자들이 진리라 주장하는 세상의 법칙, 상식에 의문을 제기하고, 변화를 요구했기 때문이다. 이 예수를 따르면서 세상의 변화를 주장한다면 결국 세상의 지배 권력과는 불화할 수밖에 없다. 주류사회는 물론 심지어 같은 신앙을 가지고 있다는 이들에게서조차 배제될 것이다. 세상에 칭찬과 존경을 받으면서 이 변혁자 예수를 따를 수는 없다!

예수가 그처럼 사랑의 사도였다면 왜 세상이 그를 십자가에 못 박았겠는가? 온화한 어린양 예수, 사랑의 사도, 영생을 약속하는 종교랍비… 그 같은 종교인을 누가 극형에 처하겠는가? 아니다. 소위 착한 사람은 설령 무시를 받을지언정 박해받지는 않는다. 그들을 이용할지는 몰라도 박해하고 죽이지 않는다. 그러나 그들이 체제에 위협이 된다 할 때는 사정이 달라진다. 세상이 2천 년 전 예수에게 했던 그 방식 그대로 오늘날 세상은 변혁자 예수를 따르는 21세기 그리스도인들에게도 똑같이 반응해 올 것이다. 그러나 만일 우리가 그 예수를 그렇게 이해하지 않고 예수의 그 길을 따라가지 않는다면, 세상은 우리를 박해할 이유도 미워할 이유도 없다. 우리나 그들이나 매한가지이기 때문이다.

예수는 오늘 당신에게 누구인가? 이 예수를 따른다고 헌신을 고백하는 것은 당신에게 무엇을 의미하는가?

2부

그가 꿈꾸던 세상

4장 복음, 세상을 향한 복된 소식
5장 왕국, 예수가 꿈꾸는 하나님 나라
6장 구원, '지금 여기'에서 누리는 정상적인 삶
7장 샬롬, 모든 것이 온전한 평화로운 세상
8장 희년, 여호와의 은혜의 해

4장

복음, 세상을 향한 복된 소식

기독교의 복음

이제 본격적으로 예수가 전한 복음에 관해 이야기 해보자.

그리스도인의 신앙 환경에는 '복음' 이야기가 넘쳐난다. 그런데도, 실제로 복음의 실체를 명백히 이해하고 또 진술해 내는 그리스도인들을 만나보기는 의외로 쉽지 않다. 과연 오늘날 우리가 습관처럼 되뇌는 복음이란 무엇인가?

신자들 안에서 복음은 개념상으로든 실제로든 그 이해가 다양하다. 동시에 그 실체는 상당히 모호하다. 하지만, 일반적으로 신자들은 복음을 체계적으로 규명하려 하지 않는다. 많은 이들은 그것에 너무 익숙한 나머지 다 아는 것으로 간주하며, 질문의 여지를 남겨두지 않는다. 게다가 교회는 복음을 기독교 신앙에 초보자들이나 알아야 할 어떤 것이라 보고, 신앙의 입문단계에서나 다루는 주제로 여긴다.

일반적으로 대중기독교에서 익숙한 복음은 '사후 천국'과 '영생'을 보장하는 예수에 관한 소식으로 이해된다. 다시 말해 그것은 예수를 믿어 구원과 영생에 이른다는 소식이다. 그러므로 복음은 교회에서 교인 만드는 일과 직접 연관된 것으로 간주되며, 따라서 복음이란 전도나 선교, 또는 교회의 양적 성장과 관련된 활동과 직결된 것으로 이해되기도 한다.

그러나, 성경이 제시하는 복음의 실체를 접해보면 그것은 우리가 익숙하게 여겨온 복음과는 사뭇 거리가 있음을 알게 된다. 결론부터 말하자면, 그것은 예수가 꿈꾸던 세상에 관한 이야기다. 그것은 하나님이 지으신 온 피조물들이 하나님의 창조질서 와 통치 속에서 온전함을 얻는 현실에 관한 청사진이다. 그러므로 그것은 선한 소식이요 기쁜 소식이다. 이 기준에서 본다면 오늘 대중기독교의 복음 이해는 이러한 거대지평을 상실했다. 그런 점에서 그것은 '교회 안으로 축소된 복음' 곧 '교회 내부용 복음'이라 할 수 있다. 또한 그것은 이 땅의 현실에 대한 관심이 거세된 내세적 '천국지향형' 복음이라 할 수 있다.

한편 바울이 디모데후서에서 소개하는 '복된 소식'이라는 복음의 특징은 단순히 '기쁨의 소식'이 아니라 '고난과 박해'와도 직결되어 있다. 딤후 1:8 대중기독교의 이해로는 제법 낯선 주제가 끼어든 셈이다.

조금 더 구체적으로 살펴보자. 기독교 복음의 실체는 무엇이며, 왜 그것이 기쁘고 복된 소식이라는 것인가? 또한 그것이 기쁜 소식이라면 왜 항상 고난과 박해가 뒤따르는가?

우리가 '복음'이라 알고 있는 그 복음의 실체

독자는 모태신앙인일지도 모르겠다. 어쩌면 그만큼 '복음'에 대해서라면 익숙해 있을 것이다. 그런데 과연 복음이 무엇이기에 기독교는 그렇게도 '복음, 복음' 하는 것일까?

첫째, 예수가 전한 복음이란 무엇인가? 그 내용은 무엇이며, 그것은 왜 기쁜 소식福音인가? 그 소식의 실체가 무엇인가?

그토록 많이 들어왔던 그 복음에 대해 누군가 당신에게 '들려 달라'고 요청한다면 뭐라고 대답하겠는가? 복음이 제시하고 있는 실상은 무엇인가? 어찌하여 기독교는 심지어 하나님을 알지 못하거나 이미 다른 종교를 가지고 있는 사람에게 까지도 복음이 전해져야 한다고 얘기하는가? 왜 복음은 유일하고, 절대적이며, 진리라고 얘기하는가? 복음이 주장하는 바가 무엇이기에 '그 복음' The gospel이라 하는가? 당신은 이 질문들에 대해 설명할 수 있는가?

둘째, 예수가 선포한 '하나님 나라'란 무엇인가? 그것은 '복음'과 어떤 연관성이 있는가? 그것은 예수의 복음을 믿기만 하면 주어지는 어떤 실체인가? 혹시 그것은 대중기독교가 늘 강조하는 것처럼 사후 내세적인 천국인가? 신자가 저 세상에서 얻을 영생인가? 아니면 신자가 현생에서 경험하는 교회현실 그 자체인가? 그것도 아니면 그 실체는 무엇인가?

전술했듯, 다수의 그리스도인은 '복음'을 말할 때면, 알게 모르게 이를 전도와 관련된 맥락에서 이해하는 것 같다. 많은 이들에게 복음은 '전도할 4영리'와 같은 일련의 정보이고, 하나님 나라는 사후에 얻게 될 천국이다. 하지만 이런 대중적 이해는 진정한 복음의 실체를 충분히 소개하지 못한다. 그 실체를 구체적으로 논하기에 앞서, 대중적 복음 이해가 가지고 있는 다음과 같은 몇 가지 문제점을 지적해 두고자 한다.

첫째, 그것은 온전함을 잃은 축소된 복음이다.

만일 당신이 복음에 대해 4영리 안에 담긴 몇 가지의 요약된 내용 정도로 알고 있다면 당신은 절반쯤만 알고 있는 것이다. 또한 예수에 관한 일련의 정보들, 곧 예수의 탄생과 십자가, 부활, 승천, 재림에 대한 지식을 더하여 그 믿음을 통해 죄용서와 영생을 얻게 된다는 것을 복음으로 이해하는 것 역시 그 절반을 넘어서지 않는다. 그것이 온전한 복음의 절반뿐이라면 그것은 곧 '반쪽' half 복음이요 축소된 복음이다. 아무리 '온전하고 완전한 복음' full gospel이라 주장한다 해도 마찬가지다. 그러므로 이러한 것이 '온전한 복음'이라는 정의를 대신한다면, 그것은 복음에 대한 우리의 시야를 제한하고, 심지어 왜곡에 이르게 할 수 있다. 성경적 복음에 대한 단순한 축소 내지는 편집 정도에 그치는 것이 아니라, 왜곡된 실재를 강요하는 복음이 될 수 있다는 것이다. 그러므로 그것은 우리의 만족도와 상관없이 문자 그대로 '좋은' 소식이 아니라 개인과 공동체를 훼손하는 '나쁜' 소식이 될 수 있다.

둘째, 그것은 현실을 약화시키는 타계적 복음이다.

오늘날의 대중기독교 내에 만연해 있는 복음이 제시하는 하나님 나라의 실재는 일반적으로 타계他界적이며 내세적이다. 복음은 단순히 영적이며, 사후 미래적이고 관념적이다. 그 복음은 죽음 너머에서 경험하게 될 미래지평에 초점을 두고 있다. 그래서 사람들은 '하나님 나라'라는 실재를 간과하고 이를 '천국'이란 말로 치환하여 사용하기를 좋아한다. 그러므로 이 복음 메시지는 성서가 말하는 구원의 현실지평, 곧 현실 역사를 배제한다. 사람들은 성서를 읽으면서도 예수와 그의 복음에 내재된 역사를 제거하고는 초시간적 메시지로만 읽어낸다. 결국 사적인 성서읽기, QT식 성서읽기, 곧 맥락을 배제한 채 '나에게' 은혜 되는 말씀으로만 받아내는 성서읽기가 만연하게 된다. 결국 이 복음 이해는 종교의 사유화私有化에 길을 내주고 만다.

셋째, 그것은 공적영역을 망각한 기복적 복음이다.

오랫동안 교회가 주장해온 복된 소식은 한마디로 예수 믿어 복 받고, 예수 믿어 잘되고 성공하는 성공주의적 메시지였다. 필연적으로 그 메시지는 공적현실과 무관한 개인의 안위와 복락에 초점을 두게 된다. 성서의 메시지는 그 역사 현실과의 연관성이나 그 급진성을 상실하고 복주시는 하나님의 의도 속에서 재해석 된다. 상황이 배제되어 있는 초시간적이고 탈역사적인 메시지는 결국 현실에서 유리된 채 허공에 머물러 있는 관념적 신앙을 조장한다.

성서읽기에 있어서 성서의 메시지가 형성되게 된 시점의 상황이 빠져버리면 매우 종교적이거나 규범적인 메시지만 살아남게 된다. 그것은 순식간에 하나의 초시간적인 교리체계로 변모하기 쉽다. 나아가 실체가 없는 사변적인 세계를 지향하는 종교적 약속으로만 남아 결국 변질이 불가피해 진다.

하지만 도대체 기독교 복음이 무엇을 약속하기에, 또한 타종교나 타 세계관이 주장하고 있는 그 실체에 더해 무엇을 더 제공하기에 유일한 '그 복음'이라고 얘기하는가? 그 복음의 지평이 어떠하기에 지구 끝까지 모든 타민족들에게 증거 될 그 무엇이라고 주장하는가?

만일 그것이 죽음 이후의 문제에 대한 약속이라면 객관성이 확보되어야 하는 타종교인과의 만남에서 설득력을 확보하기란 쉽지 않다. 전도를 해 본 사람들은 많은 이들이 기독교의 복음이 불교나 타종교의 그것과 다를 게 무엇이냐 반문하는 경험을 해 보았을 것이다. 기독교가 천국이라는 사후의 실재를 약속하고 있다고 하지만, '죽어서 천국'에 간다는 내용은 타종교인들도 대부분 공유하고 있는 종교적 실재이기 때문이다. 심지어 무신론자들도 '더 좋은 곳에 가게 된다'는 믿음을 피력하곤 한다. 죽음 이후의 낙원을 약속하고 있는 그것이 곧 기독교 복음의 핵심이라고 주장한다면, 타종교가 제기하는 그 반문에 어떻게 답변해야 하는가? 기독교가 진짜이고 나머지는 가짜라 강변하면 되는가? 아니면 기독교의 내세는 타종교의 그것과 무엇이 어떻게 다르다고 설명할 수 있는가?

기독교 내부에서는 '기독교만이 진리' 라는 주장에 대해 의심이나 불편 없이 공감할 수 있다. 하지만, 외부자의 시각에서 볼 때, 기독교가 죽음 이후에 천국을 주장하는 것이나, 이슬람이 영원한 낙원을 주장하는 것이나, 불교가 극락소승불교에서는 열반의 경지 또는 서방정토를 이야기하는 것이나, 힌두교가 신에게 귀의하거나 합일하는 경지나 그 절대적 차원에 있어서 차이를 규명하기란 불가능할 것이다. 그런 도전에 대해 기독교는 대체 무슨 답을 주어야 하는가? 막무가내의 억지와 강요가 아니라면 심각한 질문이 제기되는 지점이 아닐 수 없다.

소위 복음주의를 표방하는 대중적 기독교가 가진 복음에 대한 첫 번째 오해는 바로 구원에 대한 이와 같은 타계주의적인 청사진이다. 두 번째는, 현실에서 경험하는 천국을 인정하는 입장마저도 사실은 매우 사적이고 기복적인 양상으로 흐른다는 것이다. 예수 믿는 사람은 복 받는다, 잘된다, 성공한다는 주장이 그것이다. 물론 예수를 믿어 복을 받는다면 당연히 좋을 것이고 또 그래야 할 것이다. 그런 기본적인 보장이 없다면 왜 믿겠는가? 하지만 성서가 제시하는 예수 믿어 받게 되는 복은 단순히 개인이 '잘되고 성공하는' 현실이 아니다. 따라서 기복적이라는 것은 예수 믿으면 복 받는다는 낙관적 주장으로만 치우친 성공주의를 의미한다 하겠다.

이와 같은 이해는 우리가 살아가고 있는 '지금 여기'에서의 하나님 나라, 즉 우리가 살아가는 역사현실 속에서의 광범위한 구원된 실재와는 대체로 무관한 복음이기 쉽다. 그래서 교회에서 나누고 있는 하나님의 복음은 교회 내부에서나 통용되고 외부세계에는 어떠한 영향력도 발휘할 수 없는 '교회 내부용' 복음이기 쉽다. 만일 그 복음이 교회 바깥의 치열한 세상의 정황과는 별반 연관성도 없고 심지어 영향력도 갖지 못하는 사변적 실재에 머문다면, 성서가 얘기하는 복음은 문자 그대로 '세상을 향한 복된 소식'일 리 만무하다. 게다가 그것은 하나님 나라의 실체이기 어렵다.

만일 기독교 복음이 진정 복된 소식이고, 타종교의 약속보다 더한 그 무엇을 제공해야 한다면, 우리가 함께 동시대를 살아가는 세상의 수많은 사람들이 현재 노출되어 있는 이 현실적, 실존적 고통의 현장에 대한 구체적인 약속이 있어야 할 것이다. 이는 중요한 문제다. 기독교의 복음은 죽음 이후에 대한 분명한 약속을 하고 있다. 이는 기독교인이라면 모두가 동의하는 신앙이다. 하지만 만일 기독교의 복음이 '지금 여기'라는 역사 현실 속에서도 여전히 대안인가 하는 것은 또 다른 문제다. 개인은 물론 공동체와 국가 사회 현실에 놓인 숱한 왜곡과 문제투성이의 현실에 이 복음은 여전히 대안을 제시하고 있는가 하는 것이다.

물론 대중기독교는 '하나님 나라'라는 표현을 자주 사용한다. 그러나 그 의미하는 바는 전혀 다른 실재를 가리키곤 한다. 대부분의 경우, 일향 내세적, 영적, 타계적인 것으로 사용되는 실정임은 분명하다. 그렇다면 예수의 '하나님 나라 복음'은 인간의 실존적 고통의 문제와 역사 현실에 어떤 대안을 제시하는가?

철학자 비트겐슈타인은 "철학이 일상의 중요한 문제들을 개선시켜 주지 못한다면, 우리를 더 양심적으로 만들지 못한다면, 철학을 공부하는 게 무슨 소용인가?"라고 도전한 바 있다. 똑같은 방식으로 복음에 대해 말해보자. "만약 우리가 진리라고 주장하는 이 기독교 복음이 일상의 중요한 문제들의 대안이 되어 주지 못한다면, 불의로 가득한 문제 많은 이 땅의 지옥 같은 현실을 천국으로 바꿔주지 못한다면, 복음을 믿고 전파하는 게 무슨 소용인가?" 늘상 접하고 사는 세계 현실에 변혁적 실체를 제시하지 못한다면 복음이 어떻게 '복된 소식'인가 말이다.

'영생을 약속하면 됐지 뭘 더 바라겠는가?' 라고만 말할 것인가? 생각해보자. 기독교의 세계관은 유일회적 삶을 얘기한다. 힌두교나 불교와 같이 윤회를 말하지 않는다. 사람에게 삶의 기회는 단 한번 뿐이며, 더 이상의 다른 기회가 없다는 말이다. 그런데 복음이 그 한번 뿐인 삶의 문제를 도외시한다면 도대체 무엇이란 말인가?

다행이 우리의 일반화된 오해와는 달리 예수의 하나님 나라는 '지금 여기'의 인간현실을 주목하고 있다. 이는 예수 그리스도의 복음이 현세적, 물리적, 실제적 현실과 밀접한 연관이 있다는 사실이다.

예수가 제시하시는 복음, 이래서 '기쁜 소식'이다.

이와 같이 복음을 제대로 이해해 보기 위해 제기해야만 하는 질문을 몇 개 간추려보자.

* 복음은 진정 하나님을 믿지 않는 불신자들에게만 필요한 천국에 대한 기초 정보인가?

* 또한 복음은 신자들에게 죽음 이후의 천국에 국한된 현실만을 제공하는가? 복음은 땅의 사람으로 지음 받은 우리에게, 그리고 우리가 살아가는 이 땅의 사회-역사 현실과는 아무런 구체적 연관성이 없는 것인가?
* 많은 교회들이 주장하고 행동하는 것처럼, 세상의 가장 중요한 이슈들, 곧 정의, 평화, 통일, 경제적 공평, 사회적 평등 등은 모두 교회 밖의 세속적인 이슈들일뿐이어서 복음과 무관한 것일까? 그렇다면 이 땅의 민주화와 정의, 통일, 인권과 노동, 환경, 교육문제 등은 기독교적 의제가 아닌 것인가?

최고의 복음 전파자였던 바울은 '복음'이라는 이름으로 예수의 십자가와 부활을 전했다. 맞다. 그의 이해 속에서 예수의 십자가와 부활은 죄와 사망으로부터 인간에게 해방을 주는 엄청난 현실이었다. 하지만 성서가 전하는 그 십자가와 부활이 담고 있는 내용은 그리 간단하지 않다. 그것은 그저 신자들의 믿음과 같이 십자가와 부활을 통해 죄 씻음을 받고 구원받아 천국에 가게 되었다는 소식을 넘어선다. 만일 이것이 복음이 기대하는 전부였다면 왜 바울이 그토록 저항과 박해를 받아야 했겠는가? 바울은 의미심장한 표현으로 복음을 설명한다. 그는 복음이 '모든 믿는 자에게 구원을 주시는 하나님의 능력'이라 정의한다. 로마 1:16 그 복음이 제공하는 '구원'의 실체가 무엇이며, 복음은 진정 어떤 면에서 그러한 능력이 있는 것일까?

이 복음의 포괄적 실체는 누가복음 4장에 나오는 예수의 나사렛 선언에서 두드러진다. 예수는 공생애 초 나사렛 회당에 서서 자신의 메시아 취임사를 선포하면서 그 복음의 실체를 명확히 했다. 그것은 예수의 사명장Mission Statement이라 일컫는다. 자신의 사명장을 제시하기 위해 예수는 선지자 이사야의 글을 인용하며 그 복음의 실체를 밝힌다.

> 18 주의 영이 내게 내리셨다. 주께서 내게 기름을 부으셔서, 가난한 사람들에게 기쁜 소식을 전하게 하셨다. 주께서 나를 보내셔서, 포로된 사람들에게 자유를, 눈먼 사람들에게 다시 보게 함을 선포하고, 억눌린 사람들을 풀어 주고, 19 주의 은혜의 해를 선포하게 하셨다. 누가 4:18-19

이 복음 선언은 도무지 천국 가는 얘기로 이해할 수 없다. 그것은 이 땅에서의 총체적인 자유와 해방의 선언이기 때문이다. 그는 주의 성령의 임함과 기름 부으심을 받고 하나님의 보냄을 받은 메시아다. 보내신 이의 목적은 그를 통해 '가난한 자에게 복음을 전하게 함'에 있다. 여기에 그 복음의 구체적 실체가 나열된다. 그것은 포로 되고 억눌린 가난한 자들에게 해방과 자유를 부여해 주는 것이다. 눈먼 자가 다시 보게 되고, 마음이 상한 자가 고침을 받고, 모든 슬픈 자들이 신원을 받는 현실이다. 억울하고, 얽매이고, 소송당하고, 옥살이하고, 호소할 데 없던 사람들이 자유를 얻는 현실이다. 가난하고, 궁핍하여, 저당 잡히고, 노예되고, 슬픔에 처해 있던 이들에게 '희년'의 자유가 선포되는 현실이다. 그것도 '당장, 오늘, 지금 여기에서' 실현되어야 한다는 소식이다. 이것이 복음이며, 그러하기에 기쁜 소식인 것이다!

예수가 스스로 설명해 주는 복음은 죽어서 가는 천국에 대한 약속이 아니다. '예수=천국'의 완강한 도식은 이쯤에서 그만 수정되어야 한다. 그것은 한 마디로 지금 이 세상의 정치, 사회, 경제적 이슈를 포괄하는 총체적 기쁜 소식이다. 그것은 삶의 전 영역의 왜곡을 바로잡고자 하는 역동적 선언이다. 억눌리고 포로된 자를 해방시키고자 하는 기대는 매우 정치적인 이슈다. 그리고 '주의 은혜의 해' 곧 희년의 기대는 강력한 사회-경제적인 이슈다. 그것은 신체적, 정서적, 영적 자유의 현실을 보장한다. 희년은 지금까지의 빚진 것, 저당 잡힌 것, 빼앗기고 사로잡힌 모든 것을 원상복구 하는 해이다. 모세의 율법이 규정하고 있으면서도, 이스라엘 역사 속에서조차 제대로 지켜진 적이 없다는 그 '해방과 기쁨의 해'다.

누가가 전한 이 본문은 바로 오랜 선지자들의 메시아 예고에 대한 성취 선언이었다. 역사 속 선지자들은 왕은 물론 정치, 경제, 사회, 종교 지도층의 타락과 불의를 탄핵하고 경고해 왔다. 소망 없던 이스라엘은 오랫동안 이스라엘을 회복할 진정한 왕, 신적 메시아를 대망해 왔다. 이사 42, 58, 61장 사람들은 그 메시아가 도래하면 진정한 자유와 평화가 도래할 것을 기대했다. 동시에 진정한 '주의 은혜의 해'가 성취되어 모두가 진정한 샬롬을 경험할 것을 기대했다. 예수가 선언하는 복음은 하늘이 아닌 이 땅위에, 미래가 아닌 지금 당장 실현되어야 하는 하나님의 오심과 그로 인한 자유의 현실을 전망하고 있다. 지금 예수는 이 땅에서 살아가는 모든 산자들의 삶에 임하는 하나님의 통치현실을 얘기하고 있다.

"이 성경 말씀은 너희가 듣는 가운데서 오늘 이루어졌다!" 4:21 예수 자신이 바로 그 예고된 메시아임을 주장했다. 그 선언이 이제 청중의 삶의 자리에서 실현되어야 함을 선언하고 있다. 실제로 예수의 선포와 사역 속에서 이는 구체적으로 실현된다. '가난한 자'들이 '배부름'을 얻는다. 눈먼 소경이 눈을 뜨고, 질병과 귀신에 사로잡혔던 이들이 놓임을 받고, 사회적 불의와 인종적 편견과 율법적 예속에 매여 있던 자들이 자유함을 얻는다. 심지어 물질과 부에 매여 있던 삭개오도 진정한 자유를 경험한다. 이 복음의 실제는, 궁극적으로 인간들의 죄와 사망에서 영생을 부여하는 영원에 참여케 하는 것을 목적하는 동시에, 그것은 지금 여기 이 땅의 현실 속에 구체적인 회복의 능력을 부여하고자 한다. 심지어 그것은 파괴된 모든 피조세계의 회복을 전망하고 있다.

이래서 '복음'이 기쁜 소식이다! 영원한 천국의 현실이 바로 지금, 여기에서 실현되기 때문이다. 이것이 바로 기독교가 타종교와 구체적으로 구별되는 지점이다. 기독교와 유사한 내세의 천국을 강조하느라 현세적 구원을 경시하는 이슬람이나, 현세 자체를 고통의 근원이라 부정적으로 인식하고 그 고통의 사슬에서 탈피하고자 하는 불교의 지평과 달리, 기독교는 내세적 궁극적 구원은 물론, 지금 여기의 현세적 지평에서 구현되어야 하는 온전한 구원현실을 기대하고 있다. 이 복된 현실은 예수의 이상과 예수의 선언, 예수의 삶과 죽음, 부활과 승천을 통해 온다. 이래서 예수가 복음이요, 예수가 해답이라는 것이다.

복음이 기대하는 현실, 이래서 '고난과 박해'가 따른다

하지만 예수의 복음이 기대하는 복된 현실에 대한 기대는 자유와 해방뿐만 아니라 동시에 '고난과 박해'를 불러온다. "모든 믿는 자들에게 '구원'을 주시는 하나님의 능력"은 아이러니하게도 배척을 부른다.

다시 언급하지만, 복음은 단순히 죽음 너머의 천국을 보장하는 소식이 아니다. 예수 믿는 자들에게 영혼구원 만을 약속하는 축소된 정보가 아니다. 그것은 인간 삶은 물론 모든 창조질서를 회복하는 총체적인 구원의 소식이요, 그 소식이 기대하는 회복된 현실이다. 세상을 변혁하고, 세상의 가치를 전복시키며, 욕망으로 점철된 인간 왕의 통치를 중단하고 하나님의 통치를 불러오며, 모든 죽이는 것들을 폐하고 생명으로 역동하게 하는 현실이다.

그것은 죄로 인해 왜곡되고 뒤틀린 이 땅 한 복판에 하늘의 현실, 곧 처음 창조시의 온전을 이 땅에 제공하는 소식이다. 그것을 위해 하나님께서 원수된 자들과 화해하시고 자녀 삼으시는 소식이다. 그리하여 하나님과 인간, 인간과 인간, 인간과 자연의 총체적 회복을 예고한다. 따라서 복음은 포괄적 '샬롬의 현실'을 제공한다. 그것은 모두에게 좋은 현실이다. 모두에게 생명과 자유와 해방과 온전을 기대한다. 그리하여 모두가 일용할 양식으로 배부르며, 모두가 사랑하고 사랑 받는 존귀한 인격으로 살아가는 세상이다. 그 누구도 인종이나 국적, 성별이나 종교, 또는 출신이나 계급, 가진 능력이나 장애 때문에 차별받지 않는 세상이다. 심지어 박해나 착취, 어떠한 억압과 편견의 희생자가 되어서는 안 되는 세상이다. 복음은 모든 자연과 피조세계의 온전한 회복을 기대한다.

이 속성 때문에, 복음은 '교회' 내부뿐만 아니라 우리가 사는 이 세상 한복판에 관심하며, 또 그곳에서 힘을 발한다. 죄악으로 뒤틀리고 부패하여 악취가 나며, 빛이 없어 어두운 사람 사는 현실을 겨냥한다. 이 세상의 가난하고, 억압받고, 착취당하고, 억울한 일을 겪고, 비참한 현실을 사는 각인의 삶의 현장에 침노하듯 임하고자 하는 것이 바로 복음이다. 따라서 복음은 병들고, 죽어가고, 전쟁하며 죽이고, 미워하며 배격하는 것들을 몰아내는 현실을 기대한다.

또한 복음은 죄와 유혹과 두려움과 사망으로부터 근원적인 평강과 자유를 기대하는가 하면, 귀족과 노예라는 신분사회에서 굴욕적 신분과 계급적 현실에서 자유를 기대한다. 남성중심의 성차별적 문화 속에서 성평등을 기대하고, 그 자유를 경험한 공동체에 의해 경제적 빈곤과 사회적 소외와 억압이 극복되기를 기대한다.

그래서 복음이고, 그래서 기쁜 소식이다. 그런데 바로 그 이유 때문에 반대급부에 서 있는 사람들로부터 저항을 부른다. 가난한 사람, 빚진 사람, 포로된 사람, 억눌린 하층민과 여성, 노예 등에게 선포되는 자유와 해방의 선언은 바로 그들을 억압하며 자신의 이익기반을 누리고 사는 이들에게는 불편하고 심지어 손해를 초래하는 소식이 된다. 따라서 예수의 복음은 가난한 자들에게는 진정한 '좋은 소식'이지만 부유한 자와 기득권자들에게는 '나쁜 소식'이었다.

그래서 예수는 당시의 권력자들에게 반대와 박해를 받았고, 결국 십자가에 처형을 당했다. 예수는 오늘날 의미에서의 정치적 행보를 보였거나, 특정 이데올로기에 경도되어 행동하지 않았다. 하지만 당시의 권력자들은 그의 언행 일거수일투족을 정치적으로 해석했다. 그의 죄명 유대인의 왕은 '정치적' 성격의 것이었고, 십자가형이라는 죽음의 방식도 정치적 흉악범에게 해당하는 것이었다.

복음의 특성, 그것이 약속하는 지평, 그리고 그에 따른 행보자체가 사회의 기득권자들에게 심각한 정치적 위협이 되었던 것이다. 그래서 처음에 종교인들만의 저항이었던 것이, 나중에는 헤롯이나 빌라도와 같은 정치인들까지 연대하여 함께 예수를 제거하는 일에 가담하는 모습으로 나타난 것이다.

이 복음 자체였던 예수, 그 복음의 현실이었던 이를 제거해 버린 세상이 오늘날 그를 따르는 신자들을 박해하지 않는 것은 사실 세상이 변해서가 아니다. 다원화된 세계 속에서 종교의 자유가 보장되어 있기 때문만이 아니다. 예수 때도 유대인에게는 종교의 자유가 보장되어 있었고, 심지어 예수를 박해하던 사람들은 모두 유대인들이었다. 보다 근본적인 문제가 있다. 세상이 그리스도인들을 위협으로 여기지 않는 것은 신자들이 예수 복음이 가지고 있는 진정성, 그 복음이 가진 본래적 급진성을 잃어버렸기 때문이다. 오늘날 그리스도인들이 이 '세상을 구원'하는 복음의 총체성을 버리고, 다만 '교회형 복음'으로 축소시켜 다만 종교적 이슈로만 삼고 있기 때문이다. 세상은 교회의 '복음' 이야기와 복음전파라는 행보에 대해 더 이상 위협으로 간주하지 않는다. 다만 점잖게 거절하거나 비아냥거릴 뿐이다. 그들이 전하는 복음에는 세상을 전복시키는 아무런 기제도 없기 때문이다.

복음은 처음부터, 예수가 선포한 바로 그 시부터 급진적인 특성을 가지고 있었다. 그래서 권세자들은 복음 전하는 사도들을 가두고, 돌로 치고 죽였던 것이다. 바울은 말한다. "그리스도 예수 안에서 경건하게 살려고 하는 사람은 모두 박해를 받을 것입니다." 딤후 3:12 그가 단순히 교회에 나가고 기도하고 예배드리고 전도해서가 아니다. 근본적으로 복음의 사람들은 자기 시대에 '위협'이 되는 사람들이다. 복음은 기존 질서를 비판하고 새로운 질서를 요구하기 때문이다. 복음이 현 세대의 불의를 정죄하며, 모든 약한 것들을 편들기 때문이다. 회개를 촉구하며, 전복을 요구하기 때문이다. 히브리서 11장에 나오는 믿음의 영웅들은 조롱과 채찍, 결박, 옥에 갇힘, 돌로 침, 톱으로 켬, 칼로 죽임… 유리, 궁핍, 환난, 학대를 감내해야 했다. 기존 세상의 술 부대가 새 포도주를 감당치 못했기 때문이다.

그래서 복음은 가난하고 억압받는 사람들에게는 무척이나 기쁜 소식이지만, 억압하며 기득권을 유지하려는 사람들에게는 무척이나 불편한 도전이다. 그래서 복음을 억압하고 박해하는 것이다. 오늘날 세상이 그리스도인들을 다소 '착한 사람들'이라거나, 반대로 소통 불가한 답답한 자들로 본다면, 그것은 그리스도인들이 그 복음이 기대하는 실제 현실과 사뭇 거리를 두고 있기 때문일 것이다.

그러한 점에서, 복음은 우리 세대에게 제대로 전수되지 못했다. 예수의 복음은 '세상을 변화시키는, 세상의 기존가치와 질서를 전복시키는 메시지요 실재'였다. 수많은 사람들이 그 복음에 환호하고 길을 따라 나선 것도 예수가 약속하시는 하나님 나라의 이러한 변혁적 모습 때문이었고, 권력자들이 그 복음에 저항하고 심지어 정치적 죄목을 씌워 죽음에 내몬 것도 바로 복음의 이러한 총체적이고 급진적 성격 때문이었다.

하나님 나라의 실현된 모습

구약성서의 예언자적 전통은 복음이 기대하는 실제 현실, 곧 '하나님 나라의 실현된 모습'을 예부터 증거해 왔다. 선지자 이사야는 외친다.

> 5 그 때에 눈먼 사람의 눈이 밝아지고, 귀먹은 사람의 귀가 열릴
> 것이다. 6 그 때에 다리를 절던 사람이 사슴처럼 뛰고, 말을 못하
> 던 혀가 노래를 부를 것이다. 광야에서 물이 솟겠고, 사막에 시냇
> 물이 흐를 것이다. 7 뜨겁게 타오르던 땅은 연못이 되고, 메마른
> 땅은 물이 쏟아져 나오는 샘이 될 것이다. 승냥이 떼가 뒹굴며 살
> 던 곳에는, 풀 대신에 갈대와 왕골이 날 것이다. 이사 35:5-7

> 17 내가 새 하늘과 새 땅을 창조할 것이니, 이전 것들은 기억되거나 마음에 떠오르거나 하지 않을 것이다. 18 그러니 너희는 내가 창조하는 것을 길이길이 기뻐하고 즐거워하여라. 내가 예루살렘을 기쁨이 가득 찬 도성으로 창조하고, 그 주민을 행복을 누리는 백성으로 창조하겠다. 19 예루살렘은 나의 기쁨이 되고, 거기에 사는 백성은 나의 즐거움이 될 것이니, 그 안에서 다시는 울부짖는 소리가 들리지 않을 것이다. 20 거기에는 몇 날 살지 못하고 죽는 아이가 없을 것이며, 수명을 다 채우지 못하는 노인도 없을 것이다. 백 살에 죽는 사람을 젊은이라고 할 것이며, 백 살을 채우지 못하는 사람을 저주받은 자로 여길 것이다. 이사 65:17-20

예수의 사명장이나 복음 사역의 행보는 바로 이 청사진을 반영하고 있다. 예수는 질문하는 세례요한에게 자신의 사역을 간추려 설명한 적이 있다. 왜곡된 세상이 회복을 맞고 있는 그림이다.

> 21 그 때에 예수께서는 질병과 고통과 악령으로 시달리는 사람을 많이 고쳐 주시고, 또 눈먼 많은 사람을 볼 수 있게 해주셨다. 22 예수께서 그들에게 말씀하셨다. 가서, 너희가 보고 들은 것을 요한에게 알려라. 눈먼 사람이 보고, 다리 저는 사람이 걷고, 나병환자가 깨끗해지고, 귀먹은 사람이 듣고, 죽은 사람이 살아나고, 가난한 사람이 복음을 듣는다. 누가 7:21-22

요한계시록의 마지막 청사진은 바로 이처럼 완전히 회복된 세계의 전망을 제공한다.

> 1 나는 새 하늘과 새 땅을 보았습니다. 이전의 하늘과 이전의 땅
> 이 사라지고, 바다도 없어졌습니다. 2 나는 또 거룩한 도시 새 예
> 루살렘이 남편을 위하여 단장한 신부와 같이 차리고, 하나님께로
> 부터 하늘에서 내려오는 것을 보았습니다. 3 그 때에 나는 보좌에
> 서 큰 음성이 울려 나오는 것을 들었습니다. "보아라, 하나님의
> 집이 사람들 가운데 있다. 하나님께서 그들과 함께 계실 것이요,
> 그들은 하나님의 백성이 될 것이다. 4 그들의 눈에서 모든 눈물
> 을 닦아 주실 것이니, 다시는 죽음이 없고, 슬픔도 울부짖음도 고
> 통도 없을 것이다. 이전 것들이 다 사라져 버렸기 때문이다." 계시
> 21:1-3

다시 '복음'의 실체와 그것이 기대하는 현실을 정돈해 보자.

첫째, 복음이 전제하는 현실은 이처럼 뒤틀린 세상 한 복판의 현실들이다. 가난과 질병, 온갖 폭력과 억압, 상처와 슬픔, 고통으로 얼룩진 상황이다. 그것은 숱한 고난을 받고 죽어가는 사람들의 소식이요, 그 처참한 현실들이다.

둘째, 복음이 기대하는 현실은 이 같은 뒤틀림으로 인해 비참해진 현실들로부터 건져내겠다는 것이다. 그것은 단순히 영적인 죄와 사망의 문제만 다루는 것이 아니라, 세상의 온갖 죄와 사망을 유발하는 실재들을 폐하는 생명의 복음이다. 모든 매임과 억압, 파괴와 죽음을 폐하는 총체적인 실재다.

이것이 바로 예수가 전하고, 본을 보이고, 제자들에게 위임한 복음의 실체다.

복음, 세상을 향한 복된 소식

'복음'은 한 마디로 '세상나라 한 복판에 하나님 나라의 임함'의 소식이요 그 실재다. 그것은 모든 굽어진 것들에 대한 정죄요 왜곡된 것들에 대한 회복의 선언이다. 그래서 소외자들에게는 기쁜 소식이요, 그래서 기득권자들에게는 박해해야 할 실재다.

아쉽게도 오늘날 우리는 이러한 복음에 익숙지 않다. 예수의 말씀을 자의적이거나 영적으로만 해석하기 때문이다. 하지만 예수는 인간 삶의 현실적인 문제, 곧 가난한 자, 억눌린 자, 포로된 자, 눈먼 자, 온갖 매인 자들을 자유케 하시는 현실을 위해 보냄 받았다고 말하며, 그래서 복음이라 선언한다. 누가 4:18-19

마크 데버Mark Dever 목사는 "교회는 볼 수 있게 된 복음이다"라고 했다. 교회가 어떤 삶을 살아가는지를 보면 우리는 그들이 어떤 복음을 믿고 있는지 알 수 있다. 교회가 구원의 대상으로 여기는 세상은 이 땅이 당면한 다양한 문제들에 관심하는데 반해, 그들을 구원하겠다는 교회는 정작 그것으로부터 관심을 철회했다. 대신 기도나 금식 등의 개인 영성과 집회, 전도, 예배당 건축 등에 주된 관심을 쏟고 있다.

그러니 세상이 교회에 등을 돌리는 것이다. 한국 기독교 선교 초기에 사람들은 역사적 대안으로 교회를 찾았다. 교회에는 매인 것을 자유롭게 하고 해방하는 복음이 있었고, 그 복음을 살아가던 교회는 그들과 함께 기꺼이 고난을 받았다. 그야말로 기독교는 이 땅에 들어와 고난받는 민중들 사이에서 민족종교가 되었다. 하지만 오늘날 서구신학이 팽배하고 미국의 신앙방식이 잠식해 있는 한국 교회는 민족과 역사의 현실에 등을 돌린 지 오래다. 그래서 세상 역시 기독교에 등을 돌리는 것이다. 교회가 복음의 총체성을 회복해야 할 이유가 여기에 있다.

이처럼 복음은 기독교의 모든 것이다. 처음이요 마지막이며, 현재적 과정이요 미래의 청사진이다. 복음은 하나님을 믿지 않는 사람에게만 필요한 것이 아니다. 모든 그리스도인들이 이 땅에 사는 동안 하나님께로, 그리고 하나님 나라로 회심하게 하는 푯대요, 지표요, 모든 것이다.

예수의 사명이 이와 같은 실체였다면, 그 복음을 맡고 있는 그리스도인의 사명도 그것이 되어야 한다. 교회는 그 구원의 복음을 위해 부름 받았음을 알아야 한다. 그 구원의 복음이 그리스도의 몸된 교회에 위임되었음을 말이다. 복음이 기대하는 천국적인 현실은 신자들의 참여를 요청하고 있다. '지상명령'은 단순히 전도명령이 아니라 '예수께서 분부한 모든 것'을 가르쳐 지키게 하는 제자도, 곧 하나님 나라의 실현 명령을 의미한다. 예수의 제자된 이들은 그 일을 소명으로 살아가야 한다. 농부, 주부, 의사, 엔지니어, 교육자, 성직자, 정치인, 법조인, 예술가, 언론인, 사업가, 상담가, 복지가 할 것 없이, 그리스도인은 그 영토에서 하나님 나라의 일꾼으로 살아가야 한다.

'복음'은 단순히 '복된 소식'을 넘어 '선한 소식'이다. 우리를 통해 이 그리스도의 총체적 복음이 확산되는 곳마다, 하나님의 나라는 확장될 것이다.

5장

왕국, 예수가 꿈꾸는 하나님 나라

예수의 꿈과 구원 이해

우리는 앞장에서 예수의 하나님 나라 복음을 개괄해 보면서, 그가 어떤 세상을 꿈꾸었는지, 그가 선포한 하나님 나라에는 이 세상에 대한 어떤 기대가 반영되어 있는지를 살펴보았다. 이를 좀 더 자세히 전개하기 위해 대중기독교에 익숙한 '구원개념'을 짚고 넘어가고자 한다.

이미 언급한 바 있듯이, 그리스도인들은 '예수를 믿음으로 구원 받는다'는 이신칭의Justification by faith에 대해 많이 익숙하다. 구원 받는다는 말은 무엇인가? 그것은 의롭게 된다는 것인가? 하나님의 용서를 입고 죄사함을 받는다는 뜻인가? 그렇다면 신자는 이미 구원 받았다. 그리스도 안에서 죄사함과 의롭다 함을 받고, 하나님의 자녀가 되었기 때문이다. 아니면 그것은 죽어서 천국에 간다는 것인가? 그렇다면 이 의미에서 역시 이미 구원 받았다. 신자들은 이미 사망에서 생명으로 옮겨진 자들이기 때문이다. 요한 5:24 이처럼 그리스도인은 예수 믿어 의롭게 되었고, 천국에도 가게 되었다. 한마디로 구원을 받았다.

여기서 질문은 이것이다. 그래서 모든 것이 해결되었는가? 왜 구원을 받았다면서도 오늘날 교회의 선포는 여전히 '구원'에 집착할까? 이미 의롭게 된 사람들, 이미 천국가게 된 사람들이 아닌가? 성경적 구원은 소위 칭의론과 천국론이 전부 아니었던가? 구원의 또 다른 지평이 있는 것인가? 먼저 한국 개신교의 대중적인 구원론을 좀 더 세밀히 살펴보기로 하자.

대중적 구원론

죽음 너머의 천국론

일반적으로 예수를 믿어 구원받는다 할 때, 기독교 대중은 이를 '죽음 너머의 천국'으로 이해한다.

마태는 유대인을 대상으로 쓴 그의 복음서에 예수의 하나님 나라를 소개하면서, '하나님의 이름'을 조심스레 '하늘'heaven이란 완곡한 표현으로 대치했다. 그리하여 '하나님의 나라'the Kingdom of God는 '하늘나라'the Kingdom of heaven로 대체되었다. 문제는 이를 한국어로 번역하는 과정에서 이 말이 '천국天國'이란 단어로 고정되고, 본의 아니게 이 개념의 본래 의미에 대한 왜곡이 시작되었다. 즉 예수의 '하나님 나라'는 죽음 너머의 저 천국이란 개념으로 고정화되고 만 것이다. 게다가 요한은 이를 '영생'이란 개념으로 치환하듯 설명하는 바람에, 그 영생의 현세적 지평을 간과한 많은 사람들은 하나님 나라 복음을 예수 믿어 천국가는 메시지로 이해했다. 예수 믿는 주된 목적이 그것으로 고정되고 말았다. 그래서 심지어는 기독교의 복음이 '예·천·불·지,' 곧 '예수천당 불신지옥'으로 요약되어 알려져 있는 것이다.

부작용은 무엇일까? 이 땅에 속한 문제는 결국 '지나가는 것'이며, 신자의 관심할 바가 아니게 되었다. 신자는 오직 천국을 소망하며 살아야 하며, 고통도 박해도 참고 인내해야 한다. 땅의 것은 세속적인 것이기에 신자는 영적인 것을 사모하며 저 하늘나라 상급을 기대하고 살아가야 한다. 그러나 예수의 가르침과 사역의 핵심은 '이 땅에 임하는 하나님 나라'다.

기독교의 영성은 이렇게 언어의 왜곡과 함께 타계적인 초점, 곧 죽어서 천국에 가서 영생을 누리는 영역으로 고착화 되었다.

타계적 구원론과 지구 파멸적 종말론

이처럼 복음이 사후세계에 초점을 두게 될 때 결국 대중기독교의 구원관은 필연적으로 '탈지구적'인 구원의 성격을 띠게 되고 초점은 내세로 이동한다.

여기에 짝을 이루는 것이 '지구 파멸적' 종말론이다. 흔히 세대주의자들이 취하는 이 종말론에 따르면 세상은 점점 더 악해질 것이고, 결국 예수의 재림과 함께 세상의 모든 것이 불에 타 멸망하게 될 것이다. 그러기에 신자가 할 일은 다만 그 날을 사모하며 깨어 기도하면서 재림을 기다리는 것뿐이다. 그때에 성도는 공중으로 들림 받아 예수를 맞이하여 천국에서 영생을 누리는 것이다.

미래 구원 전망이 이러하니 신자들에게는 '탈지구적' 구원이 목표가 되고, 이 땅 위에서의 더 나은 세상을 위한 참여적 영성에 소홀하게 되는 것이다. 이 신학적 토대 위에서 신앙이 깊어 갈수록 사람들은 점점 더 사적이거나 지구 파멸적 종말론에 매몰되고, 본래적 복음이 지닌 사회적이고 공적인 지평을 상실하게 된다. 당연히 생태계의 파괴나 지구 환경의 오염, 대량 살상무기에 의한 전쟁의 위협 등 지구가 직면해 있는 문제들로부터 관심을 철회한다. 세상이 불의하고 악인들이 횡행해도, 부정과 억압, 착취와 폭력, 살인과 전쟁이 난무해도, 그들이 믿음을 따라 행할 수 있는 것은 그저 기도뿐이다.

그러나 성경이 전망하는 구원관의 초점은 이와 대척점에 있다. 온 세계가 본래의 창조 원형을 회복하게 된다는 '지구 갱신적' 전망을 제시한다.

영적인 구원, 곧 창조세계가 배제된 영혼구원론

비슷한 내용이지만, 그러한 죽음 너머의 천국에 집중하는 구원 개념은 자연스레 오직 인간의 영혼구원에 국한된 이해로 귀결된다.

방금 기술한 것처럼, 대중기독교는 하나님이 "보시기에 좋았더라"고 선언했던 이 아름다운 창조세계도 언젠가는 파멸되고 만다는 종말론을 고수한다. 기독교의 창조신앙이 장엄하게 선언하고 있는 하나님의 그 놀라운 우주창조와 보존 섭리와는 달리, 이상하게도 대중기독교가 견지하는 구원신앙에는 그 창조세계가 간단히 배제되고 만다. 하나님의 구원 대상은 다만 인간의 영혼뿐이다. 그것도 특정 신학에서는 얼마일지도 모르는 '선택받은 자들'만으로 제한된다. 심지어 '신천지'라 이름하는 그룹은 오직 144,000명만 구원을 받는다고 주장한다고 한다.

그러나 성경이 그려주는 구원의 전망은 모든 창조세계를 포괄하는 '총체적이고 전인적인 구원'이다.

'오직 믿음'이라는 칭의론적 구원론

이것은 보다 사변적이고 철학적인데, 특히 개신교는 '이신칭의'를 강조하여 '오직 믿음으로만 구원을 받는다'는 진술에 중점을 두고 있다.

종교개혁자들이 '오직 믿음'을 강조하며 당시 가톨릭 신학에 반기를 들어야 했던 상황과는 별개로, 대중기독교는 '행위' 또는 실천와는 전혀 상관없는 관념적 믿음이 곧 신자를 구원할 것으로 믿으며 이것을 핵심 교리로 삼고 있다. 실제로 개혁자 루터는 '오직 믿음'에 너무도 은혜를 받은 나머지 '행위 없는 믿음'은 '영혼 없는 몸'과 같이 '죽은 것'이라 선언하는 야고보서를 '지푸라기 서신'으로까지 그릇 폄하하기까지 했다고 알려져 있다. "그러므로 성 야고보의 서신은 그들과 비교했을 때 진짜 지푸라기 서신Epistle of straw이다. 왜냐하면 그것은 복음의 본질을 전혀 가지고 있지 않기 때문이다."

이것은 더 나아가 신자가 '기독교'라는 종교에 속해 있는 한, 구원은 자동적으로 주어지는 것으로 간주하게 만든다. '믿기만 하면 구원을 받는다'는 선언은 곧 믿음의 공동체인 교회에 속해 있기만 하면 된다는 기대심리가 작동하기 때문이다. 그러다보니 하나님의 주권과 은총에 대한 강조에도 불구하고, 그 부작용은 '행위에 반하는 믿음' faith against work까지 정당화하기에 이른다. 이 '칭의론'이 종교개혁 신학의 핵심 사상임에도 비판적 신학자들은 이 '오직 믿음' 신학이 가진 맹점들을 다음과 같이 비판한다. 첫째, 믿음을 지나치게 강조해 믿음과 행위를 분리시켰다. 둘째, 하나님 나라의 복음을 개인의 영혼구원으로 축소시켰다. 셋째, 하나님과 인간의 관계만을 지나치게 강조함으로, 인간과 인간, 인간과 세계의 관계에 무관심했다는 것 등이다.

이 칭의론적 이해는 사실 예수의 의도를 배제하고 해석한 위험한 시도라 할 수 있다. 예수는 산상수훈의 결론으로 '행위가 배제된 믿음'의 위험성을 경고한다. 마태 7 마태복음 25장에 있는 마지막 심판의 이야기 속에서도 그런 사변적인 믿음은 최종적 판결 척도로 요구되지 않는다. 이것이 사실이라면 '이신칭의'는 예수의 말씀 안에서 재해석되어야 한다. 그러므로 학자들이 지적하듯 '행위에 반하는 믿음' faith against work이란 신앙 오해는 '행위를 동반하는 믿음' faith with work으로 재해석 되어야 한다. 마치 마차가 한 축에 놓인 두 바퀴에 의해 구르듯, 구원에 있어 믿음과 행함은 분리될 수 없는 것이다. 하나가 없이 다른 하나는 고장 난 실체 또는 무용한 것이 되기 때문이다.

그러나 복음서가 강조하는 구원론의 초점은 예수의 십자가의 도를 따르는 '실천적 믿음'에 있다.

이와 같이 대중기독교의 '구원'이란 개념이 얼마나 의미상의 변화를 경험했는지를 이해하고, 성경이 보여주는 '구원'이란 종합적인 실체 이해에 좀 더 다가가 보도록 하자.

이스라엘이 열망하던 구원의 현실

성경에 보면 오늘날 대중기독교가 강조하고 있는 구원의 희망과는 사뭇 다른 생생한 구원의 실제가 강조되고 있다.

BC 15세기, 애굽으로부터의 구원

먼저, 대국 이집트에서 노예생활을 하던 이스라엘이 받은 구원을 언급해야 한다. 출애굽 이야기는 이스라엘이 '구원'을 이해하는 가장 기본적인 해석 틀이다. 이 이야기에서 그들이 경험한 구원의 실상은 무엇이었는가? 죽어서 천국이었는가? 영적인 구원이었는가? 아니다. 그들이 경험한 구원은 살아서 애굽 탈출이요, 노예 상태에서의 자유와 해방이요, 나아가 약속의 땅에 들어가 자유민으로 살게 된 현실이었다.

이처럼 출애굽은 이스라엘 전역사 동안 '하나님의 구원'의 청사진이 되어 왔다. 이 출애굽 이야기에 담긴 구원지평 어디에도 죽어서 천국

간다는 기대는 없다. 만일 그들에게 구원이 죽어서 천국 가는 것이었다면, 그들이 '애굽에 매장지가 없어 이곳 광야까지 끌고 왔는가?' 라고 항변하던 것처럼출애 14:11, 차라리 애굽에서 노예살이 하다 죽는 편이 훨씬 나았을 것이다. 그 수고로운 광야의 삶이라도 면할 수 있었을 터이니 말이다. 그것도 아니라면 홍해 바다 앞에서 애굽 군대에 죽임을 당하든, 홍해를 건너다 바다에 빠져 죽든, 그렇게 죽어서 '영원한 천국'에 가는 것이 진정한 구원이었을 것이다.

이스라엘은 지금도 그 출애굽의 구원을 기념하는 '유월절'을 민족 최대의 명절로 기념한다. 과거에 노예생활에서 구원하신 하나님을 기억하고, 그 하나님이 오늘도 현실적 곤경에서 구원하실 것을 기대한다. 그것은 억압당하던 노예생활로부터의 해방이었고, 하나님의 자유한 백성으로서의 영광스런 삶의 회복이었다!

BC 6세기, 바빌론으로부터의 구원

BC 586년의 예루살렘 멸망은 이스라엘 전 역사에 있어서 이스라엘을 송두리째 변화시켜버린 전환점이 되었다. 하나님의 영광이 머무는, 하나님의 임재의 상징이던 '하나님의 집' 예루살렘 성전이 이방인 폭도들인 바빌론에 의해 무참히 불타 무너지는 현실을 두 눈 뜨고 지켜 본 것이다. 하나님의 선민, 하나님의 언약백성, 곧 세상의 제사장 나라가 되도록 부름 받았다던 이스라엘이 스스로 '개들'처럼 여기던 그 이방인들의 손에 의해 죽임을 당하거나 포로로 사로잡혀 개처럼 끌려갔던 것이었다. 그들은 성전을 잃고, 하나님의 임재를 잃었다. 그 상징이던 법궤를 잃고, 희생 제사를 잃었다. 하나님의 백성이라는 정체성도, 자존심도 모두 잃었다. 그들은 바빌론 강변에 수금을 걸어두고 눈물을 뿌리며 탄식했다. 시편 137편은 이를 반영하는 것으로 알려져 있다. 이것은 대대로 이스라엘 민족의 뇌리에 새겨진 끔찍한 트라우마가 되고도 남았다.

그러던 그들에게 구원이 임했다. 그 구원경험은 무엇이었는가? 그것은 바사페르시아왕 고레스Cyrus가 등장하면서 바빌론이 멸망하고 그들에게 주어진 자유였다. 포로로 사로잡혀갔던 그들이 해방을 맞아 자유로이 이스라엘 고토로 돌아오게 된 것이었다. 바빌론의 노예생활에서 벗어나 이제 자유인으로서의 정상적인 삶을 살 수 있게 된 것이다. 예전과 같이 마음껏 하나님을 예배하고, 마음껏 수금을 켜며 찬양할 수 있게 된 것이다.

이처럼 이스라엘이 바빌론에서 경험한 구원 역시 죽어서 천국에 간다거나, 믿음으로 의롭게 된다는 기대와 거리가 먼 구원이다. 그것은 그들의 실제 삶에 직면해 있는 문제 상황으로부터의 물리적 해방이었다.

AD 1세기, 예수 당시의 구원

그렇다면 1세기, 예수 당시의 유대인들이 열망하던 구원은 무엇이었을까? 예수로부터 '하나님 나라'의 소식을 듣고, 그의 제자가 되고 청중이 되어 따라 나선 사람들의 구원 기대는 무엇이었을까? 죽어서 가게 될 천국이었을까? 아니면 예수 믿어서 의롭게 되는 현실이었을까?

포로기 후로도 이스라엘은 주인만 바뀌었을 뿐, 예수가 살던 서기 1세기까지도 여전히 이방의 손에 짓밟힘을 당하고 있었다. 포로로 잡힌 지 70여년, 바빌론이 망하자 페르시아가 주인이 되었다. 그들은 이스라엘에 호의를 베풀고 관용책을 썼지만 여전히 하나님의 영광을 온전히 회복할 수는 없었다. 그 뒤로 알렉산더의 그리스가 들어왔고, 알렉산더 사후 분할된 그리스는 이집트의 프톨레마이오스Ptolemy와 시리아의 셀레우코스Seleucid 왕조가 각각 차례로 이스라엘을 유린했다. 잠시 마카베오Judas Maccabeus의 투쟁을 통해 독립하여 주권을 회복했지만100여년, 로마가 밀고 들어오기 전 과도기에 불과한 불완전하고 임시적인 자유가 주어졌을 뿐이었다. 그리고 로마가 들어왔던 것이다.BC 63

이 전 역사 과정에서 이스라엘에서는 '메시아 대망'이 싹트고 구체화되었다. 이스라엘은 묵시문학이란 장르의 글들을 통해, 자신들의 가망없는 현실을 위로하고 내일의 구원을 희망했다. '암울한 현실에 절망하지 마라! 머지않아 하나님께서 메시아를 보내어 세상을 바로잡을 것이다. 원수들이 물러가고, 하나님이 통치하는 그 영광을 회복할 것이다. 이스라엘의 주권과 다윗의 왕권이 회복될 것이다. 이스라엘은 다시 하나님의 선민의 지위를 누리며 영광스런 구원의 감격을 누리게 될 것이다.' 그들의 구원기대 어디에도 죽어서 천국 갈 것이라거나, 믿음으로 의롭게 된다는 방식으로 현실적 구원 기대를 유보하지 않았다.

바로 그 와중에 예수가 역사에 등장했다. 예수 당시 그를 지켜보던 사람들이 관심한 가장 중요한 화두는 예수가 '이스라엘에 대망해 오던 그 메시아인가' 하는 문제였다. 하나님은 그를 통해 로마를 몰아내고 이 땅에 하나님의 보좌를 회복함으로 당신의 나라를 임하게 할 것인가? 심지어 세례요한도 감옥에서 제자들을 보내 예수가 바로 '오실 그이' 인지를 질문했다. 제자들은 심지어 예루살렘에 올라가는 그 순간까지도 모친의 치맛바람까지 동원하여 그 기대를 분명히 한다. "나의 이 두 아들을 선생님의 나라에서, 하나는 선생님의 오른쪽에, 하나는 선생님의 왼쪽에 앉게 해 주십시오." 마태 20:21 심지어 부활하신 예수께 제자들이 물었던 질문 역시 "주님, 주께서 이스라엘을 위하여 나라를 되찾아 주실 때가 바로 지금입니까?" 행전 1:6를 묻고 있었다.

그랬다. 예수는 메시아요, 구원자였다. 그를 통해 이스라엘에 구원이 올 것이었다. 그러나 그것은 죽어서 천국 가는 현실이 주어지거나, 단순히 하나님을 믿어 의롭게 됨과 같은 내세적이거나 철학적인 의미가 아니었다. 이미 하나님을 믿는 그들에게, 이미 하나님의 언약백성인 그들에게 '이신칭의'는 그들이 기대하던 구원현실이 아니었다. 그들은 이스라엘의 회복, 곧 그들을 원수 로마의 손에서 건짐 받기를 기대하고 있었다. 물론 일반 대중들의 개인적인 곤경과 필요로부터의 구원은 말할 것도 없었다. 그것은 각자 하나님이 주신 기업에서 다시금 안온한 삶을 살고자 하는 희망이었다. 각자의 포도원과 감람원, 무화과 열매와 양떼가 번성한 현실을 기대하고 있었다. 미가 4:4, 하박 3:17 그리하여 그들은 종려주일에 예루살렘으로 입성하시는 예수를 향하여 '호산나, 다윗의 자손이여!'라고 외쳤던 것이다. 마태 21:9

"우리를 구원하소서, 메시아여!"

선지자 이사야의 구원의 꿈

잠시 과거로 거슬러 가, BC 700년경의 선지자 이사야가 꾸었던 꿈을 살펴보자.

> 1 주께서 나에게 기름을 부으시니, 주 하나님의 영이 나에게 임하셨다. 주께서 나를 보내셔서, 가난한 사람들에게 기쁜 소식을 전하고, 상한 마음을 싸매어 주고, 포로에게 자유를 선포하고, 갇힌 사람에게 석방을 선언하고, 2 주의 은혜의 해와 우리 하나님의 보복의 날을 선언하고, 모든 슬퍼하는 사람들을 위로하게 하

> 셨다. 3 시온에서 슬퍼하는 사람들에게 재 대신 화관을 씌어 주시
> 며, 슬픔 대신에 기쁨의 기름을 발라 주시며, 괴로운 마음 대신에
> 찬송이 마음에 가득 차게 하셨다. 그리하여 사람들은 그들을 가
> 리켜 공의의 나무, 주께서 스스로 영광을 나타내시려고 손수 심
> 으신 나무라고 부른다. 이사 61:1-3

선지자는 훗날 메시아가 도래하여 이스라엘에 임하게 될 구원의 현실을 전망했다. 그때에 가난한 자들에게 기쁜 소식이 전파될 것이다. 마음 상한 자와 슬픈 자, 포로된 자와 갇힌 자들에게 복된 현실이 임하는 소식이다. 모든 결핍이 채워지고, 치유와 위로가 임하며, 자유와 해방이 선포되어 모든 것이 바로잡히는 현실이다. 그것은 개인의 소소한 일상으로부터 시작하여, 사회적이며 공적인 영역에서의 온전케 됨을 기대한다. 그리하여 모든 사람들이 환희의 송가를 부르게 될 날을 기대하고 있다. 그것은 언젠가 자신들의 일상에 주어질 회복의 현실, 곧 총체적인 구원의 현실인 것이다.

선지자는 이어서 그렇게 임하는 구원이 주는 결과를 섬세하게 묘사해 준다.

> 4 그들은 오래 전에 황폐해진 곳을 쌓으며, 오랫동안 무너져 있던
> 곳도 세울 것이다. 황폐한 성읍들을 새로 세우며, 대대로 무너진
> 채로 버려져 있던 곳을 다시 세울 것이다. 5 낯선 사람들이 나서
> 서 너희 양 떼를 먹이며, 다른 나라 사람들이 와서 너희의 농부와
> 포도원지기가 될 것이다. 6 사람들은 너희를 "주의 제사장"이라
> 고 부른 것이며, 다른 나라 사람들이 와서 너희의 농부와 포도원

지기가 될 것이다. 7 너희가 받은 수치를 갑절이나 보상받으며, 부끄러움을 당한 대가로 받은 몫을 기뻐할 것이다. 그러므로 너희가 땅에서 갑절의 상속을 받으며, 영원한 기쁨을 차지할 것이다. 이사 61:4-7

메시아의 도래와 그로 말미암은 구원의 실재가 선명하게 그려져 있다. 그것은 존재하던 세상을 모두 없애고 새로운 세계를 만든다거나 새로운 낙원으로의 이주 소식이 아니라, 무너지고 어그러진 세계를 본래의 원형대로 회복하겠다는 선언이다. 사람들은 모두 팔을 걷어 부치고 그 회복의 반열에 동참한다. 무너진 성읍이 재건되고 메말랐던 광야가 푸르름을 얻고, 텅 비었던 농토에 과실이 맺히고, 수치를 당한 백성이 보상을 받는다. 그들은 기업으로 받은 '이 땅에서' 모두가 함께 번성하고 영원한 기쁨을 누릴 것을 기대한다. 그것이 선지자들의 구원 전망이었다!

예수가 제시한 구원

이스라엘의 온 역사에 걸쳐 구원에 대한 이해와 청사진이 이러했다. 그런데, 그것이 예수에게 오면서 바뀌었는가? 아니다. 예수는 이 청사진을 계승한다. 바로 이 선지자 이사야의 꿈이 예수의 메시아 취임사로 인용된다. 누가 4장 하지만 그는 이사야가 언급한 '보복의 날'을 생략한 형태로 이를 승인한다. 이것은 또 하나의 예수의 구원 특징이다.

예수는 바로 이 성경말씀이 '오늘 이루어졌다'는 선언으로, 자신이 이 사명을 가진 메시아임을 공표했다. 그 전망은 무엇이었는가? 그것은 인간 삶에서 모든 비인간화의 요소들을 제거하고 모든 인간을 하나님의 형상 닮은 존엄한 존재로 회복시키는 것이다. 모든 사로잡힌 것들을 자유롭게 하고, 모든 어그러진 것들을 고치며, 모든 어두워진 것들을 밝히고, 심지어 경제적 착취로 인해 비인간적인 삶을 사는 자들을 회복시키는 것이다. 그래서 슬픔이 변하여 기쁨의 노래가 되는 현실을 맞게 하는 것이다.

그것은 구약성서의 오랜 꿈인 희년여호와의 은혜의 해의 선포다. 레위기 25 그것은 영속적인 부의 축적이나 가난의 비참함을 단절하여 건강한 평균을 유지하는 것이다. 노예 되었던 사람도 자유민이 되고, 생산수단을 빼앗겼던 자들도 다시 자신 또는 선대의 토지로 돌아가는 현실이 회복된다. 부자가 자신의 것을 내어 가난한 자의 필요를 채움으로 모두가 번영을 공유하는 현실을 누린다. 높은 산이 낮아짐으로 깊은 골짜기가 메워져 평평케 되는 역사가 이루어지는 것이다. 이사 40:4

마태복음 6장에서 예수는 제자들에게 신앙의 새로운 길을 제시한다. 곧 하나님 나라를 꿈꾸는 기도를 가르친다. 우리가 잘 아는 주기도문이다. 예수는 우리에게 '하나님 나라'가 이 지옥같은 현실들에 임하기를 구하라 명한다. 이 문제 많은 세상 한 복판에서 하나님의 통치가 실현되기를 추구하라는 것이다. 굶주렸던 자가 일용할 양식을 얻고, 빚에 얽매였던 자가 그 빚을 탕감 받는 현실, 죄에 매였던 자가 죄의 사슬에서 놓임 받고, 감옥에 갇혔던 자가 사면되는 현실이다. 예수는 이 전망을 가지고 소경이 보며, 앉은뱅이가 걸으며, 문둥이가 깨끗함을 받으며, 귀머거리가 들으며 죽은 자가 살아나며, 가난한 자에게 복음이 전파'되는 현실을 주도했다. 마태 11:5 당연시되던 왜곡된 질서가 바로잡히고, 모든 결핍이 해소되고, 애통과 슬픔, 탄식과 외로움, 주림과 경제적 파탄 등의 문제가 해결되는 현실, 그것이 바로 예수가 기도하고 기대하는 우리의 구원의 실제, 하나님 나라인 것이다! 그것이 바로 대중적 기독교가 망각해버린 '복음의 초점'이다.

그것은 새벽부터 나온 자나 오후 다섯 시에 포도원에 들어온 자가 다 같은 임금을 받는 현실이다. 마태 20 세리요 죄인이라 해서 소외받지 않고 모두 하나님의 자녀들로 공동체의 일원으로 받아들여지는 현실이다. 현장에서 간음하다 사로잡힌 여인마저도 정죄보다는 삶의 원형을 회복하는 현실이다. 요한 8 당대 사회에서 배제되었던 여자와 어린아이, 이방인타국인, 죄인, 세리, 창녀들을 포함하여 계층간, 국적간 차별이 없는 사귐이 실현되는 세상이다. 지능이 낮다고, 장애를 가졌다고, 출신지역이 다르다고, 정치적 견해가 다르다고 배제되거나 차별받지 않는 현실이다. 그 어떤 존재적 정체를 지니고 있다하더라도, 모두는 하나님의 형상을 지닌 하나님의 자녀들로서 서로 평화하며 번영을 누리는 현실이다. 칼과 창을 쳐서 보습을 만들고이사 2:4, 사자와 어린양이 함께 뛰노는 현실을 기대한 것이다. 이사 11:6

구원의 현재적 측면, 이 땅에서의 정상적인 삶

예수의 하나님 나라는 '지금 여기' here and now에서부터 시작된다. '의롭게 됨'은 바로 그러한 실제를 위해 필요한 것이다. 예수는 각종 병자와 귀신들린 자, 사회적 소외자 및 죄인들을 본래의 정상적인 위치로 되돌리고자 했다. 하나님이 의도하신 창조질서의 회복, 그것이 예수가 의도하고 기대하는 인간 구원의 본질이다. 정죄와 율법, 사회적 통념과 관습, 전통과 교리 등 인간을 구분 짓는 모든 행위들을 물리쳤다. 왜곡되고 뒤틀린 삶의 질서로부터 지극히 '정상적인 본래적인 삶'으로의 회복이다. 혈루증 걸렸던 여인이 구원을 받았을 때, 그녀는 정상적인 삶이 가능한 여인이 되었다.마가 5 죽었던 나인성 과부의 아들이 살아나고누가 7, 회당장 야이로의 딸이 살아났을 때 그들은 다시 본래의 부모에게 되돌려졌고누가 8, 자기 본래의 정상적인 삶으로 돌아갔다.

여기에 예수의 십자가와 구원은 사실 가장 최종적인 결론으로 언급되어야 한다. 바로 이 현실을 위해 예수는 자신을 십자가에 내어주기까지 했던 것이다. 예수의 십자가를 통해 주는 죄사함의 구원은 그 자체가 목적이 아니다. 바로 이 온전하고 정상적인 구원된 삶을 살 수 있게 한 해방의 상징이다. 십자가가 만일 그 '정상성'을 이끌어 오는 필연적 사건이었다면, 인간 조건을 왜곡시키고 인간으로 하여금 고통 속에 방황할 수밖에 없이 만드는 근본적인 힘인 죄의 사슬을 끊는 그 상징성은 구원의 영속성을 보장해 준다 하겠다. 또한 신자들이 갈망하는 성령 충만의 목적도 그 자체가 목적이 아니라, 바로 하나님의 도우심으로 이 온전한 구원의 실체를 살아내기 위함이다. 초역사적이고 탈역사적인 십자가의 구원을 운운하는 것은 예수와 하나님 나라의 이 역사성을 깡그리 제거해 버리는 약점을 갖는다.

이 정상적인 하나님 나라는 어떻게 오는가? 하나님은 이 엄청난 구원을 은혜로 주시기를 기뻐한다. "무서워하지 말아라. 적은 무리들아, 너희 아버지께서 그 나라를 너희에게 주시기를 기뻐하신다." 누가 12:32 기도하고 또 기도하고, 철야하고 금식하고, 하나님의 애간장을 다 녹여야 받는 것이 구원이 아니다. 기도의 공력을 얼마나 들여야 하고, 헌금을 얼마나 하고, 일천번제를 해야 얻는 구원이 아니다.

하나님은 이 현실을 원하고 또 원한다. 문제는 이 하나님 나라에 대한 우리의 바른 이해가 선행되어야 한다. 하나님 나라는 그 나라에 참여해 오는 백성들에 달려있다. 하나님은 그 나라를 원하시고, 백성은 거기에 적극적으로 참여해 와야 하는 것이다. 탈역사적이고 탈지구적인 하나님 나라를 꿈꾸는 한, 이 땅에 구원은 요원해지고 만다. 그 은혜를 경험한 하나님의 백성들의 참여와 기여로 무력한 이들의 삶에 구원이 임하기 때문이다. 예수가 가르치며 꿈꾸던 하나님 나라를 우리가 바로 이해하고 꿈꾸며 참여하는 한 세상은 변화될 것이다. 숱한 이웃들이, 그리고 이 창조세계가 하나님의 구원현실을 경험하며 찬양할 것이다. 그때에 이사야 선지자의 꿈은 실현될 것이다.

> 4 그들은 오래 전에 황폐해진 곳을 쌓으며, 오랫동안 무너져 있던 곳도 세울 것이다. 황폐한 성읍들을 새로 세우며, 대대로 무너진 채로 버려져 있던 곳을 다시 세울 것이다.

> 6 사람들은 너희를 "주의 제사장"이라고 부를 것이며, 다른 나라 사람들이 와서 너희의 농부와 포도원지기가 될 것이다. 이사 61장

누가 이 회복의 주역이 되는가? 하나님이 아니라 바로 당신이다. 그 나라를 꿈꾸는 이들에게 하나님은 자신의 이름으로 서명하듯 말씀한다. "나 주는 공평을 사랑하고, 불의와 약탈을 미워한다. 나는 그들의 수고를 성실히 보상하여 주고, 그들과 영원한 언약을 세우겠다" 이사 61:8 그리하여 "땅이 싹을 내며, 동산이 거기에 뿌려진 것을 움트게 하듯이, 주 하나님께서도 모든 나라 앞에서 공의와 찬송을 솟아나게 하실 것이다." 61:11

그것이 하나님의 구원의 완성된 그림이다. 계시록 7장이 그려주는 것과 같이 '각 나라와 민족과 백성과 방언에서 큰 무리가 나와 찬양'하

는 현실이 가능해 지는 것이다.

하나님 나라를 꿈꾼다!

대중기독교는 구원을 예수 믿는 사람들이 죽음 이후에 가는 천국만으로 제한시켰다. 하지만 죽어서 천국 간다는 유형의 교리는 기독교에만 있는 것이 아니다. 그것은 이슬람에도 불교에도 힌두교에도 있다. 하지만 선지자들과 예수는 하늘이 아닌 이 땅에서의 천국을 외치고 있다. '하나님의 구원'을 그토록 갈망하던 다윗의 시편들을 보라. 그가 원한 구원은 대적들의 포위와 박해, 질병과 죽음의 위협 등으로부터의 실질적인 건짐이다. 그러므로 성서가 일차적으로 기대하는 구원의 시공간은 바로 '지금 여기'다.

기독교가 타종교와 비교해 독특한 것은, 신자로 하여금 '하나님과 같이 되자'는 추구가 아니다. 오히려 하나님이 신자의 한 사람과 같이 되었다는 성육신의 이야기다. 하나님이 신자의 삶 속에 들어와 임마누엘God with us 한다는 것이다. 하나님이 신자의 현실 삶으로부터의 구원을 위해 이 문제 많은 땅의 한 복판에 임했다. 그 예수가 꿈꾸며 제시한 구원은 이 땅에 도래하는 하나님 나라의 실현이다. 그것은 모든 인류뿐 아니라 온 창조세계가 하나님의 창조의 원형으로 회복되는 역사를 기대한다. 그것을 위해 예수는 십자가를 감당했다.

근현대 역사 속에서 우리 민족이 경험한 하나님의 구원을 기억해 보라. 그중 절실했던 것은 일제 강점기로부터의 구원, 6.25 동족상잔의 비극과 그 폐허로부터의 구원이었다. 그 사이에 산업화도 이루고, 오랜 독재정부의 탄압에서도 구원을 받아 지금은 선진국 대열에 당당히 진입해 있다. 하지만 오늘도 현실에서 당하는 복잡한 문제들로부터의 구원이 여전히 우리에게 과제로 남아있다.

국가적으로 우리는 전후 70년이 넘도록 정전상태에 머물러 있다. 그 사이 분단은 고착화 되었고 이산가족의 아픔은 해소되지 못했다. 거기에 남북관계는 개선의 여지를 찾지 못하고 오히려 북한의 핵무장과 국지적 도발로 인한 긴장은 극대화되었다. 중요 국가기관들은 불의한 정권 하에서 민주주의를 유린해 왔고, 주요 정치집단들은 이런 위기상황 관리나 민생 돌봄 대신 정쟁이나 일삼아 왔다. 그 와중에 거대한 자본과 언론권력들은 정치권과 결탁하며 자신들의 기득권을 공고히 하려 혈안이 되어 왔다. 다수의 지성인들은 귀와 입을 닫고 현실을 방관해 왔고, 종교인들은 자신들의 아성을 공고히 하는 일에 몰두하며 세상의 아픔에 침묵해 왔다. 학문과 인격을 도야하는데 최선을 다해야 할 이 땅의 청년들은 불확실한 미래를 두고 방황하는 현실에 놓여 있다.

하지만 정작 교회의 강단은 이런 현실에는 눈 감은 채 구원이라는 이름으로 여전히 천국의 영생과 은혜와 축복 등의 설교에 치중하고 있다. 수많은 개인과 공동체의 삶이 망가져 있는데도, 또한 신자들 각자의 삶에 필요한 결핍이 산재해 있는데도, 교회들은 여전히 사람들을 교회로 모으고 예배하는 일에만 열중하고 있다. 그러니 '구원'이 피상적 '천국'으로만 고착화 되는 것이다. 기독교가 참된 종교임을 보여주는 것은, 그래서 기독교가 진리의 종교라는 진정성을 확보하려면, 예수가 선포한 하나님의 나라가 어떻게 현실에서 실현되는지를 보여주는 일이다. 죽어서 천국 가는지 안 가는지를 누가 확인하고 믿겠는가? 예수가 십자가를 통해 제시한 구원은 이 땅에서 획득되어야 할 총체적 구원이다. 바울도 '복음의 능력'을 강조했다. 우리를 죄와 사망에서 건지신 하나님은, 궁극적으로 우릴 사로잡고 있는 이런 굴레들로부터 건지실 것이다.

구원받았는가? 그리고 오늘도 이러한 현실적인 문제들로 가득한 세계에 구원이 필요한가? 당신은 하나님 나라를 꿈꾸는가? 그것은 예수가 꿈꾸던 하나님 나라인가?

6장

구원, '지금 여기'에서 누리는 정상적인 삶

성서의 기억 속에 담긴 '구원'의 실상

오늘날 기독교가 선포하는 구원이란 주제는 너무도 종교적이다. 앞 장에서도 언급했듯이 죽어서 천국 간다는 진술은 다분히 미래적이고 종말론적이다. 그것은 '오늘'을 다루는 이야기로 보다는 '내일', 심지어 언제일지도 알 수 없는 머나먼 내일을 다루는 이야기로 들린다. 그런 이해가 끼치는 영향은 무엇일까? 그것은 고통스러운 현실을 감내하며 내세를 희망할 수 있게도 하지만, 동시에 오늘 고통 속에서 신음하는 세계에 대한 무관심, 또는 체념과 현실도피로 이끈다. 현실 세계에 대한 피상적 이해에 기반한 내세적 천국관은 지구탈출적인 삶으로 수렴되곤 한다.

따라서 오늘날 많은 그리스도인들이 견지하는 구원의 이해는 현실에 대한 대안이 되지 못한다는 측면에서 바람직하지 않다. 무엇보다 인간은 '오늘'을 사는 존재이기 때문이다. 그렇다면 성경에서 언급하는 구원의 실상이 그렇게 미래적인 것인가? 그것은 '내일'의 구원에 고정되어 있는가?

앞서도 지적했지만, 구약성경이 전달하고 있는 구원의 실상은 매우 현실 중심적이다. 먼저 이스라엘의 신앙 전통 안에는 출애굽 사건이라는 하나님의 구원사건이 각인되어 있다. 그 이야기에 따르면 이스라엘의 조상들은 기적적인 애굽 탈출 사건을 통해 하나님의 구원을 경험했다. 그들이 경험한 구원의 실재는 무엇이었는가? 그것은 '지금' 노예삼고 억압하던 애굽의 폭압정치로부터의 해방이었다. 수 세기 후, 에스더가 페르시아의 왕비이던 시절, 하만이 온 유대인들을 모함하여 멸절시키려 할 때 경험한 구원은 무엇이었는가? 역시 죽어서 천국이 아니라, '지금' 죽음의 위협으로부터의 구출이었다. 분명한 사실 하나는, 구약시대에는 '천국'이란 개념조차 없었다는 점이 지적되어야 한다. 그들은 '지금 여기'에서의 구원을 희구했다.

수 천 년이 흐른 지금도 유대인들은 출애굽을 기념하는 유월절과 페르시아 통치하에서의 구원을 상기하는 부림절을 기념한다. 그들은 조상들이 전해 준 애굽의 억압과 노예생활로부터 자유를 주신 하나님의 구원 기억을 계승하여 기념한다. 동시에 그들은 그 구원의 하나님이 '오늘' 자기들의 일상의 구원자이심을 상기하며 고백하는 것이다.

그렇다면 예수는 그 구원을 어떻게 이해하고 또 가르쳤을까?

우리는 자동적으로 예수의 십자가의 구원을 연상한다. 지당하다. 그리스도인은 예수의 구원을, 인류와 창조세계가 경험하는 근원적 고통의 요인인 죄와 사망으로부터의 자유와 해방으로 이해한다. 예수는 그 십자가와 부활을 통해 죄로 인한 뒤틀림, 공포, 부자유로부터 우리를 자유롭게 했다는 것이 기독교 신앙이다.

문제는 이 차원에서 '현실세계'로 구원지평을 이끌어 오는 것이 아니라 곧장 죽어서 천국 가는 지평으로 넘어가고 만다는 데 있다. 하지만 예수께서 십자가와 부활을 통해 허락하신 구원은 단순히 죄와 사망에서 구원받아 천국에 안주하게 됨을 넘어 오늘 우리의 일상 속에서 경험되는 숱한 왜곡들로부터의 실제적 구원을 겨냥한다. 스스로 자유하고 싶어도 죄의 사슬에 매여 노예 되었던 자들이 이제 그 사슬에서 해방되어, 하나님이 기대하시는 온전한 자유자의 삶을 살게 되었다는 것이다. 예수는 지금 여기에 임하는 '하나님의 통치'를 선포하면서, 이 땅에 임하는 하나님의 임재 현실을 구현하고자 했다. 하나님 나라의 구원하는 역사는 시내가 되고 강이 되어 이스라엘뿐 아니라 온 세상에 굽이굽이 넘쳐 흘러야 한다.

두 딸에게 임하는 하나님 나라

마가복음에는 이 구원에 관한 유명한 에피소드가 나온다. 5:21-43 12년 동안 유출혈로 고생하던 여인이 예수를 만나 '구원을 얻고', 갑자기 죽었던 열두 살 난 소녀가 예수를 만나 '구원을 얻는다.' 두 이야기를 좀 더 자세히 들여다보며 그들이 얻은 구원은 무엇이었는지 살펴보도록 하자.

12년을 유출혈로 고생하던 여인

사람들은 잠시 거라사 지방으로 건너갔던 예수를 기다리고 있다. 예수가 등장하자 갈릴리의 한 회당을 맡아 있던 야이로라는 사람이 예수에게 다급히 나와 엎드린다. 사랑하는 그의 어린 딸이 죽어가고 있다. 분초가 시급하다. 예수는 그를 따라 소녀에게 향한다.

그의 집으로 가는 길에 사람들이 밀려든다. 그때에 병든 한 여인이 그 군중들 틈 속에 끼어 들어와 몰래 예수의 등 뒤로 와서 그의 옷자락에 손을 댄다. 그녀는 즉시 고침을 얻는다.

이 이야기는 예수의 치유 능력이 어떻게 발하는지, 그 여인의 유출혈 치료가 어떻게 일어나는지를 가르치는 본문이 아니다. 한 가련한 여인에게 임한 하나님의 구원이 무엇인지, 이 수고로운 삶을 살던 여인의 삶에 임한 하나님 나라의 실상이 무엇인지를 보여주고자 한다. 그녀는 12년 동안을 유출혈로 고생해 왔다. 마가의 진술에 의하면 그녀는 이를 치유하고자 가산을 다 허비하기까지 했지만 효험을 거두지 못했다. 5:26 이스라엘 율법에 따르면 그녀는 유출혈로 인해 상시 '부정한 여인'이었다. 레위기 15:25ff 따라서 그녀는 스스로 부정한 자로서 예수를 접촉함으로 그 부정을 '전가'해서는 안 되었다.

하지만 그녀는 그의 옷에만 손을 대어도 구원을 얻을 것이라는 기대와 믿음을 가지고 예수를 만진다. 마가 5:28 여인이 옳았다. 하나님은 삶의 회복을 원한다. 예수가 온전케 하는 하나님 나라의 현실을 선포하는 자라면 결단코 우리의 고통스런 현실을 모른 체 하지는 않을 것이다.

그것이 믿음이다. 그것은 하나님이 어떤 분인지 아는 것이다. 하나님은 모든 이들의 삶에 '온전'과 '회복'을 원한다. 그 현실을 믿는다면 신자는 그러한 현실을 주시는 하나님의 현존에 뛰어 들어야 한다. 하나님은 그 믿음을 통해 역사한다.

예수는 여인의 행동을 모른 체 하지 않았다. 수많은 사람들이 밀치고 있는 상황 속에서도 예수는 특별히 이 여인의 삶에 개입해 주었다. 자신에게서 치유하는 역사가 발현된 사실을 안 예수는 그 사실을 사람들 앞에 공개하면서 그녀의 삶에 하나님 나라가 임했음을 선언했다. 장기간의 질병으로 망가져있던 여인의 일상에 구원이 임했다. 부정하다고 배제되었던 여인의 삶에 구원이 임한 것이다.

"자매여, 그대의 믿음이 그대를 구원하였습니다. 안심하고 가십시오. 그리고 이 병에서 벗어나서 건강하십시오."34

죽음을 맞았던 야이로의 딸

바로 그 때, 회당장 야이로의 집에서 사람이 와서 전언을 한다.

'당신의 딸이 죽었소. 선생을 모셔올 이유가 없어졌소. 그분을 더 불편하게 하지 마시오.'

혈루증을 앓던 여인을 치유하느라 예수가 지체했을까? 넋이 나간 야이로는 혹시나 이런 상황을 원망이라도 했을까? 형편을 들은 예수는 당장 사안을 정돈한다.

"두려워 말고 믿음을 가지십시오. 그러면 딸이 구원을 얻을 것입니다."

사랑하는 딸이 죽어버린 현실에서 믿음을 요구하다니… 실제로 이러한 말이 얼마나 위로가 되며, 또 믿음은 이 상황을 어떻게 바꿀 수 있을까? '현실'과는 다른 '이상적 현실'을 믿는다고 죽었던 딸이 살아나기라도 한다는 말인가? 딸이 구원을 얻는다는 것은 무엇을 의미하는가? 천국에 간다는 것인가? 영생한다는 것인가? 그렇다면 이대로 영영 이별인 것인가?

예수는 우리가 이러한 고통의 한 가운데에서도 믿음을 통해 하나님 나라의 현실을 기대하기를 바라기라도 하는 것 같다. 결코 그 이상을 포기하지 말라는 것이다. 그 믿음이 곧 두려움을 극복하고 구원의 현실을 경험하게 할지도 모른다.

그의 집에 당도하니 뭇 사람들이 아이의 죽음을 통곡하고 있다. 죽음은 참으로 사람들로 하여금 무기력감에 빠지게 한다. 우리에게는 사랑하는 이의 죽음 앞에서 아무 것도 할 수 없음을 뼈저리게 느껴온 경험이 있다. 낙심과 좌절, 슬픔의 고통이 공동체를 엄습한다. 그들 앞에 나타난 예수는 아이를 잃은 부모에게 공감한다. 그리고 위로를 전한다.

'울지 마십시오. 아이는 죽은 것이 아니라 자고 있습니다.'

우리의 상식으로는 어색하다. 그는 마치 죽음을 거부하고 '잠'으로 그 현실을 대체하고자 하는 것 같다. 그러나 이것이 우리 안에서 하나님 나라를 실현하는 예수의 열심이다.

하지만 사람들에게 그 상실의 고통은 그 아이가 살겠다는 예수의 현실이해를 수용할 수조차 없게 한다. 그런 절망스런 환경은 희망을 가질 겨를 마저 빼앗는다. 믿음도 희망도 소녀의 죽음과 함께 더불어 죽어 있다.

'지금 농담이라도 하겠다는 것인가?'

'그런 우스갯소리가 지금 우리의 현실에 무슨 도움이 되겠는가?'

'우리는 아이의 현실을 분명히 알고 있다. 이 상황을 바꿀 수 있는 것은 아무 것도 없다!'

하지만 '죽음'을 제거하고자 하는 예수의 개입은 그 아이를 소성하게 한다.

"소녀야 일어나라!" 달리다쿰!

'잠들었던' 소녀가 일어난다. 아, 정말 아이를 잃어버린 슬프고 고통스런 상황 속에서 이 세상이 이 예수의 음성을 계속 들을 수 있다면! 이 명령이 오늘도 무기력하게 죽어가는 아이들이 있는 삶의 현장에서 위력을 발휘할 수 있다면...

그것은 이 현실에 대한 믿음을 가진 우리에게 달렸다. 우리는 이 땅에서 예수와 같이 죽은 자를 살려낼 수 없음을 잘 안다. 그렇게만 된다면 더 바랄 것도 없다. 그럼에도 예수는 우리에게 죽음에 사로잡힌 현실에 슬퍼하는 대신 이 현실을 초극해 내는 믿음을 기대한다. 그것은 추상적이거나 종교적 믿음을 넘어서 현실을 변혁시키는 믿음이다. 때로는 사망의 괴력에 저항하며 죽음의 현실마저 밀어내는 믿는 자들의 참여가 예수의 현존 속에서 역사를 만들어 낼 수 있다는 것이다.

예수는 죽음 이전의 정상적이었을 현실을 회복해 낸다. 그리고 평상시와 같이 '먹을 것'을 주라 이른다. 아이는 다시 돌아왔다. 영영 그를 잃어버린 것으로 알았던 부모는 그 아이를 다시 되찾았다. 사람들은 슬픔대신 기쁨을 안고 일상으로 돌아갔다. 하나님 나라의 실상은 바로 이런 것이다. 오늘도 죽을 생명들이 소성하는 역사는 계속되고 있다.

그들에게 구원이 임했는가? 그렇다. 그래서 얻은 구원의 실체는 무엇이었는가? 죽어 천국에 이르렀는가? 아니다. 그들이 얻은 구원이란 원치 않던 혈루병으로 인해 수고로운 삶을 살던 여인의 삶에 '회복'이 임한 것이다. 거부할 수 없던 죽음으로 인해 삶을 마감해야 했던 소녀의 삶에 '소생'이 임한 것이다. 바로 가장 '정상적인'normal 삶으로 되돌아가는 것이다. 하나님은 삶의 회복을 원한다. 무엇인가로 인해 억눌리고, 사로잡히고, 무너지고, 망가지고, 잃어버린 삶을 원래의 자리에 복구시키고자 한다. 이 상황을 바꿀 수 있는 것은 아무 것도 없다고 여겨지던 현실에서 뒤틀린 세계를 바로잡고자 하는 예수의 개입은 그 여인과 아이를 소성하게 한다.

"딸아 평안히 가라!"

"아이야 일어나라!" 달리다쿰!

이것이 구원이다! 이것이 예수가 보여준 구원이요, 그들이 예수를 만나 경험한 구원이요, 오늘도 우리가 예수로 인해 경험하고, 또 전해 주어야 할 구원의 실재다!

'지금 여기' 일상에 임하는 정상적인 삶

구원은 이처럼 우리의 삶에 실제적으로 임하는 현실이다. '지금 여기' Here and Now의 무질서하고, 왜곡되고 뒤틀려지고, 깨어지고 망가진 현실이 본래적인 삶으로 바로잡히는 실재다. 달리 말해, 구원은 정상성을 회복하는 것이다. 무질서카오스의 삶이 질서코스모스의 삶으로 회복되는 것이다. 잃어버린 관계가 회복되며, 미움이 사랑으로, 저주가 용서로, 폭력이 화해로 회복되는 현실이다. 하나님의 현존이 임함으로 인해, 하나님의 안목이 작용하고, 하나님의 마음이 동하고, 하나님의 손길이 임하는 것이다.

그것은 개인의 삶 속에서도, 직장에서도, 사회 한 복판에서도, 온 인류가운데서도 일어나야 하는 현실이다. 70년이 넘도록 비정상적인 분단을 지속하는 한반도에도 일어나야 한다. 동서간의 화합도, 보수와 진보간의 갈등도 해결되어야 한다.

우리에게 비정상적인 삶의 상태에는 무엇이 있는가? 우리 개인에게 필요한 구원은 무엇인가? 질병, 재정위기, 관계파탄, 아이들의 장래 등인가? 내가 속한 공동체에도 구원이 필요할까? 관계, 재정, 미래전망 등인가? 이 사회와 국가는 어떠한가? 부정부패, 남남갈등, 갑을관계, 빈부격차, 비정규직, 다수의 폭력 등이 해소되는 것인가?

구원이 임했다고 그들이 못 보던 환상을 보거나, 어깨 뒤편에 날개가 돋거나 하는 것이 아니다. 모든 것이 본래의 자리, 곧 정상적인 삶으로 복귀되는 지극히 상식적인 현실이다. 질병으로부터 치유되어 건강을 되찾고, 죽음의 덫에서 해방되어 생명을 되찾는 것이다. 예수는 가장 정상적인normal 현실을 회복케 한다. 따라서 우리의 삶이 정말 평범하고 정상적인 삶이라면, 그것은 기적같은 구원이 이미 임한 삶을 사는 것이다. 따라서 구원조차 필요치 않는 삶인 것이다.

이 땅에는 이루 말할 수 없는 고통의 요인을 안고 살아가야 하는 수많은 아들과 딸들이 있다. 그들은 이제 이 예수의 제자들을 통해 "딸아, 아들아, 평안히 가라!"는 예수의 구원의 음성을 들어야 한다. 사랑하는 이를 죽음에 내어 준 슬프고 고통스런 상황에 처한 이 세상이 "아이야, 일어나라!"는 이 예수의 음성을 계속 들을 수 있게 해야 한다! 그리하여 그 구원의 실재를 맛보게 해야 한다.

그것은 이 하나님의 구원현실에 대한 믿음을 가진 우리에게 달렸다. 예수는 우리에게 질병에 신음하며, 죽음에 사로잡힌 현실을 방관하거나 좌절하고 슬퍼하는 대신 이 현실을 초극해 내는 믿음을 기대한다.

"두려워 말고 믿기만 하라!"

그것은 추상적이거나 종교적 믿음이 아니라, 현실을 변혁시키는 믿음이다. 사망의 괴력에 저항하며 죽음의 현실마저 밀어내는 믿는 자들의 참여가 예수의 현존 속에서 역사를 만들어 낼 수 있다. 그것은 기도나 위로의 말로 단순히 대체되는 것이 아니다. 하나님 나라를 꿈꾸는 자들의 적극적인 '참여'로 해결된다. 따라서 오늘 누군가가 이런 구원을 받을 수 있는 보장은 놀랍게도 이런 '하나님의 구원의지'를 깨달은 믿음의 백성들의 참여에 달려 있다. 누군가는 수고로이 의학을 연구하고, 약품과 치료 장비를 개발하고, 누군가는 보건정책을 위해, 사회복지를 위해, 공평한 세제를 위해, 약자를 보호하는 입법을 위해, 정의로운 판결을 위해, 건강한 곡식생산을 위해, 기타 다양한 삶의 자리에서 더 나은 세상을 만들기 위해 수고해 주어야 할 것이다.

그 여인은 정상적인 아내와 엄마의 삶으로, 그 아이에게는 철없이 뛰어노는 아이의 삶으로 돌아가는 것이다. 질병으로 인해 정상적인 일상이 불가능했던 어머니가 돌아오고, 아내가 돌아오고, 이웃이 돌아오는 것이다. 또한, 죽었던 아이가 되살아오는 것이다. 아이들은 잃었던 어머니를 되찾고, 남편은 아내를 되찾고, 부모는 그 아이를 다시 되찾는다. 이를 안타깝게 지켜보던 사람들은 슬픔 대신 기쁨을 안고 일상으로 돌아간다. 장애 입은 이웃들이 적절한 돌봄을 얻고, 의지할 데 없는 노인들이 거처를 얻는 것이다. 그리하여 모두가 인간의 존엄을 누리고 살 수 있는 입지를 얻는 것이다. 하나님 나라의 구원은 이렇게 임한다. 그것은 고통스런 현실에 방관하지 않고 믿음으로 그 현실을 초극해 내고자 하는 하나님의 백성들에 의해 지극히 정상적인 일상 속에 임해오는 실재인 것이다.

오늘도 뒤틀린 삶의 한 모퉁이에서 고통 받는 이들과 죽을 생명들이 소성하는 구원의 역사는 계속되어야 한다. 따라서 오늘 우리가 신앙고백을 통해 진정한 구원을 갈망한다면 그것은 일상의 회복, 곧 정상적인 삶이 회복된 현실을 기대하는 것이다. 어제의 귀신들림, 오늘의 유출병, 심지어 내일의 죽음까지도 본래의 생명 있던 삶으로 회복되는 것이다. 그러면 사후에 가야할 천국은 여기서부터 이미 선취되는 것이다!

이런 구원이 어떻게 오는가? 예수를 믿고 그의 도를 따르는 이들의 실천으로 온다. 이러한 구원을 바라는 예수를 믿는 백성들이 스스로 예수의 현존이 되어 줌으로 임한다. 각자가 예수의 심장이 되고, 예수의 손발이 되어줌으로 온다. 예수의 마음을 닮은 공동체 구성원들이 예수의 구원에 참여함으로 정상적인 삶, 질서가 바로잡힌 삶이 회복된다.

지금 건강한가? 그렇다면 '기적이 필요 없는 현실'이다. 기적은 '문제 많은 삶'에 필요한 것이다. 오늘 정상적인 신체, 정상적인 정신과 영혼, 정상적인 일상의 삶 … 감사한 것이다. 그러나 지금 이러한 영역에 문제가 있는가? 예수의 구원이 필요하다. 믿음으로 이기되, 예수의 도를 따르는 공동체의 도움을 구하라. 지금 이런 문제에 봉착한 이웃들이 있는가? 그들의 삶에 구원이 절실하다. 예수의 손과 발이 되어 그들에게 하나님 나라 현실이 임할 수 있게 해야 한다.

'지금 여기'의 현실과 무관한 성서읽기

그런데도 오늘날 많은 교회는 지금 여기의 일상 또는 역사 현실과 무관하게 성경을 읽고 있다. 그 때문에 하나님은 우리의 영적 구원에만 관심하는 분처럼 저 위 '하늘 다락'에 모셔져 있고, 이 땅의 현실에 관하여는 무지하며 무관심한 분이 되어 있다. 하나님의 말씀인 성경은 우리네 현세적 이슈와 직접적인 관련이 없으며, 그것은 우리의 내면과 도덕, 영성에 관한 교훈의 말씀으로 머물러 있어야 하는 것처럼 여겨진다.

우리가 사는 세계는 과거 모세가 살던 시대나 예수 당시와는 비교도 할 수 없을 만큼 복잡하다. 시대의 변천과 더불어 세계를 이해하는 방식은 바뀌었고, 삶을 대하는 방식도 바뀌었다. 우리가 살아가는 사회는 불행사회, 불안사회, 위험사회라고 자조하는 현실에 처해 있다. 유래 없는 경제성장과 발전을 거듭해 왔음에도 세계는 점차 불안하고 사람들은 매우 불행하다.

지난 정부의 막바지 즈음에 필자는 이 현실 역사에 대한 간단 평을 기록해 둔 적이 있다.

1 정치 현실 – '혼용무도昏庸無道'는 어리석고 무능한 군주로 인해 도리가 제대로 행해지지 않는다는 뜻으로 작년에 교수들이 뽑은 올해의 사자성어였다. 나라가 어지러워 길이 보이지 않는 현실은 우리 현실에 너무 익숙하다. 사회적 갈등을 봉합해야할 정치권은 제 밥그릇 지키는 데만 여념이 없었다. 거꾸로 청와대와 집권 여당은 역사교과서 논란 등으로 이념갈등에 지역갈등을 부추기고 민주화를 후퇴시켰다. 경제민주화에는 무관심한 채 오직 당리당략만을 위한 수구적 정치에 매몰되어 있었다. 여당의 독주를 막아서 조화와 균형을 꾀해야 할 야당마저 내부 분열로 지리멸렬한 상황이어서, 국민의 여망을 반영해 줄 대안 정당조차 부재한 암울한 현실이었다. 심지어 언론은 권력과 자본의 나팔수로 전락하고, 사법부마저 사법적 정의를 유기하여 유전무죄, 무전유죄라는 말을 기정사실화 했다.

2 경제 현실 – 요즘 우리 사회의 경제적 계층을 일컫는 말로 금수저 흙수저론이 유행한다. 극심한 양극화가 고착화되어 계층간 이동이 불가능해진 우리 사회의 불행한 단면을 비관적으로 살피고 있다. 빚을 내어 집을 사고 생활해야 하는 서민들의 가계부채가 1,200조를 넘어섰다고 한다. 1인당 6181만원 노령화는 가속화 되는데 취업난에 허덕이는 청년들에게 결혼과 출산은 언감생심이다. 그 와중에서도 30대 기업의 사내유보금 700조원이 곡간

에서 잠자고 있다. 그 사이에 저임금, 비정규직, 청년 인턴의 고착화로 수많은 청년들이 'n포 세대'로 전락해 가고 있다. 대기업은 돈 되는 일이라면 골목상권까지 장악하며 서민들의 목줄을 죄는 통에 자영업자들은 한 해 두해를 못 넘기고 문을 내리고 있고, 그 사이 중산층마저 몰락하고 있다. 한마디로 야만사회다. 눈앞의 이익이라면, 돈이 되는 것이라면 무엇이든 저지르고 마는 사회가 되어버렸다. 사람은 죽어 나가고, 환경은 파괴되고 있다. 어떤 이는 이를 가리켜 '약탈사회'라 이름했다. 그 사회 속에서 가난한 사람들은 삶의 터전과 직장, 가게에서 쫓겨나고 있다. 기업은 흑자가 나는데도 사람을 내쫓고, 집과 건물 있는 자들이 세입자를 내 쫓는 세상이다. 뉴스에도 나오지 못하는 수많은 서민들이 빚에 시달리다 세상을 등지고 있다.

3 사회 현실 – 너 나 없이 오늘의 사회를 총체적 불의와 부정부패가 만연한 사회라 일컫기를 주저하지 않는다. 정계, 재계, 법조계, 군, 경, 공무원은 물론, 연예계, 문화 예술 스포츠계, 심지어 교육계와 종교계에 이르기까지 사회 전반의 부정부패가 만연해 있다. 세월호 사건이 보여주었듯, 탐욕스러운 권력과 자본의 초법적 카르텔은 이런 참사를 초래한다. 정부, 여당, 보수언론들은 진상규명을 회피하고, 종교역시 이에 동조하거나 침묵만 이어가고 있다. 한 마디로 '불안사회'다. 아이들도, 여자도, 가난한 노동자도, 그 누구도 사회적 보호를 장담할 수 없다. 스스로 알아서 지켜야만 하는 '각자도생의 사회'다. 또한 '불행사회'다. 다수의 사람들은 저마다 불행을 실감하고 있다. 특히 미래를 위한 극한 경쟁에 내몰려 있는 젊은 세대는 불행하다. 곳

곳에서 장기적인 투쟁이 지속되고 있다. 밀양 송전탑에서, 제주 강정마을에서, 쌍용차와 KTX 등의 해고노동자들이… 스스로를 지켜내기 위해 힘든 싸움을 이어가고 있다. 기득권에 항의하는 민중은 IS극렬 이슬람 테러단체에 비유되며 물대포에 쓰러지거나 감옥에 내동댕이쳐지고 있다. 법은 공정하지 않고, 경찰은 권력자들을 지키고, 국가는 공권력이란 미명하에 야만과 약탈에 일조하고 있다.

4 동북아현실 – 강대국의 열전과 냉전으로 인해 허리 잘린 지 오래인 한반도에서는 다시금 열강들의 각축전이 재현되고 있다. 미. 일. 중. 러의 영토 및 패권다툼과 그 사이에 낀 한반도의 난맥상은 북한 핵무장의 소용돌이 속에서 갈피를 잡지 못하고 있다. 일본 제국주의의 잔재는 여전히 청산되지 않았고, 다시 동아시아는 재무장을 강화하고 있다. 냉전 후 화해무드에서 경제발전에 주력하던 나라들이 갑작스런 북한의 핵무장으로 인해 국가주의의 수렁에 빠져 있다. 6자회담은 결렬되고 게다가 미국의 한반도 싸드 배치로 인한 동북아 상황이 일촉즉발의 상황에 놓이게 되었다. 과거의 대륙세력중–러이 다시 힘을 합치고, 해양세력미–일이 그에 대항하며 한반도를 중심으로 완력을 과시하지나 않을까 조바심 나는 상황에 몰려 있다. 이 와중에 남북간 분단 상황은 더욱 고착화되고 평화는 더 요원해 졌다. 남북한 양 정권은 이 고통스런 분단현실을 심지어 자신들의 정권유지에 악용하고 있다.

5 세계현실 – 시리아와 팔레스타인, 이라크와 아프가니스탄 등에서는 날이면 날마다 죽음의 소식들이 꼬리에 꼬리를 문다. 폭탄

은 날아들고 사람들은 죽어간다. 수많은 난민들이 삶을 찾아 세계를 방황한다. 지금 이 순간에도 중동 땅 곳곳에 국민의 삶을 파괴하고 옥죄는 전쟁과 독재가 계속되고 있다. 서방 패권국들과 러시아는 전략적인 목적과 석유 등의 자원을 독점하기 위해 그들을 뒤에서 조종하며 국제정치를 뒤흔들고 있다. 그 와중에 이들과 전투를 벌이는 IS 등이 세계 곳곳에서 무분별한 테러를 지속하고 있다.

6 교회현실 – 그런데도 이 땅에 하나님 나라를 선포하고 실현해야 할 교회는 치유의 빛을 발할 줄을 모른다. 한국의 교회현실만 보더라도 대형교회들은 세습을 이어가느라 바쁘고, 초호화 예배당을 건축하며 세간의 빈축을 사고 있다. 목회자들의 불법은 하루가 멀다 하고 뉴스매체를 장식한다. 헌금횡령, 성범죄 등은 더 이상 놀라운 소식도 아니다. 교회 출석을 포기한 '가나안' 신자가 벌써 100만을 넘겼다는데도, 인구급감에 교회가 무너진다는데도 교회는 자기들 안의 종교생활에만 만족하고 있다. 그들은 토대가 무너져 내리는데도 아랑곳 하지 않는다. 스스로 몰락해 가고 있는 줄도 모르는 것 같다.

대중기독교는 이와 같은 '지금 여기의 상황'과 무관하게 변함없이 평안만 구가하고 있다. 이 문제를 인식하는 목회자들도 이를 용기 있게 설교하지 못한다. 묻지 않을 수 없다. 이 불의한 현실에 하나님의 구속과 회복의 역사는 가능할까? 예수의 하나님 나라 복음은 바로 이러한 '지금 여기'의 현실 속에 어떻게 실현될 것인가? 우리는 하나님 나라와 복음, 기독교와 이 사회현실의 연관성을 망각해 버린 것은 아닐까? 과연 교회에 희망이 있는 것일까?

하나님 나라의 복음을 다시 선포하고자 한다면, 우리는 바로 이 현실 속에 그 복음이 무엇을 함의하는지부터 질문해야 한다. 성서의 그 오랜 텍스트를 우리네 혼탁한 현실 속에서 다시 읽어내야 한다면, 하나님 나라의 가치라는 토대 위에서 어떻게 재해석되고 재적용 되어야 할 것인가 질문해 가야 한다.

'지금 여기'의 현실에서 성서 다시 읽기

상황을 더 어렵게 만드는 것은 이 복음에 대한 성경적 이해가 쉽사리 교정되지 않는다는 점이다. 정답을 하나로 정해 놓으면 생각이 확장되지 않기 때문이다. 고정된 편견은 끊임없이 사람의 관점과 신학, 실천을 왜곡시킨다. 신학에서도 전통이 물려준 고정된 정답만을 고집한다면 '지금 여기'의 상황에 적응력 있는 대안을 제시 할 수 없다. 대중기독교가 하나의 해답, 곧 스스로 정답이라 위무하는 것들만 주구장창 암기를 조장한다면 현실에 적응력 있는 성서 읽기는 불가능 할 것이다.

앞서도 지적해 왔지만, 복음서 읽기에서도 예수와 하나님 나라 복음에 대해 그릇된 해석이 그 왕좌를 차지하고 있다. 당대의 역사적 상황 등이 전혀 고려되지 않는다. 복음서에서 그 역사를 제거하고 나면 초시간적 교훈과 윤리만 남게 된다. 나아가 그런 성서 읽기는 현 시대적 상황이 전혀 고려되지 않는 적용으로 이어진다. 세상이 변하고, 시대가 변하고, 사람이 변하고, 상황이 변하고 있는데도, 하나님과 예수, 성령과 구원, 복음, 교회 등은 여전히 옛 프레임과 결론들에 고착되어 있다. 그럴 것이면 왜 신학자가 필요하겠는가? 교회의 규범인 성경이 있고, 그 성경이 우리말로 번역되어 있는데 굳이 그 의미를 밝혀 줄 사람들이 왜 필요하겠는가 말이다. 그러나 성서라는 텍스트는 '지금 여기' 라는 콘텍스트 안에서 새롭게 읽히고 재해석 되어야만 하는 것이다.

중요한 실례로, 앞서 언급한 적이 있는, 하나님 나라 복음의 핵심내용이 압축된 산상수훈의 첫 대목인 8복을 읽어보자!

> 3 마음이 가난한 사람은 복이 있다. 하늘 나라가 그들의 것이다.
> 4 슬퍼하는 사람은 복이 있다. 그들이 위로를 받을 것이다.
> 5 온유한 사람은 복이 있다. 그들이 땅을 차지할 것이다.
> 6 의에 주리고 목마른 사람은 복이 있다. 그들이 배부를 것이다.
> 7 자비한 사람은 복이 있다. 그들이 자비함을 입을 것이다.
> 8 마음이 깨끗한 사람은 복이 있다. 그들이 하나님을 볼 것이다.
> 9 평화를 이루는 사람은 복이 있다. 그들이 하나님의 자녀라고 불릴 것이다.
> 10 의를 위하여 박해를 받은 사람은 복이 있다. 하늘 나라가 그의 것이다. 마태 5:3-10

이 본문만큼 많은 사람들에게 사랑받는 구절들도 드물 것이다. 심지어 기독교인이 아닌 사람들도 한 번쯤은 들어봤을 구절이다. 예수를 흠모했던 간디 역시 이 부분을 가장 좋아했다고 하지 않는가? 하지만 그 유명세와는 달리, 마태의 이 본문은 본문을 문자적으로 살피면, 1세기의 생생한 갈릴리의 현실을 살아갔던 예수의 목소리라기보다는 한 명상가나 사상가가 읊어주는 경구를 닮아 있어 보인다. 본문이 약속하는 것과 그 대상이 분명하지 않으며, 심지어 주목하는 내용이 전체적으로 논리적이지도 않고 뒤죽박죽이다. 특히나 시공간을 달리하는 오늘의 독자가 읽을 때 본문의 맥락이 쉽게 이해되지도 않는다.

사실 복음서의 메시지들은 시공간이 배제된 단순한 교훈의 모음집으로 처리할 수 없다. 거기에는 예수와 그 청중들의 생생한 삶이 있기 때문이다. 그들의 땀 냄새 배인 일상의 아픔과 슬픔, 죽음의 아우성 배인 상황이 있음을 간과하지 말아야한다. 예수는 지독하게 '가난한' 현실을 살아가던 1 세기 청중들에게 하나님 나라를 설교했다. 그 청중들은 주전 6세기 예루살렘의 멸망과 바빌론 포로기 이래 줄곧 주권 없는 비루한 삶을 살아가던 가난한 민중들이었다. 게다가 수도 예루살렘으로부터 멀리 떨어져 있고, 가진 자들의 착취도 심했다는 갈릴리는 예루살렘 부재지주들에게 '빼앗긴 땅'이었다. 주민들은 버거운 세금을 못 이겨 차라리 도망하여 도적떼나 폭력 혁명에 가담하고 있었다.

예수 자신은 어떤가? 스스로 가난한 노동자로 살았던 그가 그 주리고 목자 없이 유리하는 양떼 같은 무리를 향하여 이 본문을 설교하면서 '고상한 내적위무'나 논했겠는가?

그래서일까, 교회들에서 익숙한 이 8복의 해석을 들어보면 지금까지 이 책에서 강조한 해석을 무효로 만들 만큼 하나님 나라와 무관한 것들 일색이다. 우리는 이 본문을 읽으면서 당시의 상황과 메신저인 예수의 의도가 거의 배제된 메시지를 주로 들어왔다. 하나님 나라의 관점을 배제해 버리면, 본문은 단순히 도덕적 이상주의를 설파하는 추상적이고 사변적인 본문이 되고 만다. 왜 가난하고 애통하고 박해받는 현실이 복되겠는가? 그러니 '마음 가난'이 들어오고 마음 청결과 온유함 등이 추가되는 것이다. 텍스트가 상식적으로 말이 되지 않으면, 해석자는 그것이 것은 말이 되게 해석하려 애를 쓸 수밖에 없다. 그래서 본문은 '마음'의 가난, 자신의 죄에 대한 애통, 마음 청결, 온유함, 선과 화평을 갈망함 등을 강조하는 내면적, 윤리적, 영성적 고양을 주장하는 메시지로 축소된다. 어차피 '종교가 추구하는 것'이 그런 것 아니겠는가?

그러나 예수의 하나님 나라 복음은 그런 종교적 위무를 넘어서, 근본적으로 지금 여기에서 고통 받는 '가난한 자들'을 위한 복음임을 강조해 왔다. 그렇다면 이 본문을 역사를 제거한 초시간적인 메시지로 읽지 말고 당대 역사적 정황 속에서 다시 읽어보자. 우선 위에 인용한 본문의 역사적 맥락을 더 살펴보기 위해 그 평행본문인 누가 6장의 내용을 신중히 대조하며 읽어보자.

복이 있다	화가 있다
20 너희 가난한 사람은 복이 있다. 하나님의 나라가 너희의 것이다.	24 그러나 너희 부요한 사람은 화가 있다. 너희가 너희의 위안을 이미 받았기 때문이다.
21 너희 지금 굶주리는 사람은 복이 있다. 너희가 배부르게 될 것이다.	25 너희 지금 배부른 사람은 화가 있다. 너희가 굶주릴 것이기 때문이다.
너희 지금 슬피 우는 사람은 복이 있다. 너희가 웃게 될 것이다.	너희 지금 웃는 사람은 화가 있다. 너희가 슬퍼하며 울 것이기 때문이다.
22 사람들이 너희를 미워하고, 인자 때문에 너희를 배척하고, 욕하고, 누명을 씌울 때에 너희는 복이 있다. 23 그 날에 기뻐하고 뛰놀아라. 보아라, 하늘에서 받을 너희의 상이 크다. 그들의 조상이 예언자들에게 이와 같이 행하였다.	26 모든 사람이 너희를 좋게 말할 때에, 너희는 화가 있다. 그들의 조상이 거짓 예언자들에게 그와 같이 행하였다.

8복을 말하는 마태와는 달리 누가는 '4복 4화'를, 그것도 정확히 복과 화의 대상을 대비하여 제시한다. 더욱 분명한 것은 마태의 추상성이 누가에게는 사라지고 없다. 거꾸로 말하면, 누가의 구체성이 마태에 이르면 내면적, 윤리적, 관념적인 성격으로 느슨해져 있다. 누가는 구

체적인 대상들을 적시하며 복과 화를 선언하고 있다. 부와 가난은 추상적이지 않다. 배부름과 굶주림, 희락과 슬픔, 칭찬과 박해 현실은 매우 생생하다.

마태복음의 팔복을 누가복음의 '4복 4화'와 통합하여 읽어 본다면 어떻게 될까? 물론 두 가지 모두를 취하여 영적이고 내면적이며, 현세적이고 물리적 현실을 공히 취할 수 있다. 그러나 현세적 하나님 나라에 대한 복음서의 강조를 존중하여 재해석해보면 다음과 같다. 보다 현실적인 상황 속에서 그 복의 실상이 실제로 필요한 대상들을 생각하며 마태의 8복을 아래와 같이 정돈해 보자.

구절	약속된 복	그 복을 약속받는 대상 마태	약속 관련 현실적인 필요대상 통합적 재해석
3	하늘 나라소유	마음이 가난한 자	물리적으로 가난하여 궁핍한 자
4	위로를 받음	슬퍼하는 자	억울한 일을 당해 탄식하는 약자
5	땅을 차지함	온유한 자	땅과 재산을 부자에게 빼앗긴 자
6	배부름	의에 주리고 목마른 자	실업과 부채 등으로 실제로 굶주린 자
7	자비함을 받음	자비한 자	병자, 재난자, 사회적 약자, 소외자
8	하나님을 봄	마음이 깨끗한 자	불의를 거부하며 정직을 말하는 자
9	하나님의 자녀라 일컬음	평화를 이루는 자	평화를 이루기 위해 애쓰는 자
10	하늘 나라를 소유	의를 위하여 박해 받은 자	정의로운 세상을 추구하다 박해 받는 자

마태의 본문을 피상적으로 살피면, 상식적인 사고를 하는 이들에게는 쉽게 이해되지 않는 내용들이 전개된다. 왜 지금 가난한 자가 복된가? 어떻게 지금 주린 자가 복된가? 하지만 '하나님 나라의 도래'라는

약속의 견지에서라면 비로소 예수의 깊은 뜻이 이해가 된다. 지금 가난한 자가 복된 것은 하나님 나라의 새로운 질서가 도래하기 때문이다. 즉 사회 경제적 재분배가 이루어져 가난이 해소되기 때문에 복된 것이다! 왜 지금 우는 이들이 복된가? 지금 공의의 심판과 해원이 일어날 것이기 때문이다. 왜 지금 복음 때문에 혐오와 배제, 모욕과 박해를 받는 이들이 복된가? 하나님 나라가 도래하면 그들이 '참 선지자'였음을 증명할 것이기 때문이다.

반대로, 왜 지금 부자인 것이 화인가? 왜 지금 배부른 현실이 화인가? 역시 사회 경제적 재분배가 이루어 질 것이기 때문이다. 왜 지금 웃는 것이 화인가? 공의의 심판은 그들을 계속 웃도록 놓아두지 않을 것이기 때문이다. 왜 지금 칭찬 받는 자가 화인가? 하나님 나라에 무관심하고 '평안하다, 성공하라'는 유사복음으로 청중의 가려운 귀를 긁어주던 그들이 곧 '거짓 선지자임'을 증명할 것이기 때문이다.

본문이 이처럼 하나님 나라의 전복되는 현실을 전제하고 있다면 이 복음을 아는 신자들에게 무엇이 기대되는가? 가난하고, 억울한 일을 당하고, 빼앗기고, 병들고, 옥에 갇히고, 불의한 세상 속에서 억압받는 자들에게 '하나님 나라를 임하게 하라'는 예수의 소환이 임한 것이다. 정의와 평화를 위해 애쓰며 박해받으라는 권면이다. 그런 변혁에 참여하고, 지원하라는 초청이다. 이 땅에 진정한 자유와 평화, 정의와 공평, 평등, 안전, 번성 등이 실현되기를 위해 일하는 역군들로 살아가라는 것이다. 예수의 하나님 나라의 복된 소식은 박해를 받아도 정의를 위해 수고하는 헌신자들이 되기를 기대하고 있다.

하나님 나라의 완성 시점을 무작정 사후의 영적 현실이나 알 수 없는 미래로 넘겨버리는 신학은 나쁜 신학이다. 하나님 나라의 현실적 도래에 대한 예수의 강조를 마음 가난, 심령의 애통, 겸손과 온유, 마음 청결, 소극적 인애와 평안 구가 등의 심리적이고 내면적 가치로 치환하는 신학 역시 나쁜 신학이다. 그것은 기득권자들의 가난한 자들에 대한 기만적 입막음을 영속화하며, 신앙과 경건의 이름으로 가난한 자들의 저항 의지를 상쇄시키기 때문이다. 또한 하나님 나라의 구현을 위해 인간이 스스로 애써서는 안 되며, 하나님이 다 하실 것이라는 신학 역시 나쁜 신학이다. 사람들은 '지금 여기'를 살며, 지금 여기에서 고통 받고 있다. 구원이 필요한 시공간은 바로 지금 여기이며, 따라서 예수의 하나님 나라의 복음은 바로 지금 여기에 임하는 샬롬의 현실이어야 한다. 동시에 예수가 전망하는 그 하나님 나라는 예수의 도를 따르는 신자들의 참여로 임해오기 때문이다. 예수의 하나님 나라 복음이 전망하는 '구원'은 '지금 여기'에서 누리는 정상적인 삶을 불러오는 구체적 현실이다.

7장

샬롬, 모든 것이 온전한 평화로운 세상

총체적 샬롬의 세상

계속 강조해 오는 바와 같이 성경의 핵심 주제, 곧 세상을 향한 하나님의 의도를 한 마디로 요약하면 '하나님 나라'의 임함이 될 것이다. 그것은 모든 이에게 선한 현실을 전망하는 소식이기에 '복음'이다. 이번 장에서는 그 하나님 나라의 성격을 조금 다른 각도에서 살펴보자.

우선, 하나님 나라의 성격은 하나님의 현존과 성품이 반영된 나라라 할 수 있다. 그렇다면 하나님 나라를 이해하고 구현하는데 있어 하나님은 어떤 분이시며, 그분의 현존에 어떤 변화가 기대되며, 따라서 그분의 통치는 이 땅의 현실에 어떻게 반영될까를 질문해 보는 것은 의미가 있다. 그분은 사랑의 하나님, 정의의 하나님, 공평과 평등의 하나님이시다. 따라서 그분이 통치하는 나라는 사랑과 정의로 다스리는 나라요 자유와 평등, 평화와 번영이 통치결과로 도래하는 나라라 할 수 있다.

하나님 나라의 포괄적 지평

하나님 나라는 개인적이고 영적인 영역을 넘어서 공적, 사회적, 구조적, 민족적, 세계적 지평 전반을 포괄한다. 따라서 하나님 나라의 복음은 개인과 '교회 내부'로 제한되지 않으며, 그렇게 이해해서도 안 된다. 하나님이 교회 내부에 갇힌 분이 아니라 세상의 창조주요 통치자라면, 그 나라의 지평은 당연히 세계의 모든 정치, 경제, 사회, 종교 및 삶의 전 영역에 미친다. 따라서 그것은 삶의 전 영역에 걸쳐 모든 매인 것에서 자유롭게 하는 현실, 모든 왜곡들로부터 회복시키는 현실을 기대한다. 그러므로 인간 삶의 전 영역에서 어떠한 왜곡이나 결핍도 없는 현실을 요청한다. 이를 통해 인간은 하나님 형상을 회복하고 그 인간다운 존엄을 획득하게 되는 것이다.

그것을 성경의 이해로 '샬롬'Shalom이라 한다. 흔히 '평화'peace로 해석되는 이 말은 본래 단순히 전쟁이 없는 평화의 상태를 넘어 삶의 전 영역에서의 온전함을 의미한다. 인간 개인으로 말하자면 정서적이든 육체적이든 영적이든 물질적이든 상관없이, 또한 정치적, 경제적, 사회적, 문화적 영역에 상관없이, 전 영역에 어떠한 결핍도 없는 이상적인 상태를 일컫는다. 요한계시록 21장에서 말하는 '하늘에서 이 땅으로 내려오는' 그 온전한 나라의 상태가 그것이다. 고통을 초래하던 옛 왜곡들은 사라지고 모든 것이 회복된 새 예루살렘의 상태가 이를 미리 가늠할 수 있게 해 준다. 하나님 나라의 온전함이 이 땅으로 임해오는 것이 매우 상징적인 언어를 통해 묘사되어 있다. 총체적인 샬롬의 그림이다.

흔히 평화를 말하면 대중기독교에서는 내적인 평안을 전제하는 경향이 있다. 그러나 하나님이 우리를 평화롭게 하시고자 한다면 어찌 인간의 마음만 다스리시겠는가? 하나님이 우리 영적인 현실만 관심하겠는가? 인간의 육체를 지으신 분, 인간의 삶을 유일회적으로 살아내도록 섭리하시는 분이 인간의 육체적인 소용과 필요를 간과하시겠는가? 그런 분이 세계의 물리적 육체적 환경에 대해 무관심하겠는가? 하나님은 영적인 문제를 넘어, 우리의 물질적 세계를 지은 창조주로서 창조세계 전반에 관심한다. 하나님의 통치는 인간 조건의 총체적 문제에 걸쳐있다.

샬롬의 현실을 제시하는 이미지들

구약에는 몇 가지 총체적 구원, 곧 샬롬의 현실을 제시하는 이미지들이 드러나 있다.

첫째, 출애굽 이야기에서의 이미지다. 그것은 인간의 실존적, 정치적 해방에 대한 총체적 구원을 의미했다. 그것은 구약의 신자들이 상기하던 결정적인 샬롬의 이미지였다. 성경은 '출애굽 사건'을 통해 끝없이 자유와 해방의 가치를 강조한다.

둘째, 율법에서의 희년 이미지다. 그것은 경제적, 사회적 온전을 기대하는 분배정의에 관심한다. 예수의 희년 선포는 그가 온 목적을 구체화 한다. 누가 4:16ff 어떠한 경우로도 가난과 노예 신분의 세습은 거부된다. 율법에 등장하는 희년의 이미지, 그것은 기존에 왜곡된 질서를 전복시키는 어마어마한 해방의 이미지다. 어떻게 우리가 하나님과 그의 창조세계와의 깨어진 관계를 회복할 수 있는가에 대한 큰 그림들이 그려져 있다.

셋째, 성전의 이미지다. 그것은 종교적 맥락에서 예배, 죄용서, 관계의 온전함에 관심한다. 특히 시편에 묘사된 바와 같이 성전에 거하시는 하나님의 현존은, 하나님의 백성들로 지속적으로 하나님과 이웃과 세계에 대한 무너진 관계회복을 기대한다.

넷째, 바빌론 포로생활로부터의 귀향과 총체적인 회복의 이미지다. 약함으로, 무능함으로, 죄악으로 인해 포로되었던 이스라엘에 새로운 역사에 대한 희망이 일었다. 그것은 고토로 돌아가는 것이요, 본래 삶의 일상을 되찾는 것이며, 무너진 현실적 고통에 대한 지속적인 회복약속이다.

다섯째, 예언자들이 그리던 궁극적으로 하나님이 통치하는 나라의 이미지가 있다. 그것은 진정한 자유와 정의, 평등, 평화가 실현되어 백성이 번성하고 안연히 사는 나라의 이미지다. 선지자들이 그리는 하나님의 구원 역시 역사 현실적 난관으로부터의 건짐을 받는 것이다. 특히 이사야와 미가의 전망을 참고해 보라. 이사 2:4, 미가 4:3 그들은 더 이상 이민족의 침입 등으로부터 두려움과 상함과 해함이 없이 온 백성이 자신의 기업에서 안연히 거하는 '샬롬'의 현실을 꿈꾸고 있다. 청년세대를 예로 들어 오늘의 용어로 표현하면 '3포'니 또는 'n포'가 아니라, 일터를 구하고, 연애하고, 결혼하고, 아이를 낳아 기르며 행복한 삶을 사는 바로 그 평범한 현실을 전망한다. 나아가 그것은 사자와 어린양이 함께 뛰노는 세상이사 11, 서로 전쟁 연습을 그치고 그 무기들을 생산 도구로 바꾸어 창조적 생산 활동에 매진하는 세상의 도래를 희망하는 '메시아 대망'으로 이어진다.

다시 말해 성서가 제시하는 '구원' 지평은 단순히 영적이거나 죄용서의 이슈만을 의미하지 않는다. 심지어 구약의 신자들은 결코 사후 세계에 대한 영적인 의미를 알지 못했다. 그들이 그리는 이상적 구원의 실재는 사후의 무엇이거나 특별한 영적 현실이 아니었다. 그들에게 있어서 사후 현실은 인간이 본래 '흙이니 흙으로 돌아가는 것'이었다. 창세 3:19 그들은 이 땅에서 평안을 누리며 살다, 평안히 조상들에게 돌아가

잠드는 것을 기대했다. 그러므로 요한계시록의 새 하늘과 새 땅이 그리는 현실 역시 '이 땅에 임하는 나라의 완성된 그림'이다.

이것이 구약에서부터 흐르는 그림이다. 메시아가 와서 실현될 이상적 현실들 말이다. 그런데도 오늘날 대중기독교가 성전이미지에서 강조하는 죄용서의 이미지만 강조한다면, 성서 전체가 입체적으로 강조하는 풍성한 구원지평을 놓치는 것이다. 죄용서의 그림이 틀렸다는 것이 아니라, 그것에만 집착하느라 성서가 진짜 강조하는 지금 여기에서의 샬롬의 실재를 버리게 되기 때문이다. 사람들은 '여기에서' 고통을 받고 있다. 성서는 하나님 나라의 복음이 만민에게 전해져서 그들 모두가 복된 삶을 살아가게 되기를 기대한다. 그런데 정작 그리스도인들은 그 현실을 간과하고 여전히 죄책감과 그것으로부터의 해방만 희구하고 있지는 않는가? 그리스도인들끼리 교회에 모여 예수 믿고 구원받았다고 안위하고 사는 것은 오히려 가장 영적이고 고양된 현실 속에서 가장 이기적이고 예수의 십자가의 복음을 배반하는 노선을 취하게 될 수도 있다. 그래서 한편만 강조하는 반쪽 복음은 약점을 가질 뿐 아니라 심지어 악할 수도 있는 것이다.

창조세계의 회복

하나님 나라는 내세의 천국보장 정도에 국한된 실재가 아니며, 심지어 인간의 범주를 넘어선 온 우주적 지평을 포괄하고 있다. 하나님의 구원계획에는 창조세계가 들어있다. 그의 현존과 통치영역이 '인간의 영혼'에 국한되지 않기 때문이다.

하나님을 창조주로 인정하는 신앙고백으로 시작하는 기독교가 이상하게도 창조세계의 구원을 간과하는 경향을 보인다. 성경은 그 시작부터 온 세계를 아름답게 창조하신 창조주 하나님의 신적활동을 장엄하게 소개한다. 그 창조서사는 하나님이 인간을 당신의 형상으로 지어서 그가 지은 세계의 동산지기로 삼으셨다고 선언한다. 이 하나님의 창조세계를 보존하는 것이 인간의 원천적 소임이라는 것이다. 인간의 노동은 바로 거기에서 신학적 기원을 얻는다. 인간은 하나님의 창조세계를 유지하고 보존하는 대리통치자다. 그런데 대중기독교에 편만해 있는 내세중심 신학은 그 창조세계의 구원지평을 간과함으로써 창조세계의 관리자로 부름 받은 인간의 그 첫 관리책임을 방기하는 듯 한 인상을 준다.

따라서 '하나님이 다 하실 것'이라는 신학도 적절하지 않다. 하나님이 세계의 관리책임을 인간에게 위임해 두셨다고 믿으면서 동시에 하나님이 다 하실 것이라 말하며 발을 빼는 것은 모순이다. 또한 아름답게 지으시고 온전하게 보존되기를 원하시는 하나님이 그 세계를 일거에 용도폐기하고 파멸시킨다는 종말신학 역시 일관성을 결여한 부적절한 이해라고 밖에 할 수 없다.

정말 이 세상이 끝나면 지구는 멸망할까? 그렇게 믿는 근거는 무엇인가? 물론 어떤 이들은 "그 날에 하늘은 불타서 없어지고, 원소들은 타서 녹아 버릴 것입니다" 벧후 3:12와 같은 구절을 인용하지만 이는 성경 전체맥락의 흐름을 벗어나 있다. 창조신학과 하나님 나라 신학의 관점에서 볼 때 정당한 해석이라 보기 어렵다. 만일 지구가 이처럼 불에 타 사라지고 나면 그 후에는 어떻게 되는가? 그 아름답고 하나님 보시기에도 그토록 좋았다던 창조세계를 어느 날 아무렇지도 않다는 듯이 용도폐기 해버린다는 청사진이 이해되는가? 하나님은 창조주로서 그 창조세계를 사랑하시며 여전히 관심을 갖고 무너진 세계를 회복시킬 것이라는 것이 하나님 나라 신학의 요지다. 따라서 어떤 부류의 종말론과 같이 이 지구의 종말에는 창조세계가 불에 타 소멸할 것으로 주장하는 것은 건강한 신학이라 할 수 없다. 그것은 이상한 신학이요, 심지어 나쁜 신학이다. 그것은 필연적으로 나쁜 결론을 도출해 내기 때문이다. 즉 세상은 점점 더 악해지다 결국 파멸하게 될 것이라는 전제를 갖기 때문이다. 그것도 언제일지 모르지만 임박해 있으며, 신자들은 두렵고 떨림으로 그 날을 준비해야 한다고 주장한다. 그러한 신학은 신자들을 그릇된 길로 호도하며, 건강한 일상을 살지 못하게 만든다. 이런 신학의 결론은 결국 세상의 불의와 혼돈을 당연시 하고, 창조세계의 파괴행위에도 침묵하게 만든다.

반대로 성경은 창조세계의 회복을 말씀한다. 로마서 8장은 그에 대한 강력한 이미지를 제공한다. 온 창조세계가 인간의 최종적 구원의 날을 바라며 함께 신음하고 있다. 왜냐하면 창조세계가 인간의 곤경으로 인해 함께 탄식하고 있기 때문이다. 그러니까 기독교 신학은 근본적으로 자연과 인간사이의 분리를 주장하지 않는다. 기독교는 인간이 흙으로 지음 받았다는 신앙을 가지고 있다. 과학적 진술로는 적절하지 않을지 모르지만, 신학적 해석은 인간이 지구 내적인 존재요, 흙과 자연과 분리되지 않는 존재임을 상기시킨다. 그러나 동시에 인간은 하나님의 형상과 하나님의 영으로 생명의 호흡을 받아 사는 매우 독특하고 존귀한 존재라는 사실을 인정하고 있다.

이런 창조신앙으로 시작한 대중기독교의 신앙이 종말론에 가면서 자연세계를 내버린다면 이상하지 않은가? 그리고 정작 하나님의 구원의 대상을 창조세계를 배제한 인간으로만 제한해 버리는 것은 부당하다. 그것도 모든 인간이 아닌 '예수 믿는 자만'이란 교리로 그 대상을 더욱 축소한다. 따라서 그들은 '이 땅은 타락했으니 희망은 없는 것이다. 그래서 천국을 바라보며 이 세상에는 개의치 않는다'고 위무한다. 그러나 이런 관점은 성경의 지지를 획득하지 못한다.

하나님 나라는 모든 인간이 하나님의 형상으로서의 존엄을 누리며, 모든 창조세계가 회복될 총체적 샬롬의 현실을 그리고 있다.

평균된 세상

하나님 나라는 특히 사회 경제적인 공평과 균등의 현실을 그려내고 있다. 이점이 바로 복음이 왜 가난한 자들에게 '기쁜 소식'인지를 분명히 한다. 동시에 그 기쁜 소식인 복음이 왜 기존 질서에 위협적인가에 대한 결정적인 이유다. 또한 왜 이 복음을 전파하던 사람들이 박해를 당했는가에 대한 이유를 설명해 준다. 하나님 나라는 평균된 세상을 요구하고 있기 때문이다. 고대로부터 세상의 기득권을 가진 이들은 이 평균된 세상을 전망하는 복음을 결코 '기쁜 소식'으로 간주하지 않았다.

신분적, 인종적, 사회 경제적 평균 기대

하나님 나라는 총체적 샬롬의 나라이기 때문에 근원적으로 모든 이들이 신분적, 인종적으로 뿐 아니라 사회 경제적으로도 공평하고 평등한 나라를 꿈꾼다. 특별히 성경은 사회경제적 평균을 무척이나 강조한다. 성경이 의미하는 정의의 초점이 바로 여기에 있다. 성서는 하나님 나라의 실재, 곧 온전한 샬롬의 나라를 이루기 위해 어떤 형편과 조건으로부터도 차별받지 않는 현실을 전망한다. 성, 인종, 국적, 출신계급, 출신지, 장애 여부는 물론 종교와 사상, 외모, 성적 지향 등 그 어떠한 '다름' 때문에 차별받지 않는 현실을 기대한다. 그 무엇과 상관없이 하나님의 형상대로 지음 받은 사실 그 한가지만으로도 인간의 존엄을 누리고 사는 삶이 보장되어야 하는 실재다.

그런데 바로 그 존엄이 가장 손쉽게 파괴되는 영역은 경제적인 문제다. 인간을 가장 비참하게 만드는 요소가 바로 가장 기초적인 필요에 대한 결핍이다. 우리가 육체를 가지고 사는 인간인 이상, 우리에게 근본적으로 필요한 문제는 먹고 입고 거주하는 것들이다. 그런데 예수는 의식주 문제와 같이 가장 중요한 문제를 기도조차 하지 말라고 이른 적이 있다. 대신 그는 그 나라와 의를 추구하면 이 모든 것이 채워지리라 약속했다. 마태 6 어떻게 가능한가? 하나님 나라의 실재, 곧 하나님의 평균 되게 하시는 의지에 따라 그 나라의 가치가 실현 된다면 의식주 문제는 가장 근본적으로 해결될 문제이기 때문이다. 그런 모든 필요가 채워질 것이기 때문이다. 그 나라가 근본적으로 평균된 현실을 전망하고 있기 때문에 가능한 것이다. 하나님 나라는 계급적, 경제적 격차가 극복되는 현실을 기대한다.

놀랍게도 예수 잉태 시에 마리아는 하나님을 찬양하는 노래 속에 이 전망을 생생하게 담아냈다. 그녀는 "이제부터는 모든 세대가 나를 행복하다 할 것"이라고 노래했다. 누가 1:48 그녀가 행복한 이유는 하나님이 자기의 기도와 찬양을 들어주실 것이기 때문이다. 그녀의 노래를 들어보라.

> 51 주께서는 그 팔로 권능을 행하시고, 마음이 교만한 사람들을
> 흩으셨으니, 52 제왕들을 왕좌에서 끌어 내리시고 비천한 사람들

> 을 높이셨습니다. 53 주린 사람들을 좋은 것으로 배부르게 하시고, 부한 사람들을 빈손으로 떠나보내셨습니다. 누가 1:51-53

이 노래는 낡은 세상을 뒤집어엎고 새로운 세상이 오기를 염원하는 노래다. 전복顚覆의 노래요 혁명의 노래다. 그래서인지 이 노래의 본문은 전통과 기존질서를 수호하려는 교회에서는 잘 읽히지 않는다. 그들은 대신 동방박사가 별을 보고 찾아오고, 목자가 천사의 말을 듣고 와서 마구간의 아기 예수에게 절하는 목가적이고 평화로운 분위기의 이야기만을 반복한다.

또한 메시아의 길을 예비하는 세례 요한을 소개하면서 마태는 이사야의 비전을 인용한다.

> 3 한 소리 있어 외친다. "야훼께서 오신다. 사막에 길을 내어라. 우리의 하느님께서 오신다. 벌판에 큰 길을 훤히 닦아라. 4 모든 골짜기를 메우고, 산과 언덕을 깎아 내려라. 절벽은 평지를 만들고, 비탈진 산골길은 넓혀라." 이사 40:3-4

메시아의 도래에 관한 이사야의 비전은 높은 산이 낮아져 골짜기를 메워 평탄케 된 세상과 겹쳐있다. 메시아가 오면 이러한 전복이 임할 것이기에 '가난한 자'가 복되고, '애통하는 자'가 복되는 것이다. 옛말에 '산이 높으면 골짜기가 깊다'고 했다. 들쭉날쭉 왜곡되고 기울어진 질서를 극복하는 가장 손쉬운 방법은 높은 산을 깎아 그 아래 골짜기를 메워 평지로 만드는 일이다. 메시아의 도래와 더불어 그리고 있는 그림이 바로 이것이다. 굴곡진 세상이 평균된 현실을 맞는다. 이는 권력과 부, 지위와 영향력 등에 차별받고 고통 받는 세상에 대한 철퇴가 아닐 수 없다. 모든 사람이 '하나님의 형상'으로 지음 받은 인간이란 사실만으로 존엄을 누리고 사는 세상을 그리고 있기 때문이다.

하나님 나라의 경제원칙

예수가 제시한 하나님 나라의 경제원칙을 주목해 보면 왜 예수의 메시지에서 사람들은 위험한 정치적 함의를 읽어 냈는가를 보여준다.

먼저, 예수가 가르친 주기도문 속에는 '일용할 양식'을 구하는 기도와 빚의 탕감을 구하는 기도가 중심에 자리하고 있다. 그 기도의 응답은 하나님 나라가 이 땅에 임하게 하는 가장 구체적인 실천이요 증거다. 그것은 모든 가난한 이들이 인간답게 사는 현실을 기원하고 있다. 각 사람이 소위 '기본소득'에서 소외되지 않는 현실을 꿈꾸고 있다. 어떤 이들이 축적하고 부를 이루는 동안 또 다른 어떤 이들은 허기와 궁핍에 내몰리는 현실이 아니라, 모든 이들이 생존에 지치지 않는 현실이다. 흑인이라고, 여성이라고, 장애를 가졌다고, 지능이 낮다고, 흙 수저 물고 나왔다고 차별받지 않는 세상 말이다.

주기도문의 '나라이 임하옵시고'라는 핵심적인 기도를 주목해 보라. '일용할 양식'의 해결은 그 나라 임함의 결정적이고 실제적인 응답이다. 그것은 하루 먹는 양식에 대한 대강의 이야기가 아니다. 그것은 '우리' 모두에게 공히 이루어질 현실을 기대한다. 실제적으로 우리 대부분은 집에 여분의 쌀이 있어서 일용할 양식을 걱정하지 않아도 될 것이다. 그리고 안정된 직장이 있어 내일 양식도 걱정하지 않는다. 하지만 문제는 일용할 양식을 걱정할 수밖에 없는 노숙인, 장애인, 기초수

급인, 노인, 미혼모, 취업준비생, 실업자 등이다. 이 기도는 일용할 양식 때문에 초라한 삶을 살지 않는 현실이 '모두에게' 임하기를 기대한다. 그래서 주기도문은 이것이 '우리의 기도'가 되기를 격려한다. 그것은 공동체의 기도다. 하나님 나라는 개인적 사안을 넘어 공동체의 문제다. 예수는 그 일용할 양식이 골고루 나누어지는 현실을 방해하는 가장 중요한 주범, 즉 오늘 여전히 탐욕의 재물을 숭배하는 이들을 끊임없이 탄핵했다.

또한, 예수의 포도원 농부의 비유마태 20:1-15는 '시장자본주의'를 종교처럼 붙드는 현시대에 경종을 울린다.

이 비유는 오늘날 우리 시대에서 읽어내기에 아주 이상한 얘기다. 그래서 쉽게 그 초점을 이해하는 이도 드문 이야기다. 그래서 많은 경우 그 이야기를 그냥 무덤덤하게 읽어버리고 마지막 결론에 나온 '먼저 된 자가 나중 되고 나중 된 자가 먼저 된다'라는 말만 하나의 격언처럼 붙든다. 강단에서도 이 구절을 강조하며, 신앙이란 늦게 믿어도 천국 가기도 하고 일찍 믿어도 지옥 가기도 한다는 식의 이상한 종교 얘기로 풀어내곤 한다.

하지만 이는 절대 그런 얘기가 아니다. 이 이상한 농장주의 이야기는 예수가 그리는 하나님 나라의 경제원칙을 설명해 주는 엄청난 청사진이다. 예수는 이를 통해 이 땅 모든 거민들에게 평균된 경제현실을 바라시는 하나님의 뜻을 펼쳐 보인다. 이 이야기는 그 청사진대로 구현된 비유다.

어떤 포도원 주인이 이른 아침부터 인력시장에 나와 일꾼들을 모집해 간다. 새벽, 그리고 아침, 점심, 심지어 일이 파하기 한 시간 전까지 시장을 돌며 사람들을 모아간다. 가만히 보니 주인은 포도원에 일꾼을 부려 어떻게 많은 이윤을 챙길 것인가에 대한 관심보다, 일용할 양식조차 해결하지 못하는 노동자들에게 어떻게 인간다운 삶을 제공할 것인가에 관심하는 것 같다.

드디어 일이 끝났다. 노동자들에게 급여가 제공된다. 1시간 일한 사람들에게 1데나리온하루 일당에 해당이 전해진다. 놀랍다! 그들에게는 '그에 상당하게 주리라' 약속한 것이 전부였다. 그렇다면 이른 아침부터 온 사람은 금방 계산이 선다. '1데나리온 × n 시간'이다. 그런데 그들도 똑같이 한 데나리온이다. 이것은 부당하지 않은가!

이야기는 상식선에서 읽어도 매우 낯설다. 심지어 이야기 속 주인공이 형평성에 대한 항의까지 하고 있다. 공평하지 않은 것이다. '공평하지 않소!' It's not fair!라는 선언은 무척 도발적인 저항이다. 하지만 주인은 자신의 급여방침이 '정의로운 임금'임을 주장한다. 그리고 자신의 의중을 설명한다.

> "나는 당신들과의 계약을 어긴 바가 없소. 계약한 임금을 약속대로 지불했소. 다만 내가 원하는 바는 분명하오. 여러분이 새벽에 왔건, 오후에 왔건 모든 일꾼들에게 '똑같은 소득을 얻게 하는 것'이 내 뜻이오! 일용할 양식에 필요한 기본적인 필요는 모두에게 동일하지 않겠소?"

무슨 얘기를 하는 것인가? 누구는 이른 아침부터 발탁되어 오고, 누구는 늦은 오후까지 채용되지 못했을까? 오늘날 젊은이들의 현실에서 읽어보자. 청년실업이 심각한 오늘의 현실에서 당장 취업에 성공하지 못할 이들이 많을 것이다. 그렇다면 누가 이른 아침 6시부터 일찍 선발되었을까? 누가 오후 다섯 시까지 뽑히지 못했을까? 학력, 학벌, 스펙, 배경, 외모, 능력, 출신지, 장애 여부 등 이를 결정하는 조건은 너무도 많다.

하지만 운동장은 처음부터 기울어져 있다. 경주race 자체가 불공평하다. 각자 서 있는 자리가 다르다. 누구는 태어나면서부터 금 수저를 물고 태어났고 누구는 흙 수저를 들고 태어났다. '공평한 기회'라는 말은 애초에 허구다. 이런 상황에서 어떻게 공평한 경쟁이 가능하겠는가? 누구는 아무리 이른 새벽부터 늦은 저녁까지 근면성실하게 일해도 자신의 입에 풀칠하고 살기조차 쉽지 않다. 그러니 어떻게 자녀들을 먹이며 그들에게 좋은 교육을 시키겠는가? 그러니 가난은 대를 이어 세습되는 것이다. 반면에 누구는 평생 일하지 않아도 쓰고 남을 재산과 권력과 배경을 물려받는다.

이 이야기는 오늘날 자본주의 사회에서 정상적이라 생각하는 질서 자체를 전복한다. 하나님 나라에서 그건 아니다. 하나님 나라의 왕이신 하나님의 의도는 모든 사람이 그의 처한 형편이 어떠하든 소위 정규직, 비정규직 차별이 없는 세상을 기대한다. 모두 자신의 포도나무 아래, 하나님의 축복으로 받은 기업 아래 안연히 거하는 현실에 사는 것을 바라신다. 이것이 하나님 나라의 평균케 하는 현실이다.

이 이야기 하나가 얼마나 기존 질서에 도발적이며, 반체제적인가? 이런 가치가 우리 안에서 이해되고 추구할 현실이 될 수 있을 것인가? 왜 이런 예수와 그의 나라를 말하는 이들은 더불어 가는 길벗들에 의해 낯설고도 위험한 인물로 낙인찍히는가? 바로 하나님 나라 복음이 가진 전복적인 속성 때문이다. 예수는 이처럼 상식에도 반하는 이야기를 주장하다 십자가에 달렸음을 기억해야 한다.

새벽부터 올 수 있었던 배경 좋고 능력 많은 사람이든, 오후 늦게 올 수 밖에 없던 가난하고 무력한 사람이든 모두에게 일용할 양식이 필요하다. 하나님 나라의 청사진은 '일한만큼'이나, 또는 '능력급'이 아니라 자신의 형편과 여건에 상관없이 모든 이들이 존엄을 누릴 수 있도록 삶에 필수적인 제 몫을 얻게 되는 현실이다. 이런 '말도 안 되는' 포도원의 현실을 주장하다, 예수는 십자가에 달렸다. 이를 단순한 천국 가는 이야기로 환원시키고 마는 설교자들에게 화 있을진저! 이는 당대의 경제 질서 자체를 전복하는 이야기로, 오늘날 우리네 질서 자체에 의문을 던지는 이야기다. 우리가 이 이야기를 제대로 이해하고 나면 우리가 당연시 하는 그 질서 자체를 재고하게 만든다. 이 예수의 청사진은 오늘날 우리 현실, 곧 유례없는 청년실업과 1천만 비정규직 문제로 신음하고 있는 오늘의 경제현실에 대안을 요구하는 본문이어야 한다!

초대교회 성령공동체

사도행전 2장과 4장에 등장하는 처음 교회가 보여준 성령 충만의 결과로 나온 놀라운 역사는 당시 세상을 소동케 했다. 그들이 보여준 것은 단순히 성령으로 인한 방언 말함이 아니었다. 그들에게는 '세상이 감당할 수 없는' 유무상통의 역사가 있었다. 곧 온 공동체가 한 마음 한 뜻이 되어 모든 물건을 서로 통용함으로 평균된 현실을 구현한 것이다. 밭과 집이 있는 자들이 그것을 팔아 공동체 내의 필요를 따라 나눠주었다. 그 결과 "그 중에 핍절한 사람이 없었다!"는 선언이 뒤 따른다.

그렇다. 초대교회의 성령 충만은 비록 교회 내부라는 제한된 범위이긴 했으나 사회 변혁적인 특징을 드러냈다. 가난은 나라님도 어쩔 수 없다던 고대사회에서 이런 급진적인 분배와 나눔이 기정사실화 된 것이었다. '성령 충만, 성령 충만' 목소리 높은 한국교회가, 왜 이런 유무상통의 역사는 강조하지 않을까? 초대교회의 이러한 전형은 성령공동체인 교회의 변혁을 지속적으로 도전한다.

바울이 제시한 연보의 목적

바울은 고린도 교회에 보내는 두 번째 편지에서 이렇게 썼다.

> 11 그러므로 이제는 그 일을 완성하십시오. 여러분이 자원하여
> 시작할 때에 보인 그 열성에 어울리게 여러분이 가지고 있는 것으
> 로 그 일을 마무리 지어야 합니다. 12 기쁜 마음으로 자기의 형편
> 에 맞게 바치면, 하나님께서는 그것을 기쁘게 받으실 것입니다.
> 하나님께서는 없는 것까지 바치는 것을 바라지 않으십니다. 13
> 나는 다른 사람들을 편안하게 하고, 그 대신에 여러분을 괴롭게
> 하려는 것이 아니라, 평형을 이루려 합니다. 14 지금 여러분의 넉
> 넉한 살림이 그들의 궁핍을 채워주면 그들의 살림이 넉넉해질 때
> 에는, 그들이 여러분의 궁핍을 채워줄 수도 있을 것입니다. 그리
> 하여 평형을 이루는 것입니다. 15 이것은 성경에 기록하기를 "많
> 이 거둔 사람도 남지 않고 적게 거둔 사람도 모자라지 않았다" 한
> 것과 같습니다. 고후 8:11-15

바울은 가난한 신자들을 구제하는 일에 고린도교회가 기꺼이 동참할 것을 격려하면서 마케도니아 교회의 본과 예수의 본을 들어 설명하고 있다. 이러한 구제의 목적은 가난한 자를 돕기 위해 부자를 괴롭게

하고자 함이 아니라, 서로가 '평형을 이루게' 균등하게. 13, 14 하고자 함이었다. 근본적으로 하나님 나라는 공평과 균등의 현실을 꿈꾸며, 온갖 이름으로 이뤄지는 차별적 현실을 비판한다. 오늘도 하나님 나라의 복음을 말하면서도 여전히 세속적 경제 가치에 매몰되어 있는 교회들이여, 회개하라, 하나님 나라가 가까이 왔다!

정의로운 세상

하나님 나라는 또한 악인들로 인한 불의와 악이 난무하는 이 세상에 하나님의 공의가 실현되는 세상을 전망한다. 예수는 하나님 나라와 그의 의, 곧 그의 공의와 정의를 구하는 것이 제자들의 유일한 추구라 말한다. "너희는 먼저 하나님의 나라와 그의 의를 구하여라. 그리하면 이 모든 것을 너희에게 더하여 주실 것이다." 마태 6:33

구약성서 예언자들은 자기가 살던 시대를 '불의한 시대'로 정의했다. 그들은 불의를 조장하는 위정자들과, 그들을 종교의 이름으로 축복하며 그들의 악행에 눈감아 주는 종교 지도자들을 혹독하게 탄핵했다. 특히 예언자들의 전통은 이 사회정의에 관심 없이 단순히 종교적 예배에만 치중하는 이스라엘의 예배를 성토했다. 첫 책인 이사야에서부터 마지막 책인 말라기에 이르기까지 이스라엘 종교와 예배가 탄핵을 받는다. 그들은 열심히 하나님을 예배하고 제사 드리면서도 적극적으로 악을 행하거나, 지속되는 사회적 불의에 침묵하거나, 또는 사회적 정의에 무관심했다. 선지자 이사야의 첫 일성이다.

> 11주께서 말씀하신다. "무엇하러 나에게 이 많은 제물을 바치느냐? 나는 이제 숫양의 번제물과 살진 짐승의 기름기가 지겹고,

> 나는 이제 수송아지와 어린 양과 숫염소의 피도 싫다. 12 너희가
> 나의 앞에 보이러 오지만, 누가 너희에게 그것을 요구하였느냐?
> 나의 뜰만 밟을 뿐이다! 13 다시는 헛된 제물을 가져오지 말아라.
> 다 쓸모없는 것들이다. 분향하는 것도 나에게는 역겹고, 초하루
> 와 안식일과 대회로 모이는 것도 참을 수 없으며, 거룩한 집회를
> 열어놓고 못된 짓도 함께하는 것을, 내가 더 이상 견딜 수 없다.
> 14 나는 정말로 너희의 초하루 행사와 정한 절기들이 싫다. 그것
> 들은 오히려 나에게 짐이 될 뿐이다. 그것들을 짊어지기에는 내
> 가 너무 지쳤다. 15 너희가 팔을 벌리고 기도한다 하더라도, 나는
> 거들떠보지도 않겠다. 너희가 아무리 많이 기도를 한다 하여도
> 나는 듣지 않겠다. 너희의 손에는 피가 가득하다. 16 너희는 씻어
> 라. 스스로 정결하게 하여라. 내가 보는 앞에서 너희의 악한 행실
> 을 버려라. 악한 일을 그치고, 17 옳은 일을 하는 것을 배워라. 정
> 의를 찾아라. 억압받는 사람을 도와주어라. 고아의 송사를 변호
> 하여 주고 과부의 송사를 변론하여 주어라. 이사 1:11-17

불의한 시대에 사회적 정의에 무관심하면서도 율법에 따라 제사에만 열심을 내는 이스라엘을 하나님은 호되게 책망한다. 불의한 현실에 하나님의 정의가 실현될 것에 대한 관심도 참여도 없는 종교행위들에 선지자들은 사정없는 탄핵을 외치고 있다. 애석한 일은, 이 탄핵을 받는 예배 양상이 오늘날 한국 교회의 예배 현실과 몹시 비슷하다는 것이다. 예수 탄생 700여 년 전부터, 그리고 오늘로부터 2,700여 년 전부터 이미 성경에서 줄기차게 탄핵되고 있는 이야기다. 그런데도 우리는 아직도 사회적 정의 이슈를 우리의 예배와 연관시키지 못하고 산다. 심지어

그것을 당연시하며, 그에 대한 비판적 관심을 위험시하며 산다.

미가와 아모스는 하나님의 초점이 '예배 현실'이 아니라, 신자가 살아가는 세상 한 복판에서의 '정의구현'에 있음을 분명히 한다. 하나님의 뜻은 너무도 분명하다.

> 6 내가 주님 앞에 나아갈 때에, 무엇을 가지고 가야 합니까? 번제
> 물로 바칠 일 년 된 송아지를 가지고 가면 됩니까? 7 수천 마리의
> 양이나, 수만의 강 줄기를 채울 올리브 기름을 드리면, 주께서 기
> 뻐하시겠습니까? 내 허물을 벗겨 주시기를 빌면서 내 맏아들이
> 라도 주님께 바쳐야 합니까? 내가 지은 죄를 용서하여 주시기를
> 빌면서 이 몸의 열매를 주님께 바쳐야 합니까? 8 너 사람아, 무엇
> 이 착한 일인지를 주께서 이미 말씀하셨다. 주께서 너에게 요구
> 하시는 것이 무엇인지도 이미 말씀하셨다. 오로지 공의를 실천하
> 며 인자를 사랑하며 겸손히 네 하나님과 함께 행하는 것이 아니
> 냐! 미가 6:6-8

> 21 나는, 너희가 벌이는 절기 행사들이 싫다. 역겹다. 너희가 성
> 회로 모여도 도무지 기쁘지 않다. 22 너희가 나에게 번제물이나
> 곡식제물을 바친다 해도, 내가 그 제물을 받지 않겠다. 너희가 화
> 목제로 바치는 살진 짐승도 거들떠보지 않겠다. 23 시끄러운 너
> 의 노랫소리를 나의 앞에서 집어치워라! 너의 거문고 소리도 나는
> 듣지 않겠다. 24 너희는, 다만 공의가 물처럼 흐르게 하고, 정의
> 가 마르지 않는 강처럼 흐르게 하여라. 아모 5:21-24

하나같이 온몸이 서늘해지는 말씀들이다. 예언자들이 탄핵하고 있는 이스라엘의 예배 상황은 오늘의 교회현실, 곧 우리에게 익숙한 예배현실과 얼마나 닮아 있는지… 이 본문들은 교회로 단순히 복음을 믿고, 예배에 열심을 내야한다고 말하지 않는다. 만일 그 정도에 그쳤다면, 예언자들과 예수는 권세자들로부터 위협과 심지어 죽임을 당하지 않았을 것이다. 오히려 그들은 '공의로운 사회건설'이 빠진 예배가 하나님 앞에 무효함을 선언하고 있다! 적극적으로 악을 행하는 것은 말할 것도 없거니와, 불의한 현실에 동조하거나 침묵하고, 방조하는 것은 공의의 하나님을 예배하는 것과 결코 동일시 할 수 없는 태도인 것이다. 이사야가 탄식하듯 전해주는 진정한 금식, 곧 진정한 예배, 진정한 경건에 대해 읽어보라.

> 6 "내가 기뻐하는 금식은, 부당한 결박을 풀어 주는 것, 멍에의
> 줄을 끌러 주는 것, 압제 받는 사람들을 놓아 주는 것, 모든 멍에
> 를 꺾어 버리는 것, 바로 이런 것들이 아니냐?" 7 또한 굶주린 사
> 람에게 너의 양식을 주는 것, 떠도는 불쌍한 사람을 집에 맞아들
> 이는 것이 아니냐? 헐벗은 사람을 보았을 때에 그에게 옷을 입혀
> 주는 것, 너의 골육을 피하여 숨지 않는 것이 아니겠느냐? 8 그러
> 면 네 빛이 새벽 햇살처럼 비칠 것이며, 네 상처가 빨리 나을 것이
> 다. 네 의를 드러내신 분이 네 앞에 가실 것이며, 주의 영광이 네
> 뒤에서 호위할 것이다. 9 그때에 네가 주님을 부르면 주께서 응답
> 하실 것이다. 네가 부르짖을 때에, 주께서 "내가 여기에 있다"하
> 고 대답하실 것이다. 네가 너의 나라에서 무거운 멍에와 온갖 폭
> 력과 폭언을 없애 버린다면, 10 내가 너의 정성을 굶주린 사람에

> 게 쏟으며, 불쌍한 자의 소원을 충족시켜 주면, 너의 빛이 어둠
> 가운데서 나타내며, 캄캄한 밤이 오히려 대낮같이 될 것이다. 11
> 주께서 너를 인도하시고, 메마른 곳에서도 너의 영혼을 충족시켜
> 주시며, 너의 뼈마디에 원기를 주실 것이다. 너는 마치 물댄 동산
> 처럼 되고, 물이 끊어지지 않은 샘처럼 될 것이다. 이사 58:6-11

예수는 최후의 심판을 암시하는 대목에서 영원한 복을 받을 자들에게 이사야의 목소리를 상기시켰다.

> 34 그 때에 임금은 자기 오른쪽에 있는 사람들에게 말하기를 "내
> 아버지께 복을 받은 사람들아, 와서, 창세 때로부터 너희를 위하
> 여 준비한 이 나라를 차지하여라. 35 너희는 내가 주렸을 때에 내
> 게 먹을 것을 주었고, 목말랐을 때에 마실 것을 주었고, 나그네
> 되었을 때에 영접하였고, 36 헐벗었을 때에 입을 것을 주었고, 병
> 들었을 때에 돌보아 주었고, 감옥에 갇혔을 때에 찾아 주었다" 할
> 것이다. 마태 25:34-36

샬롬의 세상, 평균되고 정의로운 세상

이처럼 하나님 나라는 전 지구적인 삶의 총체적 맥락에서의 온전을 추구한다. 모든 인간과 창조세계 안에 총체적 샬롬의 현실이 임하도록 해야 한다. 사랑과 자유와 평화의 나라가 도래하도록 해야 한다. 그것은 개인 삶의 온전을 넘어 공적, 사회적, 구조적, 민족적, 세계적 지평의 온전을 포괄하고 있다. 또한 하나님의 나라는 평균케 된 세상을 꿈꾼다. 특히 사회 경제적인 공평과 균등의 현실을 줄기차게 요구하고 있

다. 나아가 하나님 나라는 정의로운 세상을 기대하고 있다. 하나님의 공의가 통용되는 현실이 삶의 전 영역에 미쳐야 한다. 하나님이 통치하시기 때문이다. 교회는 이 복음의 증인이다.

8장

희년, 여호와의 은혜의 해

상시적 희년 실천

평균되고 정의로운 샬롬의 세상인 '하나님 나라'의 구체적인 실행방안으로 예수는 상시적인 희년을 제시했다. 예수는 자신의 취임사에서 '여호와의 은혜의 해'를 선포했다.

> 18 주의 영이 내게 내리셨다. 주께서 내게 기름을 부으셔서, 가난한 사람들에게 기쁜 소식을 전하게 하셨다. 주께서 나를 보내셔서, 포로된 사람들에게 자유를, 눈먼 사람들에게 다시 보게 함을 선포하고, 억눌린 사람들을 풀어 주고, 19 주의 은혜의 해를 선포하게 하셨다. 누가 4:18-19

반복하지만, 그는 이사야 61장을 인용하면서 이 예언이 자신에게서 실현되었음을 선언했다. 놀랍게도 그는 이사야의 본문에서 '여호와의 보복의 날'을 제거한 대신 '여호와의 은혜의 해'를 강조했다. 심판과 징벌을 통해 세상을 정화하기보다, '은혜'의 확산을 통해 새로운 현실이 임하길 바란 것이 아닐까? 그것은 율법이 명하고 이스라엘이 오랫동안 고대해온 이상적인 사회현실인 '희년'을 의미했다. 원래 희년이란, 레위기 25장이 언급한 매 50년 마다 임하는 자유와 해방의 해를 의미했다. 모든 부채는 탕감하고 노예는 해방하며, 땅은 원래의 주인에게 반환해야 했다. 그래서 기쁨의 해禧年였다.

> 너희는 오십 년이 시작되는 이 해를 거룩한 해로 정하고, 전국의 모든 거민에게 자유를 선포하여라. 이 해는 너희가 희년으로 누릴 해이다. 이 해는 너희가 유산, 곧 분배받은 땅으로 돌아가는 해이며, 저마다 가족에게로 돌아가는 해이다. 레위 25:10

성서는 이스라엘이 여호수아 정복전쟁 이후 이스라엘은 각 지파에게 땅을 분배하고, 각 가족은 그 지파 안에서 기업을 분배받았음을 알린다. 다시 말해 일용할 양식에 배불리며 살 수 있는 안연한 생산수단이 각 가족에게 배분된 것이다. 이스라엘은 그 땅을 제비뽑기를 통해 분배하면서, 토지는 본디 하나님의 것으로, 하나님이 은혜로 주신 것이라 이해했다.

하지만 시간이 흐르면서 경제적 왜곡이 발생했다. 각자 열심히 토지 경작을 통해 경제생활을 유지하고 살아도 누군가는 필연적으로 가난해질 수밖에 없었다. 땅만 하더라도 지역에 따라 토질이 다르고 관개시설이나 강수량의 차이 등으로 생산량이 다르다. 심지어 갑자기 몰아닥친 자연 재해를 통해 누군가는 한해 농사를 망치거나, 가족에 닥친 사고나 어려움 때문에 재정적 위기가 오기 마련이다. 이런 상황이 닥치면 가족을 지키기 위해 누군가로부터 곡식을 꾸거나 돈을 빌려야만 하는데, 이런 현실이 누적되거나 이런 왜곡들이 강화되면 필연적으로 누군가는 땅을 담보하거나 팔아야 했다. 심지어 심한 경우는 자신과 자녀들까지 종이 되어 누군가에게 소속되어야만 생존을 유지할 수밖에 없는 상황에 처하기도 했던 것이다. 그것은 전에도 그러했고 지금도 그러하고 앞으로도 그러할 것이다.

하지만 땅을 분배한 하나님의 본래 의도는 그러한 왜곡이 영속화되어서는 안 되었다. 부나 가난은 세습되어서는 안 되었다. 다시금 모든 것이 원위치 되어 새롭게 살아갈 수 있는 기회가 주기적으로 반복되어야 했다. 그것이 자연재해로 말미암았던, 사회적 불의에 기인했던, 개인의 나태함이나 어리석음으로 기인되었던, 한 번 왜곡이 생겼다 해서 그것이 영속되어서는 사회가 망가지고 말 것이었다. 하나님은 그것이 영속화되는 것을 허용치 않았다. 하나님은 희년이란 제도적 장치를 통해, 모든 백성이 하나님의 은혜를 힘입는 현실을 맞을 수 있게 했다. 하나님의 명령으로 땅을 잃은 백성들이 다시금 자신의 기업으로 돌아가고, 노예로 팔렸던 이들이 다시금 자유민으로 돌아가는 것이다.

원론상 희년이 되면 가난 때문에 저당 잡혔던 땅, 볼모잡혔던 신분, 곧 자유민이란 소중함을 잃고 누군가의 종으로 원치 않은 삶을 감내하며 살아야 했던 현실에 '해방'이 선언된다. 억압과 포로됨을 고착화 시키던 기존질서가 완전히 전복되는 것이다. 그것은 단순한 제도가 아니다. 희년은 급진적인 경제, 사회, 정치적 변혁을 담고 있다. 사회적, 신분적, 세습적 모든 질서를 일거에 원위치 해 버리는 엄청난 사회변혁이다.

예수의 희년선포

희년의 이런 급진적인 그림은 오늘날 우리에게 낯선 그림이다. 심지어는 이스라엘 역사에서도 희귀해서, 오죽하면 예수는 이것을 메시아 도래의 징표처럼 주장하고 있다. 그들의 희망과 기대와는 달리 이스라엘 역사 속에서 희년은 실현되지 않았다. 그러나 그들이 하나님의 백성인 한, 그리고 그것이 레위기 율법에 담겨있는 한, 희년규례는 영원한 것으로서 현실의 왜곡들을 늘 개선해내는 지표로 역할을 했다. 하지만 인간의 탐욕은 그것을 순순히 수용하지 않았다. 당신이 엄청난 부땅과 노비를 가지고 있는데 하루아침에 희년이 왔다고 그것들을 무조건 돌려주어야 한다면 순순히 응하고 싶겠는가? 그렇지 못할 것이다. 오히려 법을 개정해서라도 이를 막고자 노력할 것이다. 이렇게 희년법을 무력화하는 부자와 기득권자들을 위한 구실과 많은 법령들이 덧대어진다. 그리고는 그들의 탐욕적 행보가 정당화 될 수 있는 체제를 만들어 간다. 그리고 그들은 아무렇지 않다는 듯 여전히 종교생활을 영위하며 외적 경건을 유지해 간다.

그래서 선지자들이 희년실천이 없는 이스라엘의 종교적 위선을 탄핵했던 것이다. 앞서 살펴본 것처럼, 망가진 사회 속에서 그러한 사회의 정의를 실현할 의도조차 없는 이들이 하나님께 드리는 제사에는 열심을 내며 모든 절기와 성회를 지키면서 제물을 바치고 있었던 것이다. 그것은 하나님 보기에 가증한 행위였다. 따라서 그것은 하나님이 받을 예배가 아니라, 하나님이 견디지 못하여하는 위선이었다. 그래서 하나님은 말라기를 통해서 심지어 누군가 그 위선된 예배행위를 중단시킬 자를 기대했다. "너희 가운데서라도 누가 성전 문을 닫아걸어서, 너희들이 내 제단에 헛된 불을 피우지 못하게 하면 좋겠다! 나는 너희들이 싫다. 나 만군의 주가 말한다. 너희가 바치는 제물도 이제 나는 받지 않겠다." 말라기 1:10 이것이 하나님의 통탄이었다.

드디어 때가 이르러 메시아가 임했다. 그가 가진 가장 강력한 의제가 바로 총체적인 희년여호와의 은혜의 해의 실현이었다. 누가 4:19 포로된 자, 눈먼 자, 눌린 자 등이 자유롭게 되는 해방의 때가 임했다. 예수의 희년 선포는 사회적, 민족적, 국가적인 공적현실에 적용해야할 총체적 변혁의 현실을 전제하고 있었다.

어느 날 갑자기 등장한 예수라는 사나이가 이 이야기를 다시 꺼냈을 때, 당대 기득권자들은 그 이야기를 곱게 들었을까? 아니다. 예수의 희년의 복음은 위험한 것으로 간주되었다. 예수는 희년을 선포하던 바로 그날, 그 선포와 더불어 죽음의 위협을 당했다. 예수의 희년의 복음은 당대 기득권이 감당하지 못한 메시지였다. 만일 그들이 감당했다면, 고착화되어 있던 세습적 부와 결부된 신분사회가 완전히 뒤집히지 않았겠는가? 가난한 사람들이야 환호하겠지만, 그 질서위에 군림하고 있는 자들이 순순히 그 자리를 내어 주겠는가 말이다. 그래서 예수의 희년의 선포가 위협으로 인식되었던 것이다. 그래서 예수의 하나님 나라 복음은 십자가의 복음이 되었던 것이다. 그것은 극단적 박해를 불러올 수밖에 없었다.

예수는 자신의 이 사명선언문에서 이스라엘 역사 속에서 실현되지 못한, 하나님의 총체적 희년선포에 대한 확신을 담고 있었다. 그것은 본디 이스라엘의 제도적 장치로서 회복과 완성을 기대했지만, 인간의 탐욕은 그 제도를 불구가 되게 했다. 예수는 하나님 나라의 도래와 함께 '희년의 실천', 그것도 50년 주기가 아닌 지금 여기에서의 '상시적 희년'에 대한 기대를 주장했다. 하나님 나라를 기대하는 사람들은 자발적으로 하나님의 해방의 역사에 참여할 수 있었다. 모든 포로된 자를 자유케 하고, 토지를 반환하고, 부채에 눌린 자들을 탕감함으로 모든 이가 샬롬의 현실을 경험하는 세상을 만들 수 있기를 기대했다.

이 희년의 그림을 오늘날 자본주의 질서에 적용해 보면 어떻게 될까? 정말 급진적이고 심지어 체제 전복적인 이상이 아닐 수 없다. 다시 말하거니와, 예나 지금이나 '희년의 메시지'는 기득권자들에게 터무니없고 위험한 소식이다. 예수는 희년 선언으로 십자가를 지셔야 했다. 그래서 그럴까, 오늘날 교회 안에서 더 이상 희년의 메시지를 듣기 어렵다. 물론 오늘 우리 시대에 이 희년의 가치를 우리 사회와 역사현실에 어떻게 적용할 것인가는 많은 고민이 필요한 문제다. 우리 사회는 과거의 농경사회만큼 그리 단순하지 않기 때문이다.

이제 예수가 하나님 나라의 대안으로 선포하는 희년 실천에 대한 두 가지 핵심적인 사례를 성경의 예를 통해 살펴보자.

먼저 질문을 하나 생각해 보자. 인간은 어떻게 영생을 얻는가? 대중 기독교의 신학은 '오직 예수를 믿어 영생을 얻는다'고 답한다. 예수에게 직접 이 질문을 해본 적이 있는가? 위 신학대로라면, 그는 '영생? 날 믿어야지!'라고 말해야 한다. 그러나 적어도 공관복음서의 예수는 그렇게 답한 적이 없다. 우리가 익히 아는 "영생은 오직 한 분이신 참 하나님을 알고 또 아버지께서 보내신 예수 그리스도를 아는 것" 요한 17:3이라는 구절은 예수가 직접 말한 것처럼 기록하고 있으나, 학자들은 문맥상 그의 입에서 나온 말로 간주하지 않는다. 적어도 예수 자신이 자신을 언급하며 '예수 그리스도'라 언급한 곳은 이곳 말고는 없기 때문이다.

이어 질문해 보자. 예수의 하나님 나라 복음은 부자에게 부정적이다. 그렇다면 부자도 '예수 믿으면' 영생을 얻을 수 있을까? 물론 대중기독교 신학은 당연히 그러하다고 한다. 하지만 복음서의 예수는 어떻게 답할까? 그는 '어림 반푼어치도 없는 소리'라 대꾸할 것이다. 마태 19 왜일까? 예수는 부자를 혐오하는 것인가? 부자에게는 영생의 길이 없는 것인가? 그 이야기들 속으로 들어가보자.

부자의 희년 – 축적한 부를 나누어 하나님 나라를 오게 하라

공관복음에는 예수께 나아와 '영생의 길'을 묻는 단 두 개의 사례가 소개되어 있다. 주지하는 바와 같이 하나는 부자청년관원의 경우요 마태 19, 다른 하나는 한 율법사의 경우다. 누가 10 대중적 이해대로라면, 예수는 이 질문에 대해 '오직 나를 믿고 죄 용서함을 받아, 이 땅에서는 영적인 평안을 얻고 죽어서는 천국에 간다'는 유형의 말로 답을 했어야 한다. 하지만 예수는 개신교의 대중적 이해에 전혀 동의하지 않는다.

예수는 두 경우 모두에서 그들의 종교가 요구했던 계명율법의 '실천 여부'를 질문한다. 부자 청년에게는 "생명에 들어가려면 '계명들을 지키라'" 대답한다. 그리고는 설명을 요구하는 청년에게 십계명으로 요약되는 유대의 율법을 말한다. 율법사에게는 "율법에 무엇이라 기록되었고, 너는 어떻게 읽느냐?"라는 동일한 질문을 던진다. 예수는 여전히 율법의 유효성에 의존하며, 그 실천 여부에 주목하고 있다. 살인, 간음, 도적질, 거짓증거, 부모공경이 그것이다. 율법사가 요약한 것처럼 네 이웃을 네 몸같이 사랑함이다. 청년은 "나는 이 모든 것을 다 지켰습니다. 아직도 무엇이 부족합니까?" 하고 되묻는다. 마태 19:20 청년은 어려서부터 경건한 삶을 살아왔던 것이다.

하지만 예수는 '한 가지 부족한 것'을 제시한다. 마지막 열 번째 계명에 문제가 있었다. "네 이웃의 집을 탐내지 말찌니라." 이웃의 아내,

종, 우양, 소유에 대한 탐욕 말이다.

이 지점에서 청년, 그리고 오늘날 신자들의 신앙적 오해의 지점이 두드러지게 부각된다. 그것은 가벼운 것 같지만, 인간의 죄악의 근저, 바울도 '우상숭배'로 지적했고 예수도 재물맘몬과 하나님 섬김을 같이 할 수 없다며 우상의 위치로 확인한 바 있는 '탐심'의 이슈였다. 청년 자신은 모든 계명을 어려서부터 지켜 왔고, 이웃의 것을 탐내거나 빼앗은 적이 없었다고 자신했을 것이다. 그러나 예수는 이 사안을 다른 시선으로 바라보고 있었다. 대부분의 사람들이 가난에 허덕이고 사는 현실에서 그가 여전히 많은 부, 곧 땅과 그 땅을 경작할 노예와 그것을 운용할 자본을 소유하고 있다는 사실 자체가 바로 '희년'을 실천하지 않은 탐욕의 죄인 것이다.

따라서 예수가 보기에 이 부자 청년에게 영생의 길은 바로 이 '탐욕'으로부터의 자유, 곧 희년 실천의 여부에 달려 있었다. 재산이 많았던 그에게 예수는 그 재산을 다 팔아 '가난한 자'에게 나누어 주고 하나님 나라의 길을 따를 것을 권면했다. 예수는 그 청년에게 지금 여기에서의 '희년' 실천을 요구한 것이다. 그 희년이 실현되어야 할 시점은 지금이고, 그 배경은 여기에 있는 가난한 사람들의 삶터라는 것이다. 이것이 하나님 나라 복음에 담긴, 영생을 묻는 부자청년에 대한 예수의 직접적 언명이다. '나 믿으면 돼'가 아니었다. 아니 '예수를 믿는 믿음'은 바로 지금 희년을 실천하는 것이었다.

하지만 그 부자는 재물이 많으므로 근심하며 떠나고 만다. 이때 예수가 결론을 얘기했다. "내가 진정으로 너희에게 말한다. 부자는 하늘나라에 들어가기가 어렵다." 19:23 "내가 다시 너희에게 말한다. 부자가 하나님의 나라에 들어가는 것보다 낙타가 바늘귀로 지나가는 것이 더 쉽다"24 결국 예수는 불가능을 선언한 것이다!

제자들의 반응을 주목해보라. 그들은 이 말을 듣고 매우 놀라서 "그러면, 누가 구원을 받을 수 있겠습니까?"25 하고 물었다. 결국 구원의 이슈였다. 그것은 그들의 상식을 뒤엎는 말이었던 것이었다. 부자가 구원을 얻지 못하면 누가 얻는단 말인가? 당대의 정통신학은 '인과응보적 세계관'에 입각해 있었다. 하나님의 복을 누리는 상태가 부富요, 반대로 가난은 하나님의 심판이 임한 상태였던 것이다. 욥기나 시문서에 나타난 당대의 보편적 세계관이 바로 그것이다. 사람이 의로우면 복을 받고 불의하면 심판을 받는 것이 마땅하다. 말을 바꾸어 누군가 잘 살고, 부자로 안연히 살고 있다면, 그것은 그가 경건한 의인이요 하나님의 인정을 받고 있는 것으로 이해되었고, 그 모든 소유는 그에 대한 하나님이 주신 복을 의미했다. 반대로 누군가 사고를 당하거나, 질병이나 고통스런 현실에 처해 있다면, 이는 그가 불의하거나 하나님 앞에서 죄인임에 틀림없었다. 따라서 그가 당한 현실은 하나님의 심판과 저주가 임해 있는 현실을 의미했다.

그러므로 지금 여기에서 고통스런 현실에 놓인 사람들, 곧 가난한 사람들은 당연히 하나님의 저주와 심판 아래 놓여 있다는 전제가 있었다. 그래서 욥기는 근본적으로 이러한 강자 중심의 세계관에 카운터펀치를 날리는 것이다. '의인'인 욥이 당하는 고통의 원인을 그러한 보편적 인과응보의 프레임으로 해석하는 세 친구에게 하나님의 책망이 이어진다. 욥기는 당대의 세계관을 전복하는 신학적 도발을 던지고 있는 것이다. 그 세계관은 '그러므로 너희 고난 받는 자들은 회개하라' 하고 강요하지만, 하나님은 '인생은 그게 아니다' 라고 말씀한다.

오늘날도 이 세계관이 여전히 교회에서 떠나지 않고 있다. 세월호 유가족들 중 많은 이들이 속해 있던 교회에서 견디지 못하고 떠났다고 한다. 인과응보적 세계관은 희생자들을 하나님의 심판의 눈으로 바라보게 한다. 하지만 이미 욥기에서부터 그런 세계관은 틀렸다고 강변하고 있다. 고통을 이해하는 하나님 나라의 관점이 없다면, 이런 인과응보적 세계관은 고통 받는 사람들을 두 번 죽이는 결과를 초래해 낸다.

그 세계관에 의하면, 부자는 하나님의 복을 받은 자이고 그것을 받아 누려 마땅한 자들이다. 사후에 천국에 있다면 그들이야말로 천국의 상석에 갈 사람들인 것이다. 하지만 예수가 그 해석 틀을 뒤집는다. 부자는 하나님의 복을 받은 것이 아니다. 그것은 탐욕의 우상신을 섬긴 결과물이다. 그러므로 그들은 하나님 나라에 들어갈 수 없다. 낙타가 바늘구멍에 들어갈 수 있으면 모를까, 그것이 불가능하다면 그들 역시 불가능하다. 신학적으로든 과학적으로든 낙타가 바늘구멍을 통과해 갈 수 있다고 보는 이는 없을 것이다. 예수가 정신 나간 게 아니라면 예수는 지금 부자가 하나님 나라에 들어올 수 없다고 말하고 있다. 그런데도 오늘날 교회에는 '부자도 예수 믿으면 구원이요 천국'이라 주장하며, 예수를 면박한다. 그 예수의 이름으로 부자들을 축복하고 환영하며, 심지어 그들에게 교회의 권력까지 맡긴다. 심지어 그들에게 영생까지 보장한다. 예수가 '아니라'고 선언하는 것에도 오늘날 교회는 그것들을 예수의 이름으로 정당화 해 주는데 아무런 거리낌도 갖지 않는다.

하지만 예수는 분명히 부자가 하나님 나라에 들어가기가 불가능하다고 적시했다! 심지어 예수는 '지금 여기'에서 여전히 부자인 자들을 지속적으로 비난했다. 그에게는 타협의 여지가 없다.

첫째, 산상수훈의 평행구인 평지설교에서 예수는 부자들과 부요한 환경에 사는 이들에 대한 날선 비판을 가했다. '지금' 부요함으로 웃음 웃고 모든 이의 찬사를 받고 사는 그들에게는 '화가 있다'!

> 24 그러나 너희 부요한 사람은 화가 있다. 너희가 너희의 위안을 이미 받았기 때문이다. 25 너희 지금 배부른 사람은 화가 있다. 너희가 굶주릴 것이기 때문이다. 너희 지금 웃는 사람은 화가 있다. 너희가 슬퍼하며 울 것이기 때문이다. 26 모든 사람이 너희를 좋게 말할 때에, 너희는 화가 있다. 그들의 조상이 거짓 예언자들에게 그와 같이 행하였다. 누가 6:24-26

둘째, 한 해 농사 끝에 많은 소출을 거둬들인 한 부자는 그 밤에 목숨을 잃는 심판을 예고 받는다. 그는 큰 창고를 새로 짓고, 그 많은 곡식을 축적해 두고 여러 해 평안히 누리고 살자고 자신을 위무한다. 그러나 예수는 그를 '어리석은 자'라 간단히 평하며 심판을 경고한다.

> 18 그는 혼자 말하였다. 이렇게 해야겠다. 내 곳간을 헐고서 더 크게 짓고, 내 곡식과 물건들을 다 거기에다가 쌓아 두겠다. 19 그리고 내 영혼에게 말하겠다. 영혼아, 여러 해 동안 쓸 많은 물건을 쌓아 두었으니, 너는 마음을 놓고 먹고 마시고 즐겨라. 20 그러나 하나님께서 그에게 말씀하셨다. 어리석은 사람아, 오늘 밤에 네 영혼을 네게서 도로 찾을 것이다. 그러면 네가 장만한 것들이 누구의 것이 되겠느냐? 누가 12:18-19

이처럼 죽음까지 언급하며 부자를 심하게 비난하는 이유는 무엇일까? 예수는 그 소출이 홀로 소유하고 '축적할 재산'으로 여기는 것을 악으로 보았다. 예수에게 그것은 가난한 자들의 '일용할 양식'으로 나누어져야 할 하나님 나라의 소산이어야 한다. 그 부자는 자신에게 허락된 부를 축적하고 누릴 줄만 알았지 마땅한 실천했어야 할 희년을 간과했다.

셋째, 한 부자와 거지 나사로의 비유가 있다. 그 부자도 경건하여 하나님의 은혜를 입어 호의호식하며 살았다. 그런 부자에게도 예수는 지옥의 심판을 제시한다.

> 22 그러다가 그 거지가 죽어서 천사들에게 이끌려 가서 아브라함의 품에 안겼고, 그 부자도 죽어서 땅에 묻히게 되었다. 23 부자가 지옥에서 고통을 당하다가 눈을 들어서 보니, 멀리 아브라함이 보이고, 그의 품에 나사로가 있었다. 누가 16:22-23

이유가 무엇이었는가? 이 부자의 과오는 무엇이었는가? 그는 부요함 속에서도 자신의 상에서 떨어지는 부스러기로 연명하던 거지 나사로의 형편을 간과했다. 그 역시 자신의 부를 누릴 줄만 알았지 일상에서 희년을 실천하지 않았다. 이 이야기들 자체가 당대 사람들에게 주었을 충격을 상상해 보라. 사람들은 이 둘의 뒤바뀐 운명의 소식에 깜짝 놀랐다. 예수는 희년 없던 세상에 과감히 희년을 선언했다. 하나님 나라는 희년을 통해 임하기 때문이다.

이는 예수가 부자를 미워하거나 부富 자체를 부정해서가 아니었다. 하나님 나라는 평균케 하는 나라다. 그 잉여곡식은 사유재산이 되어서는 안 된다. 공급자인 하나님의 관점에서 보면 그것은 모든 사람들의 일용할 양식으로 나뉘어져야 할 것이다. 그러나 그 부자는 '어리석게도' 자신이 축적할 사유재산으로 주장한다. 한정된 재화가 특정 소수에 의해 축적되어버리면 가난한 누군가에게는 어마어마한 결핍을 초래한다. 예수는 그 현실을 악으로 보았다.

수많은 사람들이 일용할 양식이 없어 굶주리고 있는 현실에서, 수많은 사람들이 오늘 여기에서 부스러기로 연명하는 현실을 두 눈으로 목도하고 있음에도 불구하고 여전히 부를 축적하고만 있는 부자의 현실 그 자체를 예수는 악이라 보았다. 그들은 하나님의 창조의도인 '희년' 명령을 위반하고 있었던 것이다. 그래서 예수는 죽음과 지옥이란 극단적 심판을 언급하며 그들의 실상을 강력하게 탄핵하고 있는 것이다. 이것이 예수가 전파한 하나님 나라의 복음이다. 부자는 하나님 나라에 들어올 수 없다! 그들이 여전히 부자로 남아 있는 한, 그들은 '하나님 나라의 잔치에 들어올 수 없다!' 부요한 실상을 살던 이들에게는 판을 뒤엎는 불편한 이야기였다.

하지만 오늘날 교회들은 예수의 희년의 복음을 말하지 않는다. 부자들도 예수 믿으면 여전히 천국 간다며 영생까지 보장한다. 복음서에 비추어 보았을 때, 이는 명백히 예수의 가난한 자들을 위한 복음을 왜곡하는 것이다. 마태복음 25장의 마지막 때의 청사진을 참고해 보라. 만민을 심판하는 광경 속에서 누가 영원한 상급을 약속 받는가? 소위 경건하고, 종교적 의무 수행에 성실했던 이들은 오히려 영벌에 처해진다. 영생은 하나님 나라의 복음에 헌신하여 각자의 삶에서 모두에게 복된 현실, 곧 '희년'을 실천한 이들의 몫이다. 지극히 작은 자들이 처한 고통의 상황에 각자가 예수의 대리인으로서 어떻게 반응했는가가 이를 결정한다. 이는 선지자 이사야가 이미 제시한 실천 덕목들이다. 희년의 실천은 오래된 선지자들의 열망에 잇닿아 있다. 다시 한번 "내가 기뻐하는 금식"이란 어구 속에 있는 '금식'이란 단어를 '신앙' 또는 '예배', '경건', '일' 등으로 대체하여 읽어보라.

> 6 "내가 기뻐하는 금식은, 부당한 결박을 풀어 주는 것, 멍에의 줄을 끌러 주는 것, 압제 받는 사람들을 놓아 주는 것, 모든 멍에를 꺾어 버리는 것, 바로 이런 것들이 아니냐?" 7 또한 굶주린 사람에게 너의 양식을 주는 것, 떠도는 불쌍한 사람을 집에 맞아들이는 것이 아니냐? 헐벗은 사람을 보았을 때에 그에게 옷을 입혀 주는 것, 너의 골육을 피하여 숨지 않는 것이 아니겠느냐? 이사 58:6-7

한 사마리아 사람의 희년 – 강도 만난 자의 이웃이 되라

'영생의 길'을 묻는 단 두 가지의 사례 중 그 두 번째가 누가복음 10장에 나온다.

한 율법사 신학자, 법학자가 예수에게 와서 '무엇을 하여야 영생을 얻는가'라고 질문한다. 그는 궁금해서라기보다는 예수를 시험하기 위해 온 것 같다. 예수는 역질문으로 답한다. 역시 그는 그 질문 속에서도 '율법의 유효성'을 강화한다.

"율법에 무엇이라 기록되었고, 그대는 또 그것을 어떻게 읽는가?"

학자답게 그는 율법을 간결하게 요약한다. '마음과 목숨과 힘을 다해 하나님을 사랑하고, 이웃을 제 몸과 같이 사랑'하는 것이다.

"옳다."

그는 율법을 잘 요약했다. 하지만 예수는 그것으로 부족하다 보았다. 덧붙이는 말이 중요하다.

"이를 행하라. 그러면 살리라."

실천하지 않을 것이라면 좋은 말이나 개념이 무슨 쓸모가 있겠는가?

하지만 이 사람이 예수 앞에 자신을 의롭게 보이려고 그 유명한 질문을 곁들였다.

"내 이웃이 누구인가?"

그때 예수가 들려준 비유가 그 유명한 '사마리아인의 비유'다. 예수는 이 비유 속에서 질문을 바꾸었다. '내 이웃이 누구인가?'라는 물음 대신 "누가 강도만난 자의 이웃이 될 것인가?"다!

이 대목에서 우리는 예수 믿어 구원받는다는 확신에서, 예수 믿음의 개념이 확장되어야 함을 깨달아야 한다. 관건은 '예수 믿음' 자체에 있는 것이 아니라, 우리들 중에 누가 그 강도만나 죽어가는 사람에게 돕는 손길을 제공하는가, 또는 누가 그의 구원자가 될 것인가에 있다.

예수가 결론으로 제시한 답은 무엇인가? 누가 그 강도만난 자의 이웃인가? 응당 그러할 것으로 간주되었던 종교인인가? 성경을 그럴 듯하게 풀어내는 신학자인가? 애석하게도 모두 아니다. 그 '죽어가는 자에게 자비를 베푼 자'다. 당황스럽게도 예수가 제시하는 그 사람은 당대 유대인들이 사람 취급조차 하기를 꺼려하던 사마리아 사람이다. 이 '사마리아 사람' 대신 이 시대의 혐오대상으로 간주되는 소수자들을 넣어 읽어 보면 그 의미를 훨씬 생생하게 읽어낼 수 있을 것이다. 하지만, 예수의 이야기 속에서 그 사마리아인은 유일한 참 인간이다. 예수는 인간미를 상실한 두 종교인들과 그들을 우호적으로 이해하던 청중들에게 그들이 혐오하고 배제하던 사마리아 사람을 참 인간됨의 표상으로 등장시킨다. 그리고는 '여러분도 이 사람처럼 행하시오'라고 권면까지 하고 있다.

한편, 여기에서 '강도만난 자'가 누구인지는 고려하지 않는다. 그의 성별, 소속, 종교, 국적, 인종, 신분, 연령, 장애여부 등은 '이웃'이 되는데 조건으로 작용하지 않는다. 심지어 그가 우리 편이든 아니든 상관하지 않는다. 폭력에 희생된 이, 도움이 필요한 이, '죽어가는 이'는 누구든 우리의 이웃이 되어야하며, 그에게 어떻게 반응하는가가 그의 선한이웃이 되는 데 유일하게 관건이 될 뿐이다.

예수는 뒤이어 '가서 너도 이와 같이 하라'는 행위명령으로 결론을 내린다. 가서 너희도 '강도 만난 자의 이웃이 되라'는 것이다. 이것이 예수가 이해하고 제시한 '영생의 길'이다. 그것은 '예수 믿음'이라는 구두적 고백을 넘어서는 것이다. 그것은 일상에서 실천하는 희년의 삶이다.

이것을 우리가 아는 '예수 믿음'과 등치시키려면 '예수 믿음'이란 바로 하나님 나라의 가치를 실현하는 행위라 할 수 있다! 부자청년에게 예수 믿음은 '축적한 재물을 나눔'이며, 율법사에게 예수 믿음은 '강도 만난 자에게 자비를 베품'인 것이다.

왜 답이 하나가 아닌가? 왜 간결하지 않은가? 무엇이 다른가? 하나님 나라 복음의 척도에서 부자는 '재물축적'이 문제였고, 율법사에게는 '실천궁행' 없는 사변적 신앙이 문제였다. 따라서 부자에게는 재물을 나누어 평균된 현실을 마련하는 것이 영생의 길이며, 신학자에게는 자신의 신학을 실천적 삶으로 입증하는 것이 영생에 이르는 길이 되는 것이다.

특별히 이 이야기들은 개신교의 대중적 구원관이 '영적이고 내세적이며 오직 믿음'으로의 구원 이해에 초점을 두는 경향에 대응하여 주목해야 할 내용이다. 특이하게도 이 영생에 대한 질문은 모두 부자들에 의해 제기된 질문이다. 어쩌면 하루살기에도 숨 가쁜 가난한 자들은 영생을 운운할 형편도 되지 못했을지도 모른다. 현실에 유여한 자들이 현실의 기득권도 누리고, 그것을 영속화 하고자 하는 구조를 분명히 하고자 했을 것임에 틀림없다. 하지만 예수가 제시하는 영생의 길은 영적이거나 사후의 어떤 실체가 아니다. 그것은 문제 많은 이 땅의 현실에 맞서 하나님 나라가 도래하도록 적극적인 참여를 통해 주어지는 현실적 삶의 문제다.

궁극적으로 예수는 '새로운 영적 영생의 길'을 제시하지 않는다. 율법의 요구에 따라 하나님의 백성으로서의 구별된 삶을 사는 것은 모두에게 당연한 일이다. 하지만 영생은 그러한 개인적 경건에 머무는 현실이 아니다. 수많은 모순과 억압으로 고통하는 세상 속에서, 하나님의 자녀들은 '이 땅 위에서' 하늘 뜻이 이루어지기를, 곧 하나님 나라가 이 지옥 같은 현실 속에 편만하게 임하기를 추구하며 살 때 비로소 주어지는 현실이다.

그러므로 예수의 관점에서 영생은 개인경건의 이슈도 아니요, 그것은 영생의 필요충분조건이 되지도 못한다. 또한 영생의 이슈는 결코 '천국은 어떻게 가느냐'의 주제로 축소되지 않는다. 구원의 지평을 단순히 영적이고 내세적인 것으로 이해하고, 그마저도 실천이 배제된 '믿음으로' 퉁쳐 버리는 대중적 구원 이해는 이 지점에서 매우 낯선 것이 되고 만다. 결국 예수의 초점은 '죽어서 천국 가는' 궁극적 구원의 길에 앞서, 바로 지금 여기에서 모든 인생이 '참 삶' 곧 '하나님의 형상대로 지음 받은 사람다운 삶'을 사는 것에 있다고 할 것이다.

각자의 일상에서 실천되어야 할 희년

경건한 부자청년에게도 '한 가지 부족한 것'이 제시되는데, 그것은 영생의 문제에 있어서 '결정적인 것'으로 제시된다. 즉 그가 부자인 것은 그가 희년을 실천하지 않았음을 증명하는 것이다. 따라서 이 땅에 고통을 지속시키는 데 기여한 것이며, 그래서 그것은 하나님 앞에서 악인이며, 그러므로 그가 하나님을 믿고 개인경건을 실천한다 할지라도 하나님 나라에 들어올 수 없는 것이다.

이 대목이 바로 예수가 제시하는 성경의 현세적이고 공적인 구원 지평에 대한 구체적인 그림이다. 사마리아인은 자신의 상황에서 자신이 가진 것으로 '강도만난 자의 이웃'이 되어준 것처럼, 우리도 가서, 우리의 현실 속에서 '강도만난 현실'을 막아서는 이웃이 되어야 한다.

오늘날 우리 현실에서 이 하나님 나라의 희년은 어떻게 선포되고 실현되어야 할까? 누가 우리의 가난하고 강도만난 이웃인가? 우리는 누구의 이웃이 되어주어야 할까?

문 밖의 사람들은 내세의 천국을 가야하는 절실한 필요에 앞서, 바로 자신들이 처한 생생한 삶의 현실에서 고통하고 있다. 대중들의 고통의 자리는, 오늘 머물 집이 없고, 내일의 양식이 없으며, 채권자의 독촉과 위협 속에서 신음하며, 해고의 위협에 처해 있거나 구직이 막막한 '지금 여기'의 현실이다. 어떤 이들은 '오늘' 질병과 사고, 전쟁과 재난으로 고통하며 죽어가고 있다. 나라 밖 어떤 이들은 가족의 생계를 위해 절도나 강도 심지어 장기를 팔거나 어린 나이에도 교육의 현실에서 소외되어 몸을 팔아야 하는 아이들도 있다. 당장 이 나라의 삶의 현실은 주택 및 전셋값 폭등과 거대한 비정규직화, 청년 실업, 중산층 붕괴, 급격한 노령화, 빈부격차 심화, 분단으로 인한 전쟁의 위협, 핵발전소의 위협과 사회 전반에 놓인 안전 불감증, 환경파괴 등으로 신음하고 있다. 부의 공정분배나 투명성 있는 경제활동을 기대할 수 있는 정의와 공평의 가치는 희미하고, 권력자들 사이에서는 탈세와 편법증여, 위장전입, 차명계좌, 방산비리 등의 온갖 부정과 부패가 일상이 되어 있다.

이러한 국면에 대해 하나님 나라의 복음은 어떤 적용을 기대하는가?

그것은 하나님 나라의 백성들에게 어떤 종류의 희년 실천을 기대하는가?

보다 큰 그림은 다음 장들에서 살펴보기로 하고, 여기에서는 하나님 나라가 각자의 삶에서부터 구현되어야 함을 강조하고자 한다. 그것이 우리의 삶에 임한다는 것은, 모든 이들의 일상 속에 안연한 현실이 임해야 한다는 말이다. 예언자들이 꿈꾸었던 것처럼 모두가 자신의 무화과나무와 감람나무 아래에 안연히 거하는 현실이 각자에게 보장되어야 하는 것이다. 미가 4:4 양질의 직장도 있고, 보람을 느끼는 일이 있고, 여가도 있고, 풍요도 있어야 한다. 그래서 일상에 시도 있고, 음악과 예술, 맛난 것, 멋지고 아름다운 이성친구도 있고, 사랑스런 가족도 있어야 한다. 각 개인의 삶에 '정상적'인 일상이 주어져 사람답게 사는 현실, 존엄한 현실이 먼저 부여되어야 하는 것이다.

어떤 이들의 강조하는 '자기 부정'과 달리, 기독교는 '나'의 중요성을 강조해야한다. 그들은 '자기부인'을 너무도 강조한 나머지 '자기'는 온통 '죽여야 할' 대상으로 여기고 심지어 신자들을 내적 무기력 상태에까지 몰아붙이는 경향이 있다. 생각해 보라. 이웃 사랑의 극치가 어디까지인가? 결국 '내 몸같이'가 아닌가? 나를 사랑하지 못하는 이가 어떻게 '나만큼' 이웃을 사랑하겠으며, 그 사랑의 정도에서 무엇을 기대하겠는가?

인류 역사상 가장 중요한 사람은 어떤 위인들이 아니라 바로 다름 아닌 '나' 자신이다. 나 없이는 세상도 없다. 그렇다면 나에게 가장 중요한 시간은 언제이겠는가? 바로 '지금'이다. 나에게 있어 가장 중요한 공간은 어디이겠는가? 바로 '여기'다. 우리의 현실이다. 인간은 과거의 기억과 더불어 미래의 희망을 가지고 결국 '오늘'을 사는 존재다. 과거는 지나가버린 역사요 미래는 아직 도래하지도 않은 허상인 반면, 현재는 지극히 구체적인 실체다. 그래서 인간은 결국 '오늘'만 살아간다고 해도 과언이 아니다. 어제도 '오늘'이라 일컫는 시간을 살아왔고 내일도 '오늘'이라 말하며 살 것이다. 예수도 '오늘'을 살았고 미래의 인간들도 '오늘'을 살아 갈 것이다. 그러므로 하나님 나라의 가장 중요한 시점은 오늘이며, 가장 중요한 공간은 '여기'다. 그래서 누군가는 평생 행복하게 사는 비결은 '오늘'을 행복하게 사는 것이라 했다. 오늘 행복하면 어제를 기억하며 '행복했노라' 회상할 것이다. 또한 오늘 행복하면 보다 행복한 '내일'을 꿈꿀 수 있다. 예수는 심지어 고통 중에 하루를 살아가는 청중들에게 이렇게 말한다. "그러므로 내일 일을 걱정하지 말아라. 내일 걱정은 내일이 맡아서 할 것이다. 한 날의 괴로움은 그 날로 족하다." 마태 6:34

환생을 믿지 않는 기독교는 한번뿐인 인생임을 주장한다. 사실이 그러하다면 '지금 여기'에 '존재'하며 살아가는 실존이 얼마나 귀하고 특별한가? 그것도 반복의 기회도 없이 한번 뿐인 인생이라면 지금 여기에서 경험하는 인생은 얼마나 복된 현실이어야 하겠는가? 게다가 그 인생의 실존에 고통과 억압이 상존해서야 되겠는가? 따라서 창조주 하나님의 구원하시는 복된 소식은 바로 '오늘'에 임한 고통의 문제에 대안이 되어야하지 않겠는가?

그래서, 우리 각자는 오늘의 일상을 잘 살아야 한다. 따라서 성경의 '자기 부인'은 사사로운 욕망이나 이기적 탐심을 경계하는 것에 국한되어야지, 자아나 삶을 부정하는 것으로 확대해석 되어서는 안 된다. 오히려 하나님 앞에 단독자로 설 수 있는 건강하고 주체적인 '자아'는 절대 부정되어서는 곤란하다. 우리의 평범한 일상에 희년의 복음은 지속되어야 한다. 일상의 정상성을 해치는 모든 위험과 억압과 왜곡에 자유와 해방이 선언되어야 한다.

물론 일상의 영성을 너무 강조하다보면, 하나님 나라의 총체적 임함에 대한 초점을 희석할 위험성이 있다. 보다 '구조적'인 측면에 대한 저항의식의 제거 위험이 그것이다. 그럼에도 하나님 나라의 도래는 각자의 일상에서부터 시작되어야 하며, 그 현실이 개인의 영역을 넘어 '모두의' 영역에까지 고루 편만하게 미치는 현실을 지향해야 한다.

우리의 평범한 일상에 희년의 복음은 지속되어야 한다. 일상의 정상성을 해치는 모든 위험과 억압과 왜곡에 자유와 해방이 선언되어야 한다.

교회 너머의 복음

3부

예수와 길동무 되어

9장 회심, 하나님 나라에 참여하는 길

10장 연대, 가난한 노동자들을 향한 하나님의 마음

11장 저항, 제국의 시대를 살다간 성서시대의 사람들

12장 확장, 교회의 경계를 넘어

9장

회심, 하나님 나라에 참여하는 길

'이신칭의' 복음과 부자의 구원

오직 믿음으로 구원받는다는 이신칭의의 교리를 강조하는 개신교 신앙은 예수에 관한 십자가와 부활만 강조하느라 예수의 핵심 메시지인 하나님 나라를 간과했다. 비판적 학자들은 이 교리의 토대가 되었던 바울의 강조를 '3일 신학'이라 꼬집는다. 그가 예수의 하나님 나라의 실체에 침묵하고, 십자가에서 부활까지에 이르는 '3일' 간의 뼈대를 가지고 신앙을 진술하기 때문이다. 이 때문에 그의 메시지에서는 예수의 삶과 메시지, 하나님 나라의 역동이 제거되고 구원은 매우 추상적이고 신학적인 것으로 기울었다. 바울신학에 경도된 개신교 신학은 복음서 자체까지 바울의 관점으로 해석하는 해석적 편향을 일삼아왔다.

문제는 바로 이 교리가 성서해석의 주요 해석 틀이 되어왔다는데 있다. 복음서, 예수, 성서 전반을 해석할 때나 기독교의 실천을 말할 때도 '오직 믿음'이 그 모든 것을 여는 키가 되었다. 그래서 사실상 성서가 강조하는 풍성한 삶의 실제 영역들을 왜곡시키기도 했고, 그것이 하나의 견고한 교리가 되고 해석적 렌즈가 되면서 본말전도의 왜곡이 발생하기도 했다. 즉 예수와 복음서 해석에까지 과도하게 작동시키면서 예수가 강조한 하나님 나라 복음까지 축소시켰다.

나아가 이신칭의의 복음은 많은 기여에도 불구하고, 신자들이 터 딛고 살고 있는 현실 문제를 도외시하게 만들었다는 문제가 지적되어야 한다. 구원이 믿음에 의해 이미 보장된 것이라면, 결국 중요한 것은 삶보다는 구원의 확신 여부가 아니겠는가? 그래서 대중기독교는 '삶'의 여부보다 '구원의 확신'을 점검하고자 한다. 하지만 앞서도 언급했듯, 성서의 풍성한 하나님 나라의 구원 이미지는 죄용서나 구원의 확신 여부뿐만이 아니다. 많은 제사규정들을 통한 죄용서와 회복의 이미지 외에도, 출애굽 이야기에서 보는 정치적 해방 이미지, 율법희년법에서의 사회 경제적 해방 이미지, 포로 귀환에서의 귀향 등 매우 입체적이고 총체적인 회복의 이미지를 통한 구원현실이 제시되고 있다. 다시 말해 믿음과 죄용서 일변도의 복음이 구원을 설명하는 전부가 아닌 것이다. 성경은 '지금 여기'의 역사 현실 속에 임하는 하나님의 풍성한 구원역사를 중단 없이 증거하고 있다.

특히 '믿음으로 구원' 교리의 강조는 예수의 목소리까지 잠재우곤 했는데, 예컨대 대중기독교가 '부자도 예수 믿으면 구원 받는다'는 단순한 이해가 그 중 하나라 하겠다. 예수는 분명한 어조로 '부자는 하나님 나라에 들어가기 어렵다'고 선언했다. 마태 19 아래에서 보겠지만, 심지어 그의 말을 잘 이해하지 못하는 제자들에게 반복과 강조를 곁들여가며, 당대의 일상 속에서 가장 큰 짐승이었던 낙타와 가장 작은 출구로 간주되던 바늘귀 '바늘문'이어도 상관없다를 대조하며 부자들에 대한 구원 불가에 대한 입장을 분명히 했다.

그러나 이신칭의에 경도된 대중기독교는 표면적 '믿음' 하나로 그 누구든지 구원의 반열에 포함시키려 애를 썼다. 부자는 물론이고 불의하고 포악을 행하며 가난한 자들을 억압하는 악한 권세자들과 자본가들, 부도덕한 종교지도자들과 온갖 기득권을 행사하는 행악자들에게 '믿음'이라는 면죄부를 무한정 발부했다. 정당한 회개는 요구되지 않았고, 그들이 교인되어 들어오는 것을 기뻐하며 간증이란 이름으로 대중 앞에 자랑하는데 급급했다. 그러는 사이 교회는 그들의 죄악과 신분을 세탁하는 역기능을 드러내기에 이르렀고, 그 악인들에 의해 고통을 당한 가난한 사람들은 절망하며 떠나갔다.

예수의 형제 야고보는 다음과 같이 부자들을 탄핵한바 있다.

> 5 나의 사랑하는 형제자매 여러분, 들으십시오. 하나님께서는 세상의 가난한 사람을 택하셔서, 믿음이 좋은 사람이 되게 하시고, 하나님을 사랑하는 이들에게 약속하신 그 나라의 상속자가 되게 하지 않으셨습니까? 6 그런데 여러분은 가난한 사람들을 업신여겼습니다. 여러분을 압박하는 사람은 부자들이 아닙니까? 또 여러분을 법정으로 끌고 가는 사람도 바로 그들이 아닙니까? 7 하나님께서 여러분에게 주신 그 존귀한 이름을 모독하는 사람도, 바로 그들이 아닙니까? 야고 6:5-6

본문의 비난처럼 이 시대의 부자들 역시 부와 권력과 재화를 독점하고 하나님의 분배정의를 막는다. 그들은 가난한 자들, 힘없는 자들, 무지한 자들을 억압하고 소외시키며, 법의 힘까지 동원하여 괴롭히고 있다. 그래서 '악인'이란 평가를 받는다. 성경은 지속적으로 부자들이야말로 이 세상 경제적 불평등의 주범으로 인식한다. 한정된 재화의 무한 축적을 부추기는 경제체제의 폐해를 성경은 직시한다. 그래서 그들에게는 하나님 나라의 잔치가 배제된다. 그들은 자격이 없다. 그들 자신들의 잔치에 집중하느라, 모두가 함께 잔치하는 현실을 막아서고 있기 때문이다. 그러므로 성경이 부자들에게 주는 약속은 '구원'이 아니라 '심판'이다! 그들은 바깥 어두운데 쫓겨날 것이다. 슬피 울며 이를 갊이 있을 것이다.

그런데도 교회는 이 하나님의 이름으로 부자와 악한 권력자들에게 면죄부를 발부한다. 심지어 예수의 이름으로 구원과 영생의 허가증까지 발부한다. 하지만 근본적으로 예수의 하나님 나라 복음은 '가난한 자'들을 위한 복음이다. 복음서 예수의 발화방식을 차용하여 반복한다. '내가 진실로 진실로 너희에게 이르노니…' 예수가 선포한 영생에 이르는 복음은 '부자들을 위한 복음'이 아니다!

오직 한 길, 회심!

그렇다면 예수는 부자들의 구원에 이르는 길을 막은 것인가? 그럴 리가 없다. 다만 조건이 분명히 다를 뿐이다. 우선 예수가 제시하는 하나님 나라에 들어가는 길은 '회개, 또는 회심'이다. 예수는 그 선포의 첫마디로 "회개하라!"고 선언했다. 회개란 무엇인가? 간단히 뉘우침인가? 요한복음에서는 대신 '거듭남'이란 말을 사용한다. 예수는 니고데모에게 '사람이 다시 나지 아니하면 결단코 하나님 나라에 들어갈 수 없다'는 말로 이 개념을 대신한다. 요한 3:3-5 예수는 하나님 나라에 들어오는 필수조건으로 회심 또는 거듭남을 말했다. 그것은 부자뿐 아니라 모든 사람을 향한 보편적 선언이다.

오늘날 대중기독교에는 회심에 대한 일반적인 오해가 있다. 이 말들은 대개 개인적 의미에서의 회개 또는 개종만을 의미하는 것으로 이해되고 있다. 개인적으로 뉘우치고, 예수 믿어서 기독교인이 되면 천국가게 된다는 도식이 그것이다.

예수는 죽어서 영생을 누린다는 천상천국이 아니라, 이 땅에 임하는 하나님의 통치현실로써의 하나님 나라를 강조했다. 죄와 탐욕과 불의와 폭력 등으로 왜곡되고 뒤틀린 이 땅의 삶이 하나님이 오셔서 통치하심으로 이루어질 온전한 샬롬의 현실을 맞게 되는 바로 그 나라를 기대하고 있다. 그러한 하나님 나라에 속하기 위해서는 '회심'이 필수적이라 선언한 것이다!

그렇다면 구체적으로 회심은 무엇인가? 먼저 회심에 대한 세례요한의 권고에 주목해 보라.

> 10 무리가 요한에게 물었다. 그러면 우리는 무엇을 해야 합니까?
> 11 요한이 그들에게 대답하였다. 옷을 두 벌 가진 사람은 없는 사람에게 나누어 주고, 먹을 것을 가진 사람도 그렇게 하여라.
> 12 세리들도 세례를 받으러 와서, 그에게 말하였다. 선생님, 우
> 리는 무엇을 해야 하겠습니까? 13 요한은 그들에게 말하였다. 너
> 희에게 정해 준 것보다 더 받지 말아라.
> 14 또 군인들도 그에게 물었다. 그러면 우리들은 무엇을 해야 하겠습니까? 요한은 그들에게 말하였다. 남의 것을 강탈하거나 거짓 고발을 하지 말고, 너희의 봉급으로 만족해라. 누가 3:10-14

요한이 선포하고 있는 회심은 흔히 오해하고 있는 방식의 회개가 아니다. 그것은 정적이고 영적이며, 내면적이고 언어적이며 감정적인 어떤 반응을 넘어선다. 그것은 매우 실천적인 결행이다. 회심은 옷 두벌

있는 자가 옷 없는 자에게 나누어 함께 헐벗음을 면하고, 먹을 것이 있는 자도 먹을 것이 궁한 자와 나누어 함께 배부른 현실을 공유하는 것이다. 가진 자들이 자발적 나눔을 통해 모두가 비인간화를 극복하고 함께 인간 존엄을 누리는 현실을 공유하는 행위다. 불의와 부정, 폭력과 강압, 거짓과 불법을 거부하고, 정의와 정직, 적법과 정상성을 회복해 내는 것이다.

그러므로 성경이 말하는 거듭남과 회심은 눈물 한번 뿌리며 감정적 정화를 경험하는 일이 아니라, 삶의 철저한 돌이킴과 방향전환을 의미한다. 그러므로 회심은 예수가 선포한 하나님 나라의 가치를 실천적으로 반영하는 삶으로의 돌이킴이다. 따라서 비리와 부정의 전형적 인물이던 세리도 정당한 세금징수라는 기대되는 업무에만 충실하도록 요청받는다. 폭력과 억압의 전형적 인물이던 군인에게도 폭력적 강탈과 거짓소송을 중단하고, 주어진 급여에 만족하도록 요청 받는 것이다. 그것은 기존 질서에 반하여 새로운 삶으로의 전향을 뜻하며, 궁극적으로 개인의 지평을 넘어서는 사회적 회심을 의미한다. 그러므로 세례요한이나 예수가 의미하는 회개는 개인적 후회를 넘어 사회적이고 공적인 전향을 의미한다. 자신의 안위와 안정, 출세, 평안, 부요를 구가하던 길에서 떠나, 이웃의 안위와 안정, 부요를 함께 구하는 삶인 것이다. 곧 자기중심의 삶에서 벗어나 하나님 나라를 위한 삶으로 돌이키는 것을 회심이라 한다.

영화 〈변호인〉은 관객 1천만을 넘길 정도로 많은 이들의 공감을 불러일으켰다. 고 노무현 전 대통령이 변호사이던 시절의 에피소드에 픽션을 가미하여 만든 영화로 알려졌는데, 최근 군사정권 시절로 회귀해 가던 암울한 정치현실 속에서 한동안 뜨거운 화제를 불러 모았다. 필자에게도 국가, 민주주의, 정의, 이웃 등에 관해 많은 생각거리를 던져준 영화였지만, 특히 '회심'과 하나님 나라라는 주제와 관련하여 이 영화는 매우 생생한 실례를 제공해주었다.

이 영화는 한 직업적 '변호사'가 어떻게 인간적 '변호인'으로 회심했고, 그 결과는 무엇인지를 생생히 보여주었다. 가난과 비루함으로 고통 받던 한 젊은이가 사법시험에 합격하여 입지전적 신분상승 기회를 얻는다. 그럼에도 그는 돈 없고, 빽 없고, 가방끈도 짧아 열등감에 사로잡혀 지냈지만, 열심히 노력한 끝에 이름을 내며 성공가도를 달리게 된다. 결국 그는 이 사회가 어찌 돌아가든 자기만 알고, 돈과 안정만 구가하던 직업인 변호사로 자리 잡아 간다. 그러던 어느 날 그는 어느 시국관련 사건을 계기로 돌연 타인의 고통을 인식하게 된다. 이웃의 필요를 알게 되고, 그들과의 공감은 물론 이웃이 고통 받는 현실에 참여함으로 그들을 돌아보는 이웃인 변호인으로 변모해 살아가게 된다. 한 평범한 변호사의 전향, 그것은 그에게 있어 사회적이고 공적인 회심 사건이 되었고, 그의 개인사는 물론 한 나라의 역사에 중요한 역할을 감당하게 했다.

예수는 다음에 언급할 성서 속의 부자 청년이 그를 떠나간 뒤, 제자들에게 의미심장한 말을 남겼다. 그는 '이 세상이 새롭게 되어' 자기 영광의 보좌에 앉을 때를 전망했다.마태 19:28 하나님이 통치하는 새로운 세상, 기존 질서가 뒤바뀌고 새로운 세계질서가 임해 와야 한다는 전망을 매우 사실적으로 전한 것이다. 그런데 부자들은 그 나라에서 얻을 몫이 없다. 아니 그 나라에 참여할 수조차 없다. 하지만 예수와 하나님 나라를 위해 소중히 여기던 모든 것을가족 관계, 집과 전토 버리고 예수를 따른다면 그 나라를 얻게 될 것이다. 그 때에는 그와 더불어 이 세상을 통치하게 될 것이다. 나아가 이 땅에서 여러 배의 보상을 받게 될 것이며, 하나님이 기대하시는 진정한 삶 곧 영생을 누릴 것이다.[29]

하지만 예수는 의미심장한 한마디를 덧붙였다. "그러나 첫째였다가 꼴찌가 되고 꼴찌였다가 첫째가 되는 사람들이 많을 것이다!"[30] 예수는 과연 '누가 이런 회심의 삶을 구체적으로 살 것인가?'를 도전하고 있다. 이 선문답 같은 표현은 '회심'이라는 맥락에서 매우 심각한 결과를 도출한다.

이 프레임을 통해 이를 설명하고 있는 두 개의 익숙한 이야기를 좀 더 살펴보기로 하자. 부자청년의 이야기는 다소 반복이 있겠지만 초점을 조금 달리해가며 다시 살펴보기로 하자.

회심을 거부한 사람, 부자 청년

> 16 그런데 한 사람이 다가와서 예수께 말하였다. "선생님, 내가
> 영생을 얻으려면, 무슨 선한 일을 해야 합니까?" 17 예수께서 그
> 에게 말씀하셨다. "어찌하여 너는 나에게 선한 일을 묻느냐? 선
> 한 분은 오직 한 분뿐이시다. 네가 생명에 들어가고자 하거든 계
> 명들을 지켜라."
> 18 그러자 그는 예수께 "어느 계명들입니까?" 하고 물었다. 예수
> 께서 말씀하셨다. "살인하지 말아라, 간음하지 말아라, 도둑질
> 하지 말아라, 거짓으로 증언하지 말아라, 19 부모를 공경하여라.
> 그리고 네 이웃을 네 몸과 같이 사랑하여라 하는 계명들이 있지
> 않으냐?"

20 그 젊은이가 예수께 말하였다. "나는 이 모든 것을 다 지켰습
니다. 아직도 무엇이 부족합니까?"
21 예수께서 그에게 말씀하셨다. "네가 완전한 사람이 되고자 하
거든, 가서 네 소유를 팔아서, 가난한 사람에게 주어라. 그리하
면, 네가 하늘에서 보화를 차지하게 될 것이다. 그리고 와서. 나
를 따라라."
22 그러나 그 젊은이는 이 말씀을 듣고, 근심하면서 떠나갔다. 그
에게는 재산이 많았기 때문이다. 마태 19:16-22

부자청년… 위 진술에 따르면, 그는 이미 하나님을 믿고 그 계명을 따라 살아오고 있는 신앙인이었다. 그는 성실한 청년이요, 하나님의 축복을 받은 부자, 영적인 관심사 또한 지대한 사람이었다. 한마디로 나무랄 데 없는 신앙인이었다. 곧 '먼저 된 사람'이다. 얼마든지 자신이 속한 종교공동체에서 인정받고 구원을 약속받은 자였을 것이다.

그러나 예수는 그것으로 부족하다 선언한다. 영생을 추구하는 그에게 그 정도는 온전하지 않다. 부자인 그는 율법선생들의 가르침을 따라 모세의 법을 성실히 따르면 될 것이라 생각해 왔다. 하지만 예수가 소개하는 하나님 나라는 차원이 다른 실재였다. 그것은 개인이 십계명을 준수해 냄으로 경건에 이르는 소극적인 현실이 아니었다. 예수는 여기서도 모세를 넘어선다. 문자 그대로의 계명은 소극적인 반응만으로도 실천이 가능하다. 살인하지 않고, 간음하지 않으며, 도둑질하지 않고, 거짓증거 하지 않는 정도라면 적극적인 실천으로 해내는 일이라기보다 그냥 '하지 않으면' 되는 일이다. 게다가 부모를 공경하는 일 정도는 부자에게 어려운 일이 아니다. 사회적 현실을 고려하지 않고서도 홀

로 얼마든지 준행 가능한 일이다. 사실, 그는 그런 구원관 속에서 여전히 부족함을 느꼈을지도 모른다. 그래서 그는 예수께 보다 진지한 실재를 질문했을 것이다.

"내가 무슨 선한 일을 하여야 영생을 얻겠습니까?"

이쯤에서 오늘날 대중기독교의 '영생'에 대한 이해는 재검토되어야 한다. 그리스도인들에게 이 질문을 한다면 대개는 '그것은 틀린 질문'이라 면박을 할 것이다. 그들은 '무슨 선한 일'로 구원을 받는 게 아니라 '예수 믿어 구원'을 받는다고 믿기 때문이다. 이것이 정답이라면 우리는 예수로부터 동일한 답을 기대해야 한다. 그러나 예수는 '나를 믿어야 영생을 얻는다'고 답변하지 않는다. 예수는 '계명들을 지키라', 즉 '선한 일을 행하는 것'이 길이라고 답변한다. 이런 실천적 선행의 강조가 결여된, 단순한 '믿음으로 구원 받는다'는 관념적 교리는 점검되어야한다.

예수는 적극적이고 급진적이며, 매우 실천적인 회심을 강조한다. 부자 청년의 진정한 구원은 그가 재물축적을 통해 하나님의 창조의도를 왜곡시키는 관행으로부터 돌이켜야 한다. 그의 부요함이 수많은 가난한 이들의 일상을 핍절하게 방치하고 있기 때문이다. 세상의 공리가 아무리 개인의 부를 선하게 본다한들, 다시 말하지만, 예수의 희년의 복음은 절대적 빈곤에 처한 이웃들의 실상에 눈먼 축적된 부는 악일뿐이다. 따라서 그의 구원은 회심을 통해, 즉 그 가진 소유를 내어 가난한 자들과 함께 누리는 현실을 제공함으로써 비로소 주어진다.

하지만 그는 이 '구원의 길'을 선택하지 않는다. 그는 회심을 기꺼워하지 않는다. 그는 예수의 권면과 제자의 길로의 초청을 거부하고 예수를 등지고 말았다. '먼저 되었던 자가 나중'이 되고 만 것이다.

그가 회심하지 않는 동기는 무엇이었을까? 물론 개인적이고 사회적인 동기가 있을 것이다. 무엇보다 자신이 의미를 부여하고 있던 안정감의 근거, 사회가 암묵적으로 동의하고, 존중하는 가치… 바로 돈과 재물을 포기할 수 없었을 것이다.

그도 생각이 있었을 것이다. '사람들이 순진하다. 내가 가진 것이 얼마인가? 내가 어떻게 모은 재산인가? 이것 없이 세상을 어떻게 사는가? 세상에 돈 가지고 할 수 없는 일이 무엇이란 말인가? 돈이 곧 권력인 이 세상에서 돈을 포기하는 것은 무엇을 의미하는가? 내 모든 기득권을 내려놓으란 말인가? 비루한 삶 외에 그래서 내가 얻는 것은 무엇인가? 나는 나의 터전에 더해 영생을 얻고 싶은 것이지 내 것을 포기하고 그 무엇을 얻는다는 것은 상상하지 않았다.'

'또한 저 무지렁이들이 내 소유를 나눠받을 자격은 무엇인가? 그들이 내게 무엇이란 말인가? 내가 그들을 책임질 이유가 무엇인가? 세상에서 무엇을 얻든 대가가 필요하지 않는가? 단지 가난하다는 것이 무슨 특권이라도 되는가? 게다가 그들이 가난한 이유는 나의 책임은 아니지 않는가? 그들이 가난한 이유는 그들이 게으르고, 무지하고, 무능력하기 때문이 아닌가? 그들이 창의적이지 않고, 정직하지 않으며, 대가를 지불하거나 희생하지 않고, 그저 바라기만하기 때문이 아닌가? 그렇다면 그들의 가난은 결국 자기들 책임 아닌가?'

그는 예수가 요구하는 전향을 받아들일 수 없었다. 그는 아무런 변화 없이 자기의 길로 돌아가 버리고 말았다. 이것이 바로 '먼저 된 자가 나중 된다'는 예수의 실제의미다.

이쯤에서 질문해 보자. 만일 이처럼 부자가 회심하지 않는다면 어떻게 되는가? 일례로 그 영화 속 송변호사가 회심하지 않았다면 어떻게 되었을까? 그 불의한 사건은 그렇게 확정되고 묻히고, 왜곡은 수정되지 않았을 것이다. 가난하고 억울한 이들의 희생은 당연한 것으로 간주되고 보상되지도 못했을 것이다. 그러나 회심한 사람들의 개입은 상황을 반전시킨다. 그 사건 역시 재심을 통해 사실을 폭로해 냈다. 변호인의 회심은 불법이 판치는 불의한 세상 한복판에서 당당히 정의를 외쳐야 함을 사람들로 깨닫게 했다.

질문을 바꾸어, 만일 이 땅에서 부요한 기독교 공동체에 회심이 없다면 어떻게 되는가? 부자인 우리가 회심하지 않는다면 어떻게 될까? 세상은 점점 나빠져 갈 것이다. 더욱 살벌한 약육강식의 세계가 펼쳐질 것이다. 악한 자는 그대로 악하고, 불의한 자는 그대로 불의한 세상으로 유지될 것이다. 가난한 자는 그대로 가난하고 비참하며, 슬퍼하는 자는 더욱 슬프고, 억압받는 자는 더욱 고통스러울 것이다. 반면 부자는 더욱 부하고 안녕을 누리는 불평등한 세상이 될 것이다. 그것이야말로, '먼저 된 자가 나중 되는 일이 많다는 경고'를 교회 스스로가 입증하는 셈이다.

다시 질문해 보자. 만일 송변이 전과 같이 자신 안에 갇혀 세상이 추구하던 개인의 영달만 붙잡았다면 어땠을까? 송변 자신은 부산의 유지가 되고 거부가 되고, 역사적 격동기에 고난당하지 않아도 되었을 지도 모른다. 선택은 각자의 몫이다. 회심하여 예수의 하나님 나라에 속해 오거나, 자신이 속한 기존 질서에 순응하거나…

회심을 선택한 사람, 삭개오

1 예수께서 여리고에 들어가서, 그 곳을 지나가고 계셨다. 2 그런
데 마침 삭개오라고 하는 사람이 거기에 있었는데, 그는 세리장
이고 부자였다. 3 삭개오는 예수가 어떤 사람인지를 보려고 애썼
으나 무리에게 가려서 예수를 볼 수 없었다. 그가 키가 작기 때문
이었다. 4 그래서 그는 예수를 보려고 앞서 달려가서 뽕나무로 올
라갔다. 예수께서 거기를 지나가실 것이기 때문이었다.
5 예수께서 그 곳에 이르러서 쳐다보시고, 그에게 말씀하셨다.
"삭개오야, 어서 내려오너라. 오늘은 내가 네 집에서 묵어야 하
겠다." 6 그러자 삭개오는 얼른 내려와서 기뻐하면서 예수를 모
셔 들였다. 7 그런데 사람들이 보고서 모두 수군거리며 말하기를
"그가 죄인의 집에 묵으려고 들어갔다."하였다.
8 삭개오가 일어서서 주님께 말하였다. "주님, 보십시오. 내 소
유의 절반을 가난한 사람들에게 주겠습니다. 또 내가 누구에게
서 강탈을 했으면 네 배로 갚아 주겠습니다." 9 예수께서 그에게
말씀하셨다. "오늘 구원이 이 집에 이르렀다. 이 사람도 아브라
함의 자손이다. 10 인자는 잃은 것을 찾아 구원하러 왔다." 누가 19:1-10

삭개오 이야기에 가면 분위기가 확 바뀐다. 비난받던 세리에게 구원이 임한다. 예수의 판단에 하나님 나라에 들어올 수 없던 '부자'가 갑자기 하나님 나라의 주빈이 된다. 유대인 전통에서도 전혀 구원을 얻지 못할 것이라 여김 받던 세리가 아브라함의 약속의 자녀로 수용된다. 그에게 무슨 일이 일어난 것인가?

그가 회심한 것이다! 돈밖에 모르던 자요, 명예도, 민족도, 이웃도 모르던 사람이 하나님 나라의 현실을 선택한 것이다. 그토록 소중히 여기던 돈을 팽개쳐버리고 이웃을 선택한다. 안중에도 없던 이웃에게 재산의 절반을 나눈다. 착취하던 이웃에게 심지어 네 배나 갚는다. 부정을 일삼고 뇌물에 익숙하던 이가 정직과 공의를 선택한다. 개인적이고 사회적인 회심이다. 그는 예수를 만나, 개인으로부터 사회로, 맘몬에서 하나님 나라의 가치로, 자기중심성에서 이웃에게로, 자신의 안녕에서 공공의 안녕으로 회심을 한 것이다.

예수는 지체 없이 구원을 선언했다.

"오늘 구원이 이 집에 이르렀다. 이 사람도 아브라함의 자손이다." 누가 19:9

이것이 '예수를 믿는다'는 진술이 구현하는 현실이다. 그를 믿는다는 것은 그의 길로 방향을 전환하는 것이다. 자신의 안위만 추구하던 자가 자기 삶의 주권을 내려놓고 그의 도를 따르는 것이 곧 예수를 믿는 것이다. 예수가 전파하는 하나님 나라의 현실에 자신을 투입하는 것이다. 삭개오가 '나 예수 믿소'라는 개종적 고백을 하지 않음에도 불구하고 예수는 그에게 '구원'을 선포한다. 구원은 믿음의 고백을 넘어 믿음의 실천에서 결정 나는 것이다.

달리 말해, 그는 하나님 나라의 기대가치인 '희년 실천'을 통해 하나님 나라의 영생을 취한 것이다. 이제 부자로서 그는 그 가진 부를 가난한 자들에게 공여하는 기여자가 되어 그들과 함께 평균된 현실을 누리는 것이다. 가난한 자들이 오늘 이웃으로 여전히 존재하고 자기 일상에서 무너짐을 경험하고 있는데도 불구하고 부자들이 여전히 부자인 채로 남아 있다면, 예수의 복음은 그들에게 화음禍音이 된다. 하지만,

그들이 예수의 하나님 나라의 복음, 곧 희년의 복음에 회심해 온다면 오히려 그들은 하나님 나라의 평균된 현실을 만들어내는 엄청난 기여를 하게 되는 것이다.

예수는 삭개오의 실례를 통해 부자들을 위한 구원의 길을 분명히 보여주었다. 부자는 근본적으로 하나님 나라에서 배제되어 있는 것이 아니다. 그들은 희년의 회심을 통해 하나님 나라에 당당히 참여할 수 있다. 실제로 부자는 하나님 나라의 실재에 기여하는 수많은 재원을 가지고 있다. 그 재화는 하나님 나라의 역사에 얼마나 중요한 기여가 되는가? 그래서 부가 단순히 부정되지 않는다. 중요한 것은 그 부가 어떻게 그 가치에 부응하게 분배되어야 할 것인가이다. 그래서 하나님 나라의 공의라는 개념은 단순히 법적 정의보다는 분배적 정의가 중시되고 있다. 하나님 나라의 차원에 가장 중요한 이슈가 되는 것은 역시 경제적 문제다. 성서가 특별히 강조하고 있는 것이 바로 가난한 자들에 대한 관심이다.

다시 이야기로 돌아와, 삭개오가 회심한 결과는 어떠했는가? 가난한 이들에게 문자 그대로 복된 현실이 임하게 했다. 궁핍하던 이들에게 먹을 양식이 전달된다. 착취당하던 백성들에게 공정한 현실이 임한다. 저주받은 현실 속에 기쁨의 잔치가 뒤따른다. 그의 주변에 있던 모든 사람이 그와 함께 기뻐하며 하나님 나라의 잔치를 즐긴다. 이 복된 현실이 곧 구원이다. 하나님이 다스리시는 현실이다. '나중 되었던 자가 먼저 된 현실'이 임했다.

이처럼 하나님의 백성이 회심하면 인간이 다같이 차별 없는 세상을 맞이하게 된다. 모두가 존엄을 누리고 살아가는, '사람 사는 세상'이 펼쳐진다. 공동체에 활력이 돈다. 정직과 존중과 배려가 숨 쉬는 공동체가 만들어진다. 가정이 화목해지고, 직장이 밝아지며, 사회가 건강해 진다. 사회적 각성과 부흥이 임하는 것이다.

이런 회심이 없다면, 심지어 그것이 교회라 할지라도 생명의 약동은 없다. 아무리 신자가 많아지고, 예배당이 커져도 결코 하나님 나라는 임하지 않는다. 아무리 교세가 커지고, 헌금이 많이 모이고, 화려한 예배당이 도시의 한 복판에 우뚝 선다 해도 이 땅에 하나님 나라는 도래하지 않는다. 심지어 아무리 많은 선교사가 파송된다 해도 이 세상의 변혁은 없다!

다시, 영화 속 송우석 변호사의 변화를 '회심' 차원에서 생각해 보라. 그것은 '직업적 변호사'가 '이웃인 변호인'이 된 회심 사건이다. 분명 '나중된 자가 먼저 되었다!' 자신의 영달과 안녕을 포기하고 사람 살리는 변호인이 되었다. 그는 정의와 인권의 변호인으로 변신해 나왔다. 자기중심적 삶에서 스스로를 보호할 수 없는 민초들을 위한 삶으로 방향을 전환했다. 남들의 고통에 눈감고 살다 그들의 고통을 막아주고 개선해주고자 하는 삶으로의 회심 말이다! 하나님 나라는 그러한 회심을 통해 비로소 임해오는 실재다.

종종 이 대목에서 오해가 하나 생겨난다. '그렇다면 하나님은 우리를 벌거벗기시겠다고 작정하신 것인가?' 우리나라의 많은 베이비부머 세대들의 현실처럼, 가진 것이라고는 겨우 집 한 채 남아있는데 예수는 그것까지 다 팔아야 한다고 주장하는 것인가?

그럴 리가 있겠는가? 하나님은 오히려 모든 인간들이 풍성한 삶을 살기를 기대한다. 예수는 "도둑은 다만 훔치고 죽이고 파괴하려고 오는 것뿐이다. 나는 양들이 생명을 얻고 더 얻어서 풍성함을 얻게 하려고 왔다" 요한 10:10고 선언했다. 그는 '모든 이들이 일용할 양식'에 풍족하고 자신의 거처에서 안연히 사는 존엄한 인간현실을 기대했다. 오늘 우리시대에 '누가 부자인가'하는 질문은 공동체 안에서 별도로 제기해야 할 문제가 될 것이다.

회심과 하나님 나라

여전히 부자가 하나님 나라에 들어갈 수 없다는 사실을 수긍하기 어려운 이들이 있을 것이다. 마음으로는 이해한다 해도 실제로는 부자가 되고자 하는 욕망에서 쉽게 벗어나기는 쉽지 않을 것이다. 문제는 오늘날 우리가 바로 성경 속 청년과 같은 부자 계층의 사람들이라는 사실이다. 신실한 부자 청년에 대한 예수의 판단처럼, 우리들도 여전히 우리 욕망으로부터 구원받아야 할 상태에 있다. 현대 그리스도인들은 부유한 현실 속에서 재물의 노예, 맘몬의 포로가 되어 있기 때문이다!

그렇다면 '우리' 부자들은 어떻게 구원을 받는가? 어떻게 영생에 이르는가? 부자청년이 예수께 했던 질문을 자신의 질문으로 여기고 예수께 질문해보라. 대중기독교 신앙이 답하는 것처럼 단순히 예수를 믿으면 구원받는 것인가? 이렇게 기독교인으로 남아 교회생활에 성실하며 우리 삶을 다 살아낸다면 결국 우리에게 영생이 주어질 것인가?

더는 혼동하지 말아야 한다. '예수 믿으면 구원'이라는 전제는 맞지만, 그것은 단순한 신앙고백이나 교회의 소속을 의미하지 않는다. 예수에 따르면 길은 오직 하나다. 회심이다! 하나님 나라에로의 방향전환이다. 그 예수 믿음은 세속적 가치와 욕망으로부터의 자유를 불러와야 한다. 재물에 마음 두고, 소유에 믿음 두고, 더 가지고 누릴 미래에 소망 두고 있던 삶의 방향으로부터 회심하여 돌이켜야 한다. 부자들에게 유일한 구원의 길은 그들이 재물 곧 맘몬으로부터 회심하여, 가난한 자들과 함께 잘 사는 세상을 만들어 가는데 있다.

다른 길은 없는가? 적어도 예수의 판단에 따르면 없다!

성경적 회심은 곧 개인의 회심을 넘어 사회적 회심에 잇대어 있다. 한번 울고 뉘우치며, 돌아서서는 변화 없는 삶을 살아버리는 것은 성경적 회심이 아니다. 한번 수련회나 특별집회 참석해서 눈물 빼고 감동받고 헌신을 각오하는 것이 성경적 회심이 아니다. 삭개오의 예에서 보듯, 회심은 일시적 개종이 아니라 자기의 재산을 포기하는 회심이다. 부자청년도 단순히 눈물뿌림의 회개나 개종이 필요한 자가 아니었다. 아니 그 정도는 누구나 한다. 그는 자신의 부를 나누는 회심이 필요한 사람이었다. 맘몬을 길에서 돌이켜 예수의 길로 회심하는 것은, 오늘 우리 모두에게도 동일한 해답이다.

하지만 그 청년처럼 우리도 예수의 충고를 따를 마음이 별로 없다. '구원의 확신만 있으면 그만 아닌가' 하고 항변하고 싶어진다. 예수가 유일한 영생의 길로 제시하는 하나님 나라에로의 실천적 회심이 내심 불편하다. '그거 자유주의 신학 아닌가' 하며 의심이 든다. 그런 포기 없이 여전히 교회를 사랑하고 신자의 의무를 행하며 제자리에 머물러 있고 싶다. '나 한 사람 무언가 포기한다고 해서 세상이 바뀔 리도 없다'고 마음을 다잡는다.

거기에 예수의 판단은 재차 분명하다. "나귀가 바늘구멍을 통과하지 못한다면 부자도 결단코 하나님 나라에 들어올 수 없다!"

개인 뿐 아니라 교회 역시 회심에 이르러야 한다. 하나님 나라의 복음에는 관심 없고 잘해야 개교회의 양적 성장에 관심하던 교회도 돌이켜야 한다. 약자들의 고통에 관심하고, 불의한 현실에 눈을 돌리는 사회적이고 공적인 회심에 이르러야 한다. 성령의 충만함을 받은 초대교회가 서로의 필요를 돌보며 유무상통을 이뤘던 것처럼, 교회공동체 내의 경제적인 평균방안을 구체적으로 도모해야 한다. '진리의 성령'에 충만함으로 불의한 현실을 폭로하고 진리를 선포하는 교회가 되어야 한다. '보혜사 성령'에 충만함으로 고통 받는 약자들을 변호하는 공동체로 거듭나 기꺼이 고통 받는 교회가 되어야 한다.

영화 속 회심한 송변이 불의한 현실에 맞서 "이라믄 안 되는 거잖아요…"라고 외치는 것처럼 회심한 하나님 나라의 시민은 "세상이교회가 이렇게 돌아가면 안 되는 거잖아요!"라고 외칠 수 있어야 한다.

만일 교회 공동체가 '하나님 나라의 복음'으로 회심한다면, 지역사회에 어떤 변혁이 올까? 만일 서울의 대형교회들에서 '하나님 나라의 복음'이 선포되고 그 많은 신자들이 하나님 나라의 희년의 복음에 회심해 온다면 이 사회에 어떤 일이 일어날까? 이 복음을 가진 교회가 세습에 열을 올리고 초호화판 예배당을 지어가면서 그처럼 이기적이고 세속적인 그리스도인으로 살아간다는 것이 가당키나 할까? 알고도 반쪽 복음, 교회형으로 축소된 복음에 만족하고 살든지, 아니면 하나님 나라의 총체적 복음에 회심하든지 결단해야 할 것이다.

기독교의 선포, 곧 예수의 십자가의 복음은 자기 목숨 내어서 죄인을 구했다는 소식이다. 예수가 먼저 걸어갔고 그리스도인들을 부르는 이 '십자가의 길'은 '회심' 없이는 불가능 한 길이다. '회심'은 '자신의 길'을 걷던 명목상 그리스도인들에게, 십자가의 길을 걷는 실천적 그리스도인의 길을 걷게 한다.

이제 우리는 갈림길에 서 있다. 여전히 자신의 영토에 머물며 익숙한 질서를 고수할 것인가? 아니면 사회적 회심을 통해 하나님 나라로 뛰어들 것인가? 자신이 변호사이든 무엇이든, 예수를 따르는 자가 그 직업을 하나님의 소명 아닌 돈 버는 수단과 호구지책으로 삼는다면 누추한 것이다. 자기 안에 갇혀 자기만 추구하는 사람이라면, 타인에게는 오히려 해로운 존재가 될 수도 있다. 하지만 회심하여 세상을 변화시키는 자가 되겠다고 결심을 한다면 세상은 당신을 감당치 못할 것이다. 역사 이래 진정으로 회심한 사람들, 곧 약자들과 연대하여 살아간 이들을 세상이 감당치 못했다. 그러나 동시에 세상이 주는 불이익과 박해와 고난은 감내해야 할 것이다. 그래서 예수를 따르는 삶이 십자가의 길인 것이다. 히브리서 11장에 나오는 믿음의 영웅들이 박해받고 죽임을 당한 이유는 한결같았다. 그들은 단순히 '예수 믿어 천국 가자'는 복음의 전달자들이 아니었다!

예수를 따르는 이들은 날마다 성찰하며 회심의 과정을 지속해야 한다. '나'로부터 돌아서 '이웃'으로 회심하여, 이 땅에 하나님 나라를 구현하며 살아내고자 결심하라. 하나님 나라가 당신의 것이다!

10장

연대, 가난한 노동자를 향한 하나님의 마음

이런 세상이 온다면

"나에게는 꿈이 있습니다!" I have a dream!라고 연설을 했던 미국 민권 운동의 대부 마르틴 루터 킹 목사의 말은 사실 하나님 나라의 이상을 염두에 두고 꿈꾸었던 예수의 이상에 잇대어 있다. 필자 역시 예수의 하나님 나라 복음에 기대어 오늘의 노동현실을 바라보며 다음과 같은 상상을 해 본다.

이 땅의 모든 노동자들이, 아니 예수의 이름으로 운영되는 회사나 그것도 아니라면 교회에서만이라도 모든 노동자들이 정규직 비정규직의 차별 없이, 직임-직급-근무연한 등에 따라 차별적 대우가 없는 세상이 올 수는 없는 것일까? 단지 그리스도 안에서의 형제자매라는 관계로 묶여, 각자의 필요에 따라 넉넉한 급여를 받는 현실은 불가능할까? 그래서, 더 가난하거나 또는 가정을 꾸리며 자녀양육과 교육 등의 필요가 더 많은 이들이, 더 부유하고 또 자녀들의 필요를 이미 충족한 이들보다 더 많은 급여를 받는 현실이 주어진다면 어떨까?

기독교 대학의 교수들 중에서도 전임, 비전임에 따른 신분과 급여,

대우로 인한 차별이 사라진 현실을 함께 맞을 수 없을까? 직원들 가운데서도 정규직, 비정규직, 연구원 등의 신분과 급여 차가 사라짐으로 모두에게 안정된 신분이 보장되고, 동일 노동에 대한 동일 임금, 동일 복지가 실현된 현실을 경험할 수는 없을까? 교회에서도 단지 담임목사라는 직위 때문에 많은 사례를 받기보다, 부양가족 수가 많고, 주거비며 자녀교육비가 많이 드는 부목사가, 또는 관리집사나 간사 등이 더 많은 사례를 받는 현실은 불가능한 것일까?

이것이 실은 예수의 상상이었다! 앞서 보았던 '하나님의 은혜의 해'를 선포하며 이 땅에 도래해야 할 '하나님 나라'를 설파하던 예수가 마태복음 20장에서 그려 보인 경제현실이었다. 그것은 옛 예언자들이 꿈꿨던 것 같이, 높은 산이 낮아져 깊은 골짜기를 메워 평지가 되는 현실이었고, 사도들도 꿈꾸던 '부자들이 그 부를 나누어 가난한 이들과 함께 평균케 되는 현실'이었다.

그러나 현실은 냉혹하다! 예수는 바로 이런 말도 안 되는 세상을 상상하다 십자가를 져야했다. 예언자들도 그런 세상을 요구하다 박해를 받았고, 사도들도 그런 하나님 나라를 전파하다 고초를 당했다. 오늘날, 세상은 말할 것도 없고, 이런 상상을 펼쳐보이던 예수를 따르는 교회마저 이런 꿈을 꾸는 이들을 '좌빨-종북'이라, 정치적이라 꼬리표를 붙이며 탄압한다. 이와 관련하여 브라질 카마라 대주교Hélder Pessoa Câmara의 유명한 말이 있다.

> 내가 배고픈 사람들을 먹이면, 그들은 나를 성자라고 부른다. 그러나 배고픈 사람들에게 배고픈 이유를 물으면, 그들은 나를 공

산주의자라고 부른다!

비정규직이 국내 전체 노동자의 절반에 달하는 현실임에도, 심지어 자신과 자신의 자녀들이 그런 차별을 받는데도, 예수의 교회는 복음과 상관없는 일이라며 그 현실에 대한 언급을 애써 회피하거나 부정하곤 한다. 과연 기독교 복음은 오늘 우리가 직면해 있는 노동현실과의 연관성이 없는 것인가? 만일 예수의 복음이 인간의 노동과 생존, 인간존엄과의 연관성이 없다면, 도대체 그것이 어떻게 '복된 소식'일 수 있는가?

그러나 이 땅의 민초들이 처한 가슴 아픈 진실을 이야기 하는 것이 예언자적 종교의 본질이고 소명이다. 그들의 아픔과 고통, 비인간적인 현실을 예수의 이름으로 말할 수 있어야 비로소 예수를 따르는 참 기독교라 할 수 있다. 오히려 민족을 두 동강 내는 이념과 체제를 넘어서는, 진리 안에서의 예언자적 비판과 대안이 요청되어야 한다. 이 땅의 제반 문제 상황에 대하여 예언자적 비판과 하나님 나라의 대안을 제시할 수 있어야 건강한 교회라 할 수 있다. 그것이야말로 궁극적으로 교회와 민족 공동체를 건강하게 만들 것이기 때문이다.

최근 국내 대학사회 내 청소노동자들에 대한 관심과 언론의 보도는 우리 중에 있는 가난한 노동자들에 대한 불편한 현실들을 드러내어 각성하는 기회를 제공했다. 언론 보도에 따르면, 그들은 용역회사를 통한 간접고용 구조에다, 최저가 낙찰제를 취사선택하는 대학의 고용방침과 그 구조 안에서 어려움을 겪는 중이었다. 실정법의 그늘에 가려 보이지 않는 착취가 진행되고 있었던 것이다. 필자 역시도 이런 현실에 무관심하다보니 필자가 속한 대학에서도 같은 일이 진행되고 있음을 나중에야 알게 되었다. 그들이 이러한 형편에 처해 있는 사실도 모르고 그저 오가며 친절한 척 그분들께 무심한 인사만 주고받으며 지내온 셈이었다.

재고할 필요도 없이, 하나님 나라를 전망하는 성서는 가난한 노동자들을 향한 하나님의 관심을 지속적으로 드러내고 있다. 이번 장에서는 그 관심사들을 주목해 봄으로, 기독교 공동체들이 가난한 노동자들을 향해 어떤 태도를 보여야 할지 살펴보자.

구약성서의 관심

구약성서는 근본적으로 야훼의 언약백성의 삶에서 빈부 격차를 상상하지 않는다. 사유재산을 인정하지 않는다는 뜻이 아니라, 앞서 언급한 희년제도를 통하여 삶에서 불가피하게 발생하는 불평등의 영구화를 사전에 차단하고 수정하고자 하는 것이다. 특히 농경사회에서 주요 생산수단인 땅은 하나님의 소유임을 천명함으로써 원칙적으로 토지에 대한 개인의 사적 소유를 금하고, 모든 백성이 대대의 기업으로 경작함으로 공히 샬롬의 경제를 누려가는 현실을 전망하고 있다.

"땅을 아주 팔지는 못한다. 땅은 나의 것이다. 너희는 다만 나그네이며, 나에게 와서 사는 임시 거주자일 뿐이다." 레위 25:23

하나님이 이스라엘의 유일한 대지주이며, 백성은 그 땅을 분배받아 경작하는 소작인으로, 거기서 생존과 복 누림이 허락되어 있었다. 그러나 실제로 그들은 각기 분배받은 땅에서 포도원과 무화과나무, 감람나무를 재배하는 하나님의 자유민이어야 했다. 왕상 4:25

그러한 토지의 계약적 분배와 자유로운 경작, 그리고 거기에서 얻는 소출의 향유는 모두 백성을 향한 하나님의 은혜의 선물로 이해되었다.

그러므로 왕이나 어떤 인간 권력자가 이를 압제하거나, 착취하거나, 토지를 강제로 몰수해서는 안 되었다. 왕상21. 나봇의 포도원 사건 참조 이것이 성경에 명시된 이스라엘의 '땅 신학'이요, 그 기본 강령이었다. 바로 레위기 25장과 신명기 11장이다.

다시 반복하지만, 모든 토지는 하나님께 속해 있고, 다만 그 경작권이 모든 구성원에게 공평하게 분여되어 있는 것이다. 그러므로 그 땅에서 발생한 소출은 모든 이들이 각각 땀을 흘린 만큼 모두에게 고루 나눠짐으로 하나님의 거룩한 백성의 삶을 영위할 수 있었다. 이처럼 여호와의 백성, 곧 언약의 백성이라는 근본 의미는 이스라엘의 땅의 신학에 토대해 있었다.

하지만 이러한 이상과 달리, 이스라엘의 경제 질서에 재해와 재난, 가진 자들의 탐욕과 힘의 논리, 또한 개별적 실패와 죽음과 같은 삶에 내재된 근본적 곤경 등으로 왜곡이 생겨났다. 따라서 현실적인 빈부격차에 따른 가난한 이들, 곧 하나님의 은혜의 경제로부터 소외되는 이들이 등장하게 되었다. 그러자 이스라엘은 그런 소외자, 즉 가난한 자에 대한 대책이 필요하게 되었다. 그것이 곧 희년제도와 가난한 자들에 대한 보호 장치였고, 그것이 율법 속에 등장하게 된 배경이 되었다.

이로써 구약에는 '가난한 자', 즉 생산능력이 없거나 사회적 분배에서 소외될 수밖에 없는 권리를 잃은 이들에 대한 하나님의 관심과, 그들에 대한 보호 명령, 나아가 그 왜곡에 대한 예언자적 비판이 곳곳에 배치되게 되었다. 율법에 소개된 가장 기본 토대가 되는 말씀은 신명기의 다음 구절들이다.

> 너희는 반드시 손을 뻗어, 너희의 땅에서 사는 가난하고 궁핍한

친족을 도와주어라. 그렇다고 하여 너희가 사는 땅에서 가난한 사람이 없어지지는 않겠지만, 이것은 내가 너희에게 내리는 명령이다. 신명 15:11

특히 생산수단인 땅으로부터 소외되어 있는 가난한 이들을 보호하고자 주어진 본문을 주목해 보자. 가난한 품꾼의 임금에 관한 계명이다.

14 같은 겨레 가운데서나 너희 땅 성문 안에 사는 외국 사람 가운데서, 가난하여 품팔이하는 사람을 억울하게 해서는 안 된다. 15 그 날 품삯은 그 날로 주되, 해가 지기 전에 주어야 한다. 그는 가난한 사람이기 때문에 그 날 품삯을 그 날 받아야 살아갈 수 있다. 그가 그 날 품삯을 못받아, 너희를 원망하면서 주께 호소하면, 너희에게 죄가 돌아갈 것이다. 신명 24:14–15

본문은 현실적으로 자신들의 기업, 즉 생산수단을 잃은 가난한 사람들의 현실을 인정한다. 하지만, 곧장 그들의 현실을 보호하고, 그 가난이 영속화되지 않도록 경계를 발한다. 우선 그들에게 결코 '억울함'을 끼쳐서는 안 된다는 것을 분명히 한다. 가진 자는 가난한 이들의 노동력을 활용하여 부를 창출하는데 도움을 얻되, 그 과정에서 그 가진 것으로, 또 임금문제로 약자들을 이중적 곤경에 처하게 해서는 안 된다.

특히 임금에 관한 규정에서는, 심지어 차별이 일상적이던 외국인에게조차 내국인과 차별해서는 안 된다. 그가 누구이든 가난한 노동자에게는 누구에게나 차별 없이 그 삯을 지불해야 한다. 게다가 반드시 그 날 해 지기 전에 주어야 한다. 가난한 자가 품삯을 제대로 받을지를 염려하며 노동에 임하게 해서는 안 된다. 그들은 가난하여 그날 임금으로 연명하는 이들이기 때문이다.

여기에는 매우 중요한 신학적 이유가 더 있다. 하나님이 직접 개입하는 양상이 가난한 자들 편에 제시된다. 고용주와 가난한 노동자 사이의 계약 안에는, 하나님이 개입해 있다는 신학이다. 즉 그것이 노동력을 제공하는 자와 품삯을 지급하는 양 당사자들만의 문제가 아니라는 것이다. 둘 사이에서 하나님은 품삯에 의존하여 사는 가난한 노동자를 편든다. 그는 그들을 대신해 품삯을 보장하는 분이다.

이스라엘 역사의 가장 생생한 구원 프레임인 출애굽 이야기에서 보듯, 하나님의 구원은 억압받고 착취당하는 이들의 고통 섞인 신음호소, 탄식과 아우성으로부터 출발한다. 나아가 출애굽 신학은 이웃에 대한 착취를 금하고, 노동과 임금, 신분 등의 보장을 요구한다. "너희는 이집트에서 종살이하던 것과 주 너희의 하나님이 너희를 거기에서 속량하여 주신 것을 기억하여라. 내가 너희에게 이런 명령을 하는 까닭도 바로 여기에 있다."신명 24:18 이스라엘은 그 집단적 기억을 통해, 바로와 그 지배질서의 억압적 통치와 경제적 착취를 정당화해 주던 종교를 거부하고, 백성을 자유하게 하는 정의와 평등의 정치, 나눔과 공감의 경제를 요구한 것이다.

왜냐하면, 이스라엘의 구원의 하나님은 착취당하고, 억압당하고, 보호받지 못하고, 스스로 무기력한 이들의 호소를 들어주시는 정의의 하나님이기 때문이다. 그는 고통에 귀 기울이며, 신원해 주시는 인애의 하나님인 것이다. 이것이 그 생생한 출애굽의 구원신학이 이스라엘의 신앙 속에 각인시켜 준 하나님에 대한 신앙고백이다.

그러므로, 성경에서 가난한 이들에 대한 관심은 곧바로 하나님의 정의 문제로 귀결되었다. 백성들이 자기 몫의 기업경작지을 보존할 수 있도록 보살피는 것이 대대로 예언자의 주된 비판과 관심사가 되었다.

특히 신명기 28장에 따르면, 이스라엘의 이 같은 경제이슈는 하나님의 율법의 순종여부를 가름하는 시험영역이었고, 하나님의 구원과 심판, 축복과 저주를 결정하는 판단자가 되었다. 특별히 이를 어겨 가난한 자들을 멸시한 결과는 민족적 멸망을 부르는데, 곧 땅을 빼앗기고 열국으로 흩어지는 저주가 임하게 했다. 그것은 어떻게 그렇게 되는가?

김회권 교수에 따르면, "하나님께만 배타적으로 소속된 자유민이 왕과 지주들의 노예가 되는 순간, 그 땅을 지키고 관리할 언약보존의 주체가 사라지기 때문에 나라 전체가 멸망"하고 마는 것이었다. 결국 이스라엘에게는 혼자만 배부르겠다는 부자들의 끝없는 사적욕망을 방치하지 않고, 하나님의 말씀에 입각하여 가난한 자들을 돌봄이 중심이 되는 공동체적 경제활동이 요청되었다. 그것이 하나님의 은혜의 선물이라면, 그 선물은 모두에게 나뉘어져야 하는 것이다.

그러므로, 양극화가 심화되고 빈부격차가 당연시되는 오늘의 자본주의 경제현실, 곧 그 안에서 가난한 자들이 돌봄 받지 못하는 오늘 현실은 이러한 성서의 기대에 반하는 경제라 할 수 있다. 기독교는 그 태동부터 이 이스라엘의 신앙고백을 '하나님의 말씀'으로 수용해 왔다. 만일 기독교 공동체가 성서 속의 하나님을 '구원의 하나님'이라 고백한다면, 그래서 하나님이 구원하신다는 공동체의 신앙고백은 그 고백을 하는 이들이 이처럼 힘없는 자들의 고통스런 현실을 돌보는 소명의식으로 수용될 때 비로소 현실화된다. 다시 말해 교회가 이 하나님을 고백하는 것 자체가 곧 그 구원의 하나님의 마음 씀을 살아내야 한다는 함의를 갖는 것이다. 적어도 교회 공동체 안에서라도 이런 억울한 호소가 하나님께 들리지 않아야 한다. 만일 그런 호소와 탄식이 하나님께 들리게 된다면, 하나님이 개입하셔서 우리를 죄 없다 않으실 것이다.

이 고백이 의미하는 바는, 어디에도 기댈 데 없고 호소할 수 없는 가난한 이들의 무력한 현실을 인지하고, 공동체가 스스로 그 현실을 개선시킴으로써 그들에 대한 구원사건의 통로가 되어야 한다는 것이다.

신약성서의 관심

예수에게 이르면, 이러한 구약의 '가난한 자들을 향한 관심'은 보다 급진적인 양상을 띤다. 앞서 살펴본 바와 같이 그는 자신의 취임사에서 누가 4:16ff 자신의 소명을 '가난한 자에게 복음'을 전하는 것이라 선언하며 '여호와의 은혜의 해' 곧 오래전 시내산 언약 속의 희년 실현을 명문화 한다!

하나님의 나라의 핵심 가르침인 산상수훈에서 그의 가난한 자들에 대한 관심이 재확인된다. 극심한 가난 하에서 고통스런 세월을 감내하는 가난한 자들에게 복이 선포된다. 전복적인 하나님 나라에서는 그들이 주빈이 될 것이다. 하나님의 통치로 그들의 가난과 주림과 결핍이 해소될 것이다! 또한 기도를 가르치는 대목에서 그는 일용할 양식에 대한 기대와 빚의 탕감에 대한 희망을 구체화 한다. 마태 6. '죄를 사해주소서'라는 구절의 헬라어 원문은 '빚을 탕감해 주소서'이다. 그는 정의로운 하나님 나라의 경제 질서를 통해 모든 이들이 함께 누릴 부의 보편적 향유와 안정된 경제를 기대했다.

특히 하나님 나라의 경제 원리로 예수가 제시한 포도원 주인의 비유는 유명하다. 마태 20 예수가 선포한 하나님 나라 비유 중에 이 그림처럼 생생한 그림으로 오늘날에 익숙한 경제체제에 도발적인 그림은 없는 것 같다. 그것은 우리가 정당화하고 있는 그 질서, 그 시스템 자체를 무력화 하고 전복하는 하나님의 음성을 들려주는 그림이다. 결론부만 다시 살펴보자.

> 9 오후 다섯 시쯤부터 일을 한 일꾼들이 와서, 한 데나리온씩을
> 받았다. 10 그러니 맨 처음에 와서 일을 한 사람들은, 은근히 좀
> 더 받으려니 하고 생각하였는데, 그들도 한 데나리온씩을 받았
> 다. 11 그들은 받고 나서, 주인에게 투덜거리며 12 말하기를 "마
> 지막에 온 이 사람들은 한 시간 밖에 일하지 않았는데도, 찌는 더
> 위 속에서 온종일 수고한 우리들과 똑같이 대우를 하시는군요"
> 하였다. 13 그러자 주인이 그들 가운데 한 사람에게 말하였다.
> "친구여, 나는 부당하게 대한 것이 아니오. 그대는 나와 한 데나
> 리온으로 합의하지 않았소? 14 그대의 품삯이나 받아 가지고 돌
> 아가시오. 그대에게 주는 것과 꼭 같이 마지막 사람에게 주는 것
> 이 내 뜻이오." 마태 20:9-14

그 주인은 '일찍부터 포도원에 들어와 일한' 스펙 좋은 사람들, 능력 있고, 역량 있고, 희생적으로 일한 직원들의 '불평'을 감수하면서도, 못 배우고, 그래서 무기력하고, 사회적 영향력 없어서 뒤늦게 포도원에 올 수 밖에 없었던 직원들의 소득을 동일한 임금으로 보전해 준다.

이 비유를 통해 예수는 이 땅의 모든 사람들이 자신의 분량을 얻는 하나님 나라의 청사진을 분명히 했다. '일한 만큼 받는다'는 것은 인류

가 보편적으로 수용하는 원칙이다. 너무 당연한 얘기다. 인간답게 산다는 것은 적어도 자신이 '일한 만큼의 정당한 보수를 받는' 현실을 사는 것이어야 한다. 일하는데도 불구하고 착취를 당하거나, 동량의 일을 하는데도 '누군가에 비해서' 대우 받지 못한다면, 상대적으로 또는 절대적으로 인간다운 삶을 보장받기는 어려운 것이다. 그것이 보장 되는 공동체가 건강한 공동체요, 곧 하나님 나라가 실현된 상태다.

하지만 이 이야기 속에는, 노동에는 이보다 더 근본적인 원칙이 있다는 것을 말해준다.

"그대에게 주는 것과 '꼭 같이' 마지막 사람에게 주는 것이 내 뜻이오."14

예수의 나라에서는 모든 노동자에게 인간답게 살아갈 수 있는 노동의 기회가 부여된다. 인간다운 삶을 영위할 수 있는 최저선의 임금이 동일하게 주어진다. 여기 나오는 한 데나리온은 바로 한 가족이 하루를 먹을 수 있는 일용할 양식에 준한 금액이다. 즉 '한 데나리온'으로 한 식구가 일용할 양식으로 배부를 수 있다면, 적어도 모든 노동자는 기본적으로 '다' 한 데나리온을 받아야 하는 것이다.

특히 강조는, 나중에 온 자, 즉 가난한 노동자에게는 그 가난이 어떻게 해서 초래 되었든, 그 차이로 인해 차별받아서는 안 된다는 점에 있다. 그의 지금의 처지, 곧 어릴 때부터 신체적으로 문제가 있었던, 지적인 문제가 있든, 성장과정에서 교육에서 소외가 되었든, 아니면 어떤 문제로 인해 초래된 현실이든지 간에, 모든 노동자는 스스로는 물론 함께하는 가족의 존엄을 지킬 수 있는 경제적 형편이 제공되어야 하는 것이다.

주목할 점은 여기에서 그의 현재의 가난이나 무기력은 개인적인 책임으로 돌려지지 않는다는 점이다. 그의 태만, 그의 무능력 등을 이유로 비난받지 않는다. 그것이 정당화되어야 한다고 주장하는 것이 아니다. 사람은 그가 하나님 형상으로 지음 받은 존귀한 인간인 이상, 비인간적인 비참한 환경을 맞이해서는 안 된다는 것이 초점이다. 그리하여 사회적 경쟁에서 도태될 수밖에 없었던 나중 온 자에게도, 오늘의 일용할 양식이 풍족하게 공급된 현실을 함께 누려야 한다는 것이다. 이것이 바로 마태복음 20장에 나오는 농장의 주인이 의도하던 바다.

그러니까 하나님 나라는 모든 노동자에게 한 데나리온 씩 준 포도원 주인이 마련한 현실과 같다는 것이다. 이 주인의 의도에 따라 그 나라에선 아무도 차별받지 않으며, 나아가 아무도 굶주린 현실을 직면하지 않는다는 뜻이다. 결국 하나님 나라는 이 땅에서 모든 이들이 완전 고용의 현실을 살아가는 상태다. 모두가 자기 노동의 열매를 풍족히 얻어 누리고 사는 현실이다. 포도원에 먼저 왔다고 정직원이 되고, 나중에 왔다고 임시직이 되는 현실을 거부한다. 학력이 높다고 고위직이 되고 학력이 낮다고 하위직이 되는 것도 아니며, 특정 직무를 한다고 더 높은 임금을 받고 평범한 작업을 반복한다고 더 적게 받는 현실도 부정된다. 하나님의 일터에서는 모든 노동자들이 차별 없이 '정의로운' 임금을 수령한다. '적당한' 또는 '상당한'으로 번역된 단어는 '디카이오스'라는 헬라어의 번역으로, 실제로 '의로운, 정의로운'이란 뜻이다.

우리나라에는 옛날부터 "가난 구제는 나라님도 못한다"는 속담이 있었다. 물론 일리 있는 말이다. 하지만, 이는 '구제노력을 해봐야 소용없다'는 비관론, 또는 '가난은 다 개인 몫이다'라는 개인 책임론, '그러므로 가난에 대한 사회적 관심은 거두자'라는 복지 무용론을 지지하는

데 오용될 수 있다. 이런 체념적 속담은 하나님 나라를 말하는 성경의 세계관에도 반한다.

또한 최저임금을 인상을 거부하는 이들은 "최저임금을 인상하면 일자리가 줄어들고 자영업자들이 망한다"는 주장을 펼친다. 이미 최저시급이 가난한 시급 노동자들의 월급이 되어 있는 현실에서, 그들은 최저임금 인상하자는 말만 나오면 이념적 잣대부터 들이대며 '반체제적'이라는 등의 비난부터 한다. 실제로 많은 고용주들이 그들의 건물주나 프랜차이즈 본사, 대기업 등의 소위 수퍼갑의 횡포에는 침묵하면서, 자신들이 고용한 가난하고 힘없는 노동자들을 향해 '갑질'을 벌이는 관행은 가난한 노동자들의 삶을 더욱 피폐하게 만든다.

하지만 이런 말들은 예수의 하나님 나라 복음에 반하는 반성서적 주장들이다. 나중 온 사람에게까지도 '보편복지'를 기대하는 성서의 이상은마태 20, 하나님의 형상 닮은 인간에게 끼치고자 하는 하나님의 본래 의도, 곧 하나님이 통치하는 나라의 현실에 관한 가장 근본적인 문제에 관한 주장이다.

예수는 언젠가 기도 문제를 다루면서 기본적인 의식주 문제를 염려하지 말라고 말한 적이 있다. "그러므로 무엇을 먹을까, 무엇을 마실까, 무엇을 입을까 하고 걱정하지 말아라." 마태 6:31 누가복음에서는 이를 더 강화하여 심지어 애쓰거나 구하지도 말라 이른다. "그러므로 너희는 무엇을 먹을까, 무엇을 마실까 하고 애쓰지 말고 염려하지 말아라" 누가 12:29라고 하며 이를 더 강화한다.

'그게 당신들의 기도제목이오? 그것은 이방인들이나 하는 기도제목과 다를 바 없소.' 마태 6:7-8 참조

예수에 따르면 그것은 하나님이 자기 백성의 공급자임을 알지 못하

는 이방인들이나 하는 기도제목이다. 하지만 현실에서, 얼마나 많은 신자들이 일용할 양식에 주리고, 부채 때문에 고통당하고, 또 죽어 가는가? 예수에 따르면 심지어 구하지 않아도 되는 것인데도, 현실에서는 채워지지도 않으며 고통은 연장되고 있다.

이렇게 해석하는 예수에 따르면 그것은 개인 탓이 아니라, 공동체의 문제다. 나눔 실현은 없이 여전히 누군가는 배부른 채 살아가고 여전히 누군가는 주린 채 내버려져 있는 것은, 바로 공동체가 믿음이 없다는 증거다! 모두에게 배불리 공급해 주시는 하나님을 자기 하나님 삼지 못하고 있는 것이다.

어느 기관 또는 공동체를 보더라도, 부한 이들은 아무런 걱정 없이 배부름을 유지해가는 반면에, 여전히 그 반대편에 선 가난한 이들은 해마다 고용불안 속에서 양식을 걱정하며 불안한 현실을 이어가고 있다. 부한 자들이 안정된 지위와 높은 연봉, 많은 상여금과 복지 혜택을 모두 누리며 여유를 구가해 가는 동안, 가난한 이들은 불안한 신분과 낮은 연봉, 빈약한 복지 혜택을 근근이 이어가며 빈한한 세월을 이어가고 있다.

하나님 나라의 복음은 '가난한 사람을 배부르게 하는 것'과 '정의를 바로 세워 억울한 사람이 없게 하는 것'에 그침 없는 관심을 보이고 있다. 이것은 이념이나 정치의 문제 이전에, '하나님 나라 희년의 복음'의 문제다.

가난한 이웃들을 위한 부자의 특권 포기

그렇다면 예수의 하나님 나라 복음을 살아가야 하는 오늘 우리는, 주변의 가난한 이웃들에 대해 어떻게 대응해 가야 할 것인가? 특히 각자가 속한 공동체 내의 가난한 노동자들의 문제를 어떻게 바라보아야 할까? 하나님 나라의 거대한 청사진을 간직하되, 지금 여기, 우리 가운데 임하는 하나님 나라를 간과한다면, 그것은 매우 추상적인, 관념적인 이슈에 머물고 말 것이다.

먼저 분명한 사실은, 그리스도인들이 하나님 나라를 꿈꾸며 세상의 변화를 꿈꾸고 있다 해서 그 현실이 자동적으로 임하지 않는다는 사실이다. 하나님 나라의 도래는 결코 착한 반응만으로 오지 않는다. 세상은 누군가가 그들의 모순됨을 드러내고 그 그릇됨을 폭로할 때 비로소 문제를 인식하기 시작한다. 잠잠하고 아우성하지 않으면 모든 것이 잘 되어 가고 있는 줄로 착각한다. 가난한 이웃들에 대해 누군가가 관심을 가지고, 그들의 형편을 헤아려주고, 대신 목소리를 높여주고, 더불어 싸워줄 때 비로소 변화가 시작된다. 가난한 이들은 부당한 대우를 받아도 스스로 권력에 맞서 그 부당함을 항의하지 못한다. 그나마 알량한 자신의 일자리에서마저 쫓겨나기 십상이기 때문이다. 그리스도인들은 우선 자신이 속한 공동체 내의 약자들의 현실에 무지하고 무관심하던 습관부터 바꾸어야 할 것이다.

당장에 커다란 변화는 어려울 수도 있다. 공동체의 운영자는 제한된 재정 속에서 어떤 변화를 모색하고자 해도 당장 예산 문제를 고민하지 않을 수 없을 것이기 때문이다. 따라서 가령 다양한 형태의 비정규직을 한 번에 정규직화 한다는 것은 현실적으로 불가능 할지도 모른다. 그 때문에 대개는 실정법이 허용하는 범위 내에서 편법적 운용을 고민하는 경우가 많다. 예컨대 간접고용의 형태로, 용역회사와의 고용계약을 통해 청소노동자나 경비 노동자 등의 시설관리 용역 노동자들, 보수 및 설비, 급식, 운전 및 주차관리 등 다양한 직종의 노동자들을 수

급 받는 형식이 그러하다.

그런데 이런 운용방식이 지속되다보면 결국 이런 방식이 정상적인 것으로 고착화되며, 나아가 불의한 노동현실이 방치되곤 하는 것이다. 회사가 간접고용을 선택하면 노동자들의 복지에 직접 책임을 지지 않아도 된다. 또한 그들에게 부당한 임금과 해고가 자행되어도 간접고용자에게는 법적 책임이 없다. 이런 방식이 실정법의 범위 안에서 운용 가능하다면, 대부분의 운영자에게 있어서 굳이 많은 비용을 들여가며 상시 인력들을 모두 정규직으로 활용할 필요가 없게 되는 것이다. 합법적인 착취가 간접적으로 용인되는 것이다. 이 때문에 많은 이들이 장시간 노동이나 턱없이 낮은 임금과 같은 열악한 노동조건과 고용불안정, 중간착취, 유해하거나 위험한 작업 환경 등에 고스란히 노출되어 있다.

하지만 기독교 신앙을 표방하는 공동체들의 경우, 실정법에 앞서 하나님 나라의 가치와 신앙양심의 척도를 질문해야 한다. 상대적 약자들의 임금을 통상적인 '사회 제도'나 실정법의 이름으로 당연시하면서, 가난한 노동자들에 대한 하나님의 관심을 부정하는 것은 '하나님의 교회, 하나님의 기업, 하나님의 대학'의 태도가 아니다. 기독교를 표방하는 공동체라면 돈에 앞서 하나님 나라의 가치로 운용되어야 한다는 사실을 뼈아프게 돌아봐야 한다. 마태복음 20장에 나오는 포도원의 주인처럼, 모든 노동자들에게 똑같이 주고자 하는 하나님의 의도처럼, 모든 구성원들이 정당한 대우를 받을 수 있도록 대안을 마련해야 한다,

오늘도 수많은 노동자들이 이런 저런 회사에 계약직, 임시직 직원이 되어, 이름도 없이 들어 왔다 이름 없이 사라져가고 있다. 얼마간 일하다가 어느 순간 계약이 만료되거나 하여 떠나야 하기 때문이다. 우리의 많은 가난한 이웃들이 이 대열에 줄을 잇고 있다. 이것이 기독교를 표

방하는 회사들의 형편에서도 마찬가지 현실이라니 더욱 가슴 아프다.

놀랍게도 기독교와 상관없이 운용되는 일반대학이나 기업, 또는 공동체들에서 이미 청소노동자나 경비노동자 등에 대한 직접고용을 실천하고 있다는 소문들이 들려온다. 참고로 고용노동부가 2017년 3월 기준 '고용 1만 명 이상 37대 기업의 정규직 고용률' 표를 보면 매우 재미있고도 슬픈 사실 하나가 대비된다. "스타벅스 비정규직 0% : 이랜드 외식사업부 비정규직 86%"! 총 근로자 수는 스타벅스가 11,000여명, 이랜드 외식사업부가 12,000여명이다. 이익의 많고 적음을 떠나서 '기독교 기업'을 표방하는 대표적인 기업이라는 이랜드 계열사가 무려 86%의 직원을 비정규직으로 운용하고 있다. 이 현실이 어떻게 보이는가? 경악스럽지 않은가? 이것이 한국의 대중기독교 영성의 대푯값이라 할 수는 없겠지만, 하나님 나라의 희년의 복음을 세상에 시위해야 할 기독교 공동체가 여전히 맘몬의 현실 앞에 엎드려 있는 현실은 무겁게 재고해야 할 것이다.

이를 위한 현실적인 대안을 하나 생각해 본다. 무엇보다 운영자들의 의지이겠지만, 그 외에도 공동체 내 가난한 노동자들의 현실 개선을 위한 모종의 변화를 위해서 그럴 역량을 가진 구성원들이 먼저 자신의 권리포기가 기대된다 할 것이다. 마태복음 20장이 실현된 세상을 위해서는 우선 먼저 온 자들이 '불만'을 내려 놓아야한다. 자신들 안에 내재한 더 얻겠다고 하는 탐욕, 자신들은 그만큼 받아 누리기에 합당하다는 특권과 교만, 그리고 자신들에게 실정법이 보장하는 권리를 기꺼이 포기할 수 있어야 한다.

사실 하나님 나라는 더 역량 있는 이들이 더 일찍, 더 많이 수고하여,

무력한 이들의 몫까지 채워내는 현실이다. 그들을 위한 추가 예산을 편성할 수 없다면, 정교수나 정규직 직원들이 상대적으로 혜택을 받고 있는 상여금과 수당이라는 권리를 자발적 합의에 의해 양보해서라도 대안이 모색될 수 있을 것이다. 그것이 '사회적 회심'에 이른 '하나님 나라'의 가치를 실천하는 기독교 공동체의 모습이 아니겠는가? 이런 것이 가난한 노동자들에게 '복된 소식'이 되지 않겠는가? 만일 이러한 상상이 현실화 된다면 세상은 이에 얼마나 감동하겠는가? 그것이 초대 교회 성령 충만한 교회가 세상을 소동시키며, 날마다 구원받는 이들을 더하게 했던 비결이었다. 곧 희년의 역사, '유무상통'의 역사였던 것이다! 오늘날 복음의 담지자인 교회는 세상에 '감동'을 줄만한 실천을 보이고 있는가?

가난 없는 세상을 꿈꾼다

도입부에서 말한 필자의 상상이 정말 실현되는 현실이 올까? 아니면, 그야말로 꿈 깨야 할까?

구약성서는 가난한 품꾼이 하나님께 호소하면 하나님이 가만히 있지 않을 것이라고 한다. 하나님은 가난한 노동자를 편애한다.

신약성서에서 예수는 모든 사람이 하루 한 데나리온을 받는 세상을 제시한다. 일한 만큼 번다든가, 성과급이나 이익배당 같은 것은, 이런 보다 더 근본적인 원칙 위에 세워져야 한다.

다수가 행복하다해서 성경적인 것이 아니다. 하나님은 '다수'가 아닌 '모두'의 행복을 원한다. 다수가 행복을 누릴 때, 그 행복에서 소외된 소수가 남아 있다면 그것은 하나님의 뜻이 아니다. 성경은 분명코 하나님은 가난한 자들의 편임을 분명히 한다. 가난한 이웃의 형편을 모른 체하고 자신들의 유여함을 누리는 부자들에 대한 하나님의 구원 심판이 뒤따를 것임을 선언한다.

그 가운데 '부자'의 행복을 누리고 있다면, 그것은 축복이 아니라 '화'와 심판선언 대상이다. 부자가 지옥불 신세를 면치 못한 것은, 자기 상에서 떨어지는 부스러기로 연명하던 거지 나사로의 처지에 무관심하고 간과한 채 여전히 부자로 남아 있었기 때문이다. 누가 16장 그것이 바로 예수의 일관된 '부자들에 대한 경고'의 메시지다.

다소 이상적으로 보이지만 예수는 포도원 주인의 비유를 통해 모두가 안정되게 일할 수 있는 완전고용이 실현된 세상을 상상한다. 당연히 모두에게 정당한 노동의 대가를 받는 현실이 보장되어야 한다. 하지만 동시에 모두가 인간답게 살아갈 수 있는 정의로운 임금이 보전되는 현실이 실현되어야 한다. 그러기 위해서 기독교 공동체는 예수의 청사진이 현실에 맞지 않은 '이상적'인 것이라 비판할 것이 아니라, 그의 이상을 우리 현실에 어떻게 구현해 내야 할 것인가를 고민해 가야 한다.

우리의 놀라운 구원은 값싼 것이 아니다. 예수가 십자가를 지기까지 감당해 준 고통의 몫이다. 약자들과 연대하고 대신 씨름해 주는 일, 그것이 바로 하나님의 정의와 자비를 세상 변화의 기치로 삼는 기독교 공동체의 마땅한 소명이다. 사실, 이는 곧바로 그리스도인 자신의 문제이기도 하다. 오늘 현실에서 취업자 중의 절반이 비정규직으로 취업하고 있다. 그들을 가리켜 '88만원 세대'라 이름 한지 오래다. 오늘의 청년 세대들 중 많은 이들은 많은 중요한 생의 요소들을 포기할 수밖에 없는 현실에 직면해 있다. 어떤 이들은 이들을 '달관세대'라 부추기며 비정규직에 순응하고 살라하지만, 그것은 예수의 답이 아니다.

하나님은 이 땅의 교회를 통해 그 복된 노동자들의 세상을 만들어 가시기를… 이 땅에 하나님 나라가 임하기를 꿈꾸며 열심히 공부하며 수고하는 모든 청년들에게 복주시기를… 그래서 예수가 마태복음 20장에서 꿈꾸는 아무도 가난하지 않는 하나님 나라의 현실이 임해오기를 소망해 본다. 건강한 연대가 세상을 바꾼다.

11장

저항, 제국의 시대를 살다간 성서시대 사람들

순응이냐 저항이냐?

역사의 인물들과 그들의 시대상을 다룬 영화들은 종종 과거의 서글프고 아픈, 고통스런 기억들을 되살려 준다. 영화를 좋아하는 이들은 〈동주〉, 〈귀향〉과 같은 영화를 보았을 것이다. 그런 영화들을 보면서 과거 일제식민 치하에서 주권도 잃고 자유를 빼앗겨버린 그 동토를 살아갔던 사람들, 특히 그 시대의 젊은이들이 어떤 마음을 가지고 어떻게 살아냈을까를 생각해 보게 된다. 그 암울한 시대를 그들은 어떻게 살아냈을까?

그들이 선택할 수 있었던 삶의 태도를 크게 분류해 보면, 어떤 사람들은 일제에 부역하며 부귀영화를 누리며 살았을 것이고, 또 어떤 사람들은 그런 압제 하의 삶을 부끄러워 한 나머지 일제에 저항하며 민족의 자유와 독립의 길을 선택하여 힘겨운 투쟁의 삶을 살아갔을 것이다. 하지만 절대 다수의 사람들은 그 중간지대의 어딘가에서 그 시대에 적응하며 살아냈을 것이다. 그들은 역사현실에 상관없이 자기 삶을 살아내기도 버거웠을지도 모른다.

물론 오늘 우리가 사는 시대는 그런 형태의 암울함은 없다. 하지만,

그럼에도 우리 스스로가 역사의 존재인 만큼, 우리 시대에 드리워진 새로운 형태의 그늘 하에서 여전히 고통스런 시간을 보내고 있다. 국가가 처해 있는 세계사적 분단이란 서글픈 현실부터 시작해서, 사회상황을 예측하고 진단하는 학자들이 늘 얘기하는 초고령화 사회의 암운, 인구절벽, 금융위기, 재계 및 사회 전방위적인 비리나 부정, 정치력의 부재, 권력기관들의 부패 등 현실은 여전히 암울하다.

특히 오늘날 청년들은 불안하다. 미래를 꿈꾸는 청년세대 안에서도 희망을 얘기하기는 쉽지 않은 시절이다. 대졸취업률이 50% 65% 비정규직라는 이 불안한 현실은 그들의 취업과 결혼, 그 이후의 안정된 삶을 방해한다. 대다수 청년들의 현실에서는 쪽방살이를 벗어나기도 쉽지 않다. 그들이 처한 현실에 대해 우리 사회는 어느덧 'n포 세대'란 말로 표현한 지 오래다. 이 사회를 가리켜 불안사회요 약탈사회요 분노사회라 정의하고 급기야 헬조선이라 불러온 지도 꽤 오래다.

오늘의 세계에서 금력의 폭력은 살벌하다. 일상사에서 자비와 은혜는 실종 된지 오래다. 누군가의 말처럼, 오늘의 청년들은 아프고, 빼앗기고, 억울하고, 수치를 당하고, 세상을 떠난다. 누군가는 취업난 속에서 방황하고, 누구는 해고를 당하고, 폭행과 추행, 또한 죽임을 당한다. 무엇이 대안일까에 대한 이렇다 할 해답도 쉽지 않은 현실이다. 그러다보니 다들 '너희 알아서 살라'는 방관이나 기껏해야 '잘 살아야 한다'는 하릴없는 위로만이 어른 세대가 청년들에게 해줄 수 있는 전부인 듯하다. 오죽하면 요즘 청년세대를 가리켜 '호모 인턴스' 정규직이 되지 못한 채 인턴만 반복하는 취업 준비생들을 이르는 말라고까지 빗대어 표현할까?

그런데도 많은 교회들은 여전히 회개, 믿음, 순종이라는 3종 세트 중심의 메시지만 반복하고 있다. 거기에 하나님과의 동행, 축복, 천국소망 등 우리에게 익숙한 주제들을 중심으로 그들의 상황과 상관없이 꾸준히 믿음을 기대한다. 심지어 '착한 그리스도인' 되라! '순종하는 그리스도인'이 되라고만 주장한다. 우리가 직면해 있는 고통의 현실을 아는지 모르는지 혼동스럽다. 이를 몰라서 종교적 의제만 집중하는지, 알고서도 대안이 없어 회피하는 것인지, 아니면 그들의 말처럼 회개하고 믿고 순종하면 다 해결 되기라도 하는 것일까? 그런 메시지들은 이런 고통의 원인을 개인의 책임으로 전가하고, 사회적 모순에 대한 인식과 저항의지마저 꺾는다.

거기서 제시되는 해법은 더 기도하고, 더욱 큰 믿음을 가져야 하는 것 등이다. 더 노력하고, 더 정성을 기울여 하나님의 호의를 입어야 한다. 그래서 잘되면 하나님의 축복이니 감사하고, 하나님께 더 순종해야 하고, 그러다 못되면 기도부족이고, 정성부족이며, 신앙생활 열심히 하지 않아서 그런 것이다. 다 자기 책임이고 자신이 못난 탓이다. 그들은 '변형된 인과응보적 세계관'을 강요하면서 아픈 청년들에게 그 고통의 책임까지 전가한다.

무력한 필자도 이 질문에 제시해 줄 답이 명료하지 않다. 다만 성경을 공부하는 사람으로서 성서의 두 인물을 분석해 보면서 이 질문에 대한 성경적 힌트 정도라도 제시해보고자 한다.

제국의 시대, 그 신학과 윤리

창세기의 기록을 제외하고는 구약성서와 신약성서를 막론하고 모든 성서기록의 배경은 제국들의 통치압제 하에서 살아간 사람들에 관한 기록이라 할 수 있다. 물론 창세기도 제국의 시대에 기록되었다 성서에 기록된 수많은 인물과 사건들이 사실은 제국의 통치 하에서 살아낸 삶의 양태들이라는 말이다. 그 역사에는 필연적으로 우리가 주의를 기울이지 않으면 읽어내기 어려운 숱한 고통의 맥락들이 고스란히 숨어있다. 우리가 흔히 그들의 '삶과 신앙'이라고 말하지만, 그 단순한 용어로는 다 포괄해 낼 수 없는 매우 복합적이고 고통어린, 눈물어린 삶의 심연이 행간 속에 줄줄이 놓여있다는 뜻이다.

앞서 영화 〈동주〉와 〈귀향〉을 언급했다. 일본 제국주의가 우리에게 끼쳤던 삶의 정황 속에서 고통스레 살아내야 했던 이 땅 젊은이들의 서사들이다. 성서의 진술들이 사실 그와 같은 세세한 서사들을 고스란히 담아내지 않고 있기 때문에 우리가 그것을 못 읽어 낼 뿐, 실은 표면적으로 보여주는 것들 이면에는 우리가 영화 속에서 살필 수 있는 것과 같은 시대의 고통들이 면면히 녹아들어 있다.

출애굽기는 그 도입부분에서부터 이집트 제국 하에서의 삶을 그려 보인다. 그리고 이스라엘 역사서 전반은 초기 팔레스타인 지역 부족국가들 간의 치열한 경쟁을 보여주는 듯하지만, 곧이어 레반트 지역을 처음으로 통일하고 들어선 앗시리아나, 바빌론, 그리고 바빌론을 멸망시키고 후에 이스라엘의 포로를 해방했던 페르시아 제국 통치하 백성들의 삶을 조망해준다. 그리고 정경에는 구체적으로 언급되어 있지 않지만 마카베오서와 같은 외경들에는 페르시아 제국 이후 알렉산더의 그리스와 뒤이어 로마 제국이 성서의 땅을 지배했던 역사가 내포되어 있다. 실제로 신약성서는 요한계시록이 끝나기까지 로마라는 거대한 제국 하에서 숨 쉬고 살아냈던 예수와 초기 예수 추종자들의 생생한 삶의 기록들이 들어있다.

그러므로 성서의 기록들 안에는 필연적으로 고통과 억압의 역사와 그 안에서의 신음과 구원 희망의 이슈들이 내재되어 있다. 동시에 성서의 인물들은 모두 이처럼 난세에 나서 살다 간 사람들이라 할 수 있다. 많은 왕들의 이야기들에 묻혀 있을 뿐, 광야와 전쟁터에서 평생을 보낸 사람들이나 왕들의 전제정치 하에서 저항하며 살아냈던 예언자와 같은 사람들, 심지어 바빌론 포로시대에 유배되어 살던 사람들, 로마제국의 식민치하에서 신음하며 숨죽여 살아가던 사람들, 그들에 저항하며 살던 사람들의 면면이 숨어 있다. 성서의 숨은 맥락 속에 이들의 숨결이 고스란히 살아있음을 염두에 두면 좋겠다.

이 암울한 세월을 살아내는 동안 그 시대 사람들은 무엇을 열망하며 살아냈을까? 어쩌면 시대가 처한 현실과 그 양상만 조금 다를 뿐, 인간으로 살아내야만 하는 인간경험 측면에서 볼 때, 그들 역시 우리가 지금 바라고 꿈꾸는 것과 전혀 다를 바 없는 것들을 꿈꾸며 살아갔을 것이다. 때로는 그것을 이루지 못해 아쉬워하면서, 또는 그것이 어찌될까 두려워하면서 그들의 시대를 살아냈을 것이다.

어느 시대를 살아가든, 인간이 꿈꾸는 근본적 열망은 각기 자유롭고 행복한 일상을 살아가는 것이다. 모든 이가 함께 자유와 평등, 평화와 번영, 인권과 존엄이 보장되는 사회를 함께 행복하게 살아가는 것이다. 우리도 마찬가지로 동일한 것들을 꿈꾸며 살아간다. 그런데 우리가 사는 세상은 우리의 기대처럼 움직여 가지는 않는다. 내 주위에 있는 사람들이, 우리가 처한 역사현실이, 또는 자연이 빚어내는 여러 재앙들로 인해 고통을 당하기도 하고 때론 우리가 처한 운명이 우리의 삶을 위협할 때가 있다. 인간은 바로 이런 삶의 복합적인 현실 속에서 사랑하고 예배하고, 꿈꾸며 저항하고 싸우며 살아가는 것이다.

문제는 이런 제국의 통치현실에서는 제국이 규정해 내고 강요하는 제국의 윤리와 신학, 제국의 제반 가치들이 지배질서가 된다는 것이다. 원치 않아도 그런 강요된 질서 속에 편입되어야 하는 억압이 있다. 그렇다면 하나님의 백성들은 그 제국의 통치 질서 속에서 편입되어 살았는가, 아니면 저항하며 새로운 질서들을 기대하며 살았는가? 대개의 경우는 이에 편입되어 살아낼 수밖에 없었고, 소수의 사람들은 그것에 저항하다 그 질서에 박해를 받으며 살아낼 수밖에 없었다.

제국의 질서 하에서는 황제가 이미 신이며 구세주인 세상이다. 사실상 오늘 우리네 세계질서 역시 그와 그리 다르지 않다. 제국의 황제가 강대국이나 거대 자본 등으로 치환되어 있을 뿐, 자본이나 강대국의 패권이 신 또는 구세주가 되는 세상이란 점에서는 그리 다르지 않을 것이다. 과거에 황제와 국가에 대한 충성이 최고의 선으로 이해되는 세상이었다면 오늘도 국가 이데올로기나 자본에의 충성이 최고선인양 우리에게 강요되는 현실을 부인할 수 없다. 과거에 황제와 국가에 복종할 때 평화와 안전, 번영이 약속되는 질서였다면 오늘 역시 권력과 자본에 충성할 때 안전을 누리고 성공이 보장된다는 질서가 여전히 존재하는 것이다.

이런 제국의 질서 속에서 살아갔던 성서의 두 모델을 선택하여 그 삶의 틀을 살펴봄으로써, 우리 시대의 지배질서 하에서 어떻게 살아낼까 하는 질문을 생각해 보고자 한다.

성서 속의 두 모델

만일 당신에게 성서에서 존경하는 인물을 한 두 사람 꼽아보라면 누구를 꼽겠는가? 저마다 다른 특징들을 들며 서로 다른 인물들을 제시할 것이다. 혹시 창세기에 나오는 요셉을 좋아 하는가? 신약성서의 예수는 어떤가? 나는 이 이야기를 해보려고 이 두 사람을 선택했다.

조금 다르게 질문해보자. 요셉을 좋아한다면 그를 왜 좋아하는가? 그의 무엇을 좋아하는가? 그냥 좋은가? 아니면 형들에 의해 노예로 팔려 엄청난 고통을 견뎌낸 점, 또는 유혹을 이겨낸 점인가? 감옥에서든 왕궁에서든, 노예로서든 총리로서든 한결같은 그의 성실성인가? 그의 입지전적 성공인가?

예수는 왜 좋아하는가? 그의 사랑인가? 그의 열정과 헌신인가? 아니면 그의 경건생활이거나 놀라운 설교와 사역인가? 아니면 대인관계에서의 격의 없음이나 또는 소박한 삶의 자세인가?

사실 이런 질문은 매우 중요하다. 모든 면에서 완벽하게 좋은 사람은 없을 터라, 어떤 사람의 특별한 특징에 따라 호불호가 달라지기 때문이다. 예컨대 히틀러라면 모든 사람들이 싫어할 것 같지만 어떤 이들은 그를 좋아한다. 좀 극단적이기는 하지만 심지어 어떤 사람은 히틀러의 살인적 광기를 흠모하거나, 또는 네오나치스트들처럼 그의 인종적 편견이 그들의 가치에 부합하여 추종할 수도 있다. 이처럼 누군가를 좋아한다 했을 때 그를 왜 좋아하는가는 매우 중요한 문제다.

따라서 요셉이나 예수를 좋아한다 했을 때 그 좋아하는 이유는 매우 중요하다. 이 질문을 먼저 하는 이유는 과연 우리는 그들의 삶을 뭉뚱그려 좋다고 말 할 수 있을 것인가 하는 문제의식이 있기 때문이다. 이제 그들의 구체적인 삶의 측면들을 살펴보며 이야기를 이어가보자.

요셉과 예수는 둘 다 이집트와 로마라는 제국 치하에서 살아갔던 사람들이다. 한 사람은 성서에 등장하는 처음 제국, 다른 사람은 성서시대의 마지막 제국을 살아갔다. 물론 예수의 위상은 달라졌지만, 적어도 역사적 예수의 측면에서 볼 때 두 사람 모두 신앙인들의 역할모델로

우러르는 인물들이다. 하지만, 제국이라는 시대상에 대한 반응에 있어서 두 사람의 삶의 방식은 전적으로 달랐다. 요셉은 엄청난 자연 재해 상황 속에서, 왕에게 발탁되어 그 권력의 중심부에서 역할을 했다. 그는 스스로 동기 부여되어 현실 세계에 뛰어들었다기 보다는 파라오의 꿈 해석과정에서 왕의 눈에 띄어 제도권 내에 고용되었다. 하지만 예수는 그 고통의 현장에서 동기부여 되어, 고통 받는 민중들 속에서 제국의 시대에 맞섰다. 그는 고통으로 가득한 이 땅의 현실에 임할 하나님 통치의 전복적 현실을 주장하고 시연하다 마침내 십자가에서 죽어갔다. 한마디로 두 사람은 전혀 정반대의 삶을 살았다. 자기들의 시대가 주는 지배적 질서 치하에서 요셉과 예수라는 두 젊은이는 정반대의 노선을 가지고 전혀 다른 삶을 살아냈다는 말이다.

결론부터 말하면, 요셉은 이집트 제국 치하에서 그 제국의 지배질서에 순응하며 살아간 반면, 예수는 로마 제국 치하에서 그 제국에 저항하는 삶을 선택했다. 온유와 순종의 화신인 예수가 저항의 삶을 살았다니 불온해 보일 수도 있겠지만 앞서 1부에서 상당부분 언급했듯이 그는 시대의 반골이 되어 그 시대를 온 몸으로 저항하며 살아갔다. 요셉은 제국에 순응함으로 부귀영화와 함께 천수를 누리며 살았던 반면, 예수는 제국에 항거하고 그 시대의 위협이 됨으로 로마의 극형을 받아 정치적 모반자의 한 사람이 되어 죽음을 감내해야 했다. 같은 제국치하를 살아갔던 두 사람의 삶은, 그 제국 질서에 어떻게 반응하며 살아갔느냐에 따라 전혀 다른 삶의 과정과 결과를 얻었던 것이다.

우리는 이들의 삶을 어떻게 이해하고 평가하고 가치를 부여하느냐에 따라 이 땅에서의 삶의 방식을 선택하며 살아가게 될 것이다. 그들에 대한 성서적 인물 평가를 어떻게 해야 할 것인가를 질문하며 읽어 가보

자. 우리도 성서에 제시된 인물들의 발자취를 어떻게 해석하고 우리 삶에 어떻게 적용해 내야 할 것인지 물어야 할 것이기 때문이다.

이집트 제국 치하의 요셉

정직, 성실, 충성의 덕목을 갖춘 신앙적 인물

창세기의 마지막 부분은 온통 요셉에 할애되어 있다. 물론, 요셉의 이야기를 역사적 사실로 읽든, 아니면 하나의 족장 내러티브로 읽든 상관은 없지만, 전체 이야기를 통해 그림을 그려보도록 하자.

요셉의 이야기는 하나의 전기적 서사로, 매우 상세한 삶의 여정이 기록되어 있다. 그는 족장들의 시대, 팔레스타인의 다양한 부족국가들 사이에서 소수 유랑민으로 살아가던 야곱의 여러 아들들 가운데서 출생했다. 그는 유목민의 아들답게 평범한 유년시절을 보낸다. 이야기에서 그는 형들의 시기 때문에 고난을 받는다. 요셉에 대한 부친의 편애에 대한 형들의 시기는 그의 꿈으로 인해 극대화 되고, 마침내 형들에 의해 노예로 팔리게 된다. 상황을 입체적으로 재구성해보면 이러한 이야기 윤곽과는 조금 다른 측면이 드러난다.

처음 요셉이 등장할 때 그는 열일곱 살의 장성한 소년으로, 일부다처제의 가정환경 속에서 이복형제들에 비해 부친의 편애를 받고 있다. 창세 37 아버지는 그에게 채색 옷을 입히며 그를 따로 관리했다. 그는 형들과 함께 양을 치면서도 그들의 과실을 고발하는 자로 지냈다. 그 과정에서 형들의 시기는 강화된다. 얼핏 읽으면 형들의 성품이 나쁜 이들이었다고 단정적으로 생각할 수 있지만 사실상 아버지 야곱과 요셉 자신이 그 단초를 제공해왔다고 이해해 볼 수 있다.

어쨌든, 놀랍게도 그는 노예로 팔려가서 오히려 승승장구하게 된다.

그는 성실하고 충성된 노예로 살아간다. 그러던 중 그는 고관대작 집의 가정총무가 된다.39 심지어 주인 아내의 유혹을 뿌리치며 도덕적으로도 순결한 면모를 보여준다. 이 여주인의 모함으로 감옥생활을 하게 되지만, 거기서도 그는 사람들에게 발탁되어 감옥의 사무를 보는 역할을 하며 충성을 다한다. 결국 감옥에 온 고위관리의 꿈 해석을 통해 왕에게 발탁되게 된다. 결국 그는 제국의 총리가 되어 엄청난 통치력을 발휘한다. 이야기 속에서 그는 행정가로서 뿐 아니라, 영적, 도덕적으로 탁월하며 늘 하나님과 동행하는 경건한 신앙인으로 그려진다.

표면상으로 봤을 때 요셉은 매우 신앙적인 사람, 오늘의 그리스도인들이 역할 모델로 삼을만한 영웅적인 인물로 삼기에 부족함 없는 사람이다. 유랑민이었던 소수민족 출신의 노예가 제국의 총리가 되었다는 것은 사실상 기적 같은 일이다. 그는 최고의 지위에 올랐을 뿐 아니라, 7년 풍년과 7년 가뭄의 시기에 그의 지혜와 통치로 제국과 주변 국가들에 구원을 베푼다.

이처럼 그는 매우 신앙적이고 영웅적인 인물이다. 이야기의 화자는 하나님이 그와 함께 하시고 형통케 하심을 암시하는 진술들을 종종 등장시켜 이를 강화한다. 그는 시종 '성실한 신자'의 모습을 유지하고 있다. 그는 자신의 성공에 자부심을 갖고 살아간다. '하나님이 그러하셨다'는 신앙고백으로 자신의 현실을 해석한다. 또한 하나님이 그를 높여 애굽의 치리자를 삼으셨다고 스스로 고백한다.45:8 그는 '애굽에서의 내 영화'13라는 표현을 통해 애굽에서 누리는 부요한 현실에 자부심을 보인다. 또한 그는 이렇게 고백한다. "하나님께서 생명을 구하시려 형님들 앞서 나를 보내셨다", "나를 이곳으로 보내신 분은 형님들이 아니고 하나님이시다."45:5-8

이 간증대로 요셉의 여정에는 하나님의 섭리하심과 인도하심이 있었고, 요셉은 신실한 삶을 살아갔다는 결론이 가능하다. 이러한 요셉은 모두의 선망의 대상이 되고도 남는다. 아직도 많은 이들은 자기의 사랑하는 아들의 이름으로 '요셉' Joseph이란 이름을 부여한다. 우리는 이런 유형의 이야기를 익숙하게 들어왔다.

제국주의적 통치에 적극 기여

이제 조금 다른 각도에서 그를 살펴보도록 하자. 이 부분은 요람 하조니Yoram Hazony의 해석에서 도움을 얻었는데, 이는 다른 곳에서 끌어온 얘기가 아니라 앞의 이야기가 전개되는 동안 동시에 성서가 묘사해주는 모습이다. 다만 우리가 앞서 언급한 요셉 이야기의 골격에 너무도 익숙한 나머지, 본문에서 제대로 살피지 못했을 따름이다.

우선 그는 총리가 되고 바로의 충복으로 살아간다. 41장 그는 매우 독특한 민족적 배경 하에서 특이한 방식으로 발탁이 된 총리였지만, 결국 바로의 매우 충직한 종복이 된다. 총리라는 단어 때문에 우리는 최고의 권력을 누리는 어떤 사람으로만 생각하는 경향이 있지만, 여기서 중요한 지점은 그는 '총리'였지만 동시에 애굽 체제 하에서 '왕의 노예'로 살았다는 데 있다.

그는 총리로서 애굽의 제국주의적 통치에 가장 결정적인 역할을 하고 있다. 47장에 보면 극심한 7년 가뭄 동안 그는 놀라운 구빈정책을 펼치며 앞서 7년 풍년 동안 저장해왔던 양식을 불출한다. 그런데 바로 그 일을 통해 그는 모든 백성을 왕의 노예로 전락시킨다. 그는 기근에 고통당하는 백성들에게 곡식을 내어주며 그들이 가진 모든 돈을 국고에 귀속시킨다. 뒤이어 지속되는 가뭄에 백성들이 키우던 모든 가축들을 접수한다. 마침내는 그들에게 남은 모든 토지를 국고에 들여 왕의 재산으로 삼는다. 그리고는 토지법을 만들어 공포한다. 47:24f 그것은 왕의 땅에서 농사를 지은 모든 소작농은 추수의 1/5을 왕에게 상납하는 것이다. 자유민이었던 모든 백성들을 왕의 소작인으로 만들고, 한 해 수확의 20%를 토지세로 왕에게 바치라는 것이다. 한편으로 보면 지혜로운 대안을 통해 극심한 가뭄 속에서도 백성의 생존을 보장해 줬으니 감사할 일이겠지만, 결국 이 일들을 통해 그는 제국의 모든 자본과 자산을 왕에게 귀속시킴으로써 모든 자유민들을 실제로 왕의 노예로 전락시키고 말았던 것이다. 47:25

이처럼 그가 제국과 바로에 신실하고 충성하며, 자신의 성공에 자부심을 가지고 그것을 누려갈 때, 정작 자유민이었던 백성들은 바로의 전제적 통치하에 굴복하는 현실로 떨어지고 말았다. 여기서 질문이 생긴다. 앞서 우리가 살펴보았던 것처럼, 하나님이 함께 하시던 요셉의 이런 통치행태는 결국 그의 신앙에서 비롯된 것일까? 그는 매우 신실한 신앙인이었고, 그 신앙 중에서 그는 하나님과 왕에게, 그리고 그의 직무에 충실했다. 그런데 만일 그것이 제국의 모든 자유민들을 노예화하는 일에 가장 중요한 기여를 하게 했다면, 과연 그의 충성과 신실함이 무엇이었는가를 질문해야하지 않겠는가? 만일 그렇다면 적어도 오늘 시대에 여전히 그 신앙적 덕목을 권장해야 할 것인가?

체제 속 요셉 – 시대적 현실에 철저히 순응

41장부터 요셉의 이야기가 이어진다. 그는 이제 철저히 이집트인으로 살아가고 있다. 이 부분은 김구원 교수의 글에서 도움을 얻었다 그는 이집트식으로 수염을 깎는다41:14, 시점 상 요셉은 모세 율법 이전 시대의 인물이긴 하지만, 이스라엘 율법에 의하면 남자는 수염을 깎아서는 안 된다. 관자놀이나 구레나룻의 털도 깎아서는 안 된다. 레위 19:27

또한 그는 꿈 해몽에 능통한 자다. 41:25ff 학자들에 의하면 꿈 해몽은 이집트 관습이지 이스라엘 방식이 아니었다. 또한 그는 이집트 식으로 개명했다. 41:45 그는 더 이상 요셉이 아니라 사브낫바네아라는 이집트 이름으로 일컬음 받는다. 그는 이집트의 세마포 옷을 입고 금으로 치장했으며42, 전차를 타고43, 민중의 절을 받으며 지냈다. 42:6 그는 누가 보아도 이집트인이지 유랑하던 소수민족인 히브리인이 아니었다.

게다가 그는 '온' 부족 제사장의 딸인 아스낫과 결혼을 했다. 41:45 이스라엘 맥락에서 보면 그는 뭇 이스라엘 처자들을 두고 율법이 금하는 이방 여인과 결혼한 셈이다. 아이들의 이름을 보면 그가 마음으로부터 고토 이스라엘을 잊은 듯하다. 첫째 므낫세는 '모든 고난과 아비의 온 집일을 잊게 함'이란 뜻이고, 둘째 에브라임은 '수고한 땅에서 창성함'이란 의미다. 그는 과거의 자신의 뿌리와 그와 관련된 고통스런 기억들을 잊게 되었다는 맥락에서 큰 아들 이름을 지어주고, 둘째 에브라임의 이름은 이집트에 와서 부와 권력을 얻어 창대케 되었다는 현실을 당당히 그 이름에 담아 준 것이다.

그는 바로의 이름으로 맹세했고42:15, 스스로 자신을 '점 잘 치는 자'라 소개한다. 44:15 이스라엘 율법은 점치는 것을 금한다. 레위기 19:26 그는 이집트 종교를 수용했거나, 적어도 혼합 종교적 맥락 속에서 살았을 가능성도 있다. 또한 그는 아버지 야곱의 장례를 위해 이집트식 장례를 치른다. 50:2-3 아버지의 시신을 미이라로 만들었던 것이다. 향료를 시신에 입히는 데만 40일이 걸렸다고 적는다. 아버지뿐 아니라 나중에 자신이 죽을 때도 이를 동일하게 행하게 했다. 50:26

김구원 교수에 따르면 그는 "뼛속까지 이집트인으로 살다 이집트인으로 죽어갔다." 조금 과장된 표현일 수도 있지만 요셉은 매우 현실적인 인물이었고, 당대의 시대 상황에 구체적으로 적응해 내며 살았던 사람임엔 분명해 보인다.

재미있는 것은, 요셉은 물론 그의 가족이 7년 흉년이 끝나고도 고토로 돌아가지 않았다. 흉년 2년이 지난 때쯤 야곱과 이스라엘 지파가 흉년을 피해 애굽으로 내려온다. 나머지 흉년까지는 5년이 남아 있었다. 그러면 잠시 흉년기간 동안 피신을 했으면 흉년이 끝나면 돌아가야 할 텐데 그들은 돌아가지 않았다. 그들이 인도하심을 받은 땅은 가나안 아니었던가? 그 중에 아무도 돌아가도록 권하거나, 심지어 이집트에 요구하지도 않았다. 흉년 후 12년 동안, 야곱은 애굽에서 17년을 거주했다. 47:28

이 일로 어떤 결과가 초래되었는가? 출애굽기 첫 본문이 바로 이 맥락에서 이어진다. 요셉이 죽자 곧 이스라엘 백성들의 노예생활이 시작되고 말았다. 이스라엘 사람들은 서서히 이집트제국에 필요한 노동력이 되어갔다. 결국 이스라엘 민족이 이집트의 노예로 전락해버렸다. 출애 3:7, 9 그리고 그들은 이집트인의 학대와 노동의 고통 속에서 부르짖고 있었다.

이처럼 요셉이 철저히 이집트화 해가며 성실하게 제국의 질서에 충성한 결과, 야곱과 이스라엘 백성은 애굽의 노예로 전락하고 말았다. 덕분에 이스라엘은 수백 년 동안 이집트 국가운영에 매우 유용한 노동력으로 살아가야 했던 것이다.

요셉의 재평가와 성서의 역사적 재해석

자, 사정이 이렇다면, 요셉은 여전히 우리 시대 젊은이들의 역할모델이 될 수 있을 것인가? 단순히 '요셉이 좋다'라고 말할 수 있을 것인가? 요셉의 이런 부분은 좋지만 이런 부분은 아니다라고 말해야 하지 않겠는가? 만일 그가 여전히 하나님과 동행하는 성실한 신앙인의 귀감이라면, 따라서 신자는 제국의 억압적 통치 하에서 그처럼 순응을 택하고, 부귀영화를 모색하며 살아가는 역할모델로서 여전히 기능하는가? 그래서 형통한 삶을 위해서는 시대상황에 상관없이, 요셉처럼 현실적인 인물로 살아가는 게 옳다고 가르칠 것인가? 권력과 부귀영화를 위해서라면 하나님의 백성 이스라엘인으로서의 정체성도 포기하는 것이 과연 기독교적 신앙인의 길일까? 설사 우상적인 제국의 질서를 더욱 공고히 하는 일에 쓰임을 받더라도, 권력에 충성하고, 성공한 정치가요 세계의 통치자로 살아가는 것이 하나님의 선하신 뜻이라 설명할 수 있을 것인가?

성서가 제시하는 이와 같은 다른 맥락들을 조금만 고려해 본다면, 우리는 타당성 있는 대답을 해야 할 것이다. 요셉이 우리 시대의 역할 모델이라 말하는 것이 여전히 타당할 것인가, 아니면 이 이야기가 담고 있는 바와 같이 고대 기자의 해석적 한계를 인정하며 보다 광대한 역사 지평에서 재해석을 해야 할까? 이미 우리가 요셉 시대 뿐 아니라 이스라엘 전역사와 신약성서 시대까지를 섭렵하고 있다면, 우리는 훨씬 폭넓은 역사지평에서 이를 재해석해 볼 수 있지 않겠는가?

요셉은 하나님의 백성의 자유를 포기하고 제국에 순응하며 '부요한 종'으로 살았다. 그에게는 개인과 국가의 번영을 '하나님의 뜻'과 '축복'으로 동일시했던 시대적이고 신학적인 한계가 있지 않았을까? 따라서 요셉의 권력 추구와 상위 권력에의 '무사유적 충성' 역시 '하나님 뜻'에 순응하는 것이라 믿었다면 이 역시 우리 시대에 맞게 재해석 되어야 하지 않겠는가?

제국이 제공하는 모든 체제적 질서가생산 및 관개기술, 저장, 분배, 대체식량생산 기술 등 세상을 구원할 수 있다는 전제는 타당할까? 자신의 주인이 누구이든, 그 주인의 이익을 위해 최선을 다해 충성하고, 그 맡은 일에 성실한 것이 우리의 기독교 신앙의 가치와 동일한 것인가? 만일 대통령과 집권당이 어떤 통치형태를 추구하든, 실정법이 가난한 자들에게 어떤 현실을 초래하든, 이 모든 것이 위로부터 주신 권력이요 하나님의 뜻하신 권력이라며, 성서의 구절을 표면적으로 인용하며 거기에 무조건적 순응을 기대하는 것이 기독교적 사유와 실천의 올바른 방향인가?

자신의 정치적 성공과 역할에서의 충성으로 오히려 세상의 고통과 우상숭배가 배가된다면 어떨 것인가? 심지어 개인적인 맥락에서도 자신과 공동체의 근무환경에 불의가 있고, 그 일의 결과가 사회에 고통을 초래한다면 어떨까? 여전히 그것을 기독교적 덕목이라 하면서 권력과 지배질서에의 순응과 직무에의 충성을 주장해야 할 것인가?

로마 통치하의 예수

온유, 겸손, 대속적 희생의 전형

기독교는 예수의 본을 따르는 삶을 설교한다. 그런데 오늘날 대중기독교가 설교하는 예수의 면모는 대략 다음과 같다.

'그 예수는 온유와 겸손의 전형이며, 믿음으로 기도하며 용서하며 하나님께 순종한 분이다. 예수는 구약 예언의 성취자인 메시아로, 모든 인류의 죄를 위한 대속적 희생자로 죽었다. 그는 부활과 승천으로

하늘 보좌에 등극했고, 언젠가 재림해서 믿는 자들을 온전히 구원할 것이다.'

'그는 하나님의 어린양이었고, 언제나 하나님과 동행하며, 기적을 베풀며, 신자의 본이 되었다. 따라서 신자는 그처럼 신앙생활에 신실하며, 하나님께 순종하며, 그를 믿고 약속한 영생을 소유해야 한다. 신자는 이 온유한 예수의 본을 따라 어지러운 세상을 위해 기도하며 하나님의 도우심을 구하고, 날마다 기도와 묵상으로 하나님과 동행하는 데 최선을 다해야 한다. 세상이 불의하고, 사회가 망가진다고 해서 정치적인 문제를 거론하거나 거기에 개입해서는 안 되며, 세속의 일에는 과도하게 신경을 써서는 안 된다. 예수가 세속의 정치 경제문제에 대해 비판하거나 대안을 제시하지 않았기 때문이다.'

'예수는 마음 가난이 복이요, 죄에 대해 애통하는 것이 복이며, 마음 청결한 것과 온유한 것이 복이라 선언한 분이다. 예수 신앙의 초점은 우리의 내면 질서에 대한 평안과, 그를 믿고 모든 죄를 용서받고 영생복락을 누리는 저 천국의 삶을 얻는 것에 있다. 그것이 신자가 추구하는 구원의 실재다. 예수는 결코 정치적인 사안이나 사회적 이슈에 관심을 기울이지 않았다. 그는 혁명가가 아니었다. 따라서 신자는 예수를 따라 세상의 죄와 고통에 대해 기도하고 인내하며 하나님의 섭리를 구해야 한다. 세상을 보라. 모두 마귀의 소굴이고 악이 창궐하지 않는가? 신자는 세상에 물들지 말고 예수를 따라 성별된 삶을 지속해 가야 한다.'

이것이 대략적으로 살핀 대중기독교가 설교하는 예수요, 또 신자가 따라야 할 믿음의 길이다. 예수의 도를 따르는 이들에게, 그들의 '예수 이해'는 그들의 '예수 신앙'을 결정한다. 이 예수는 '세상 속 예수'라기보다는 '교회형 예수'임에 분명하다. 그는 제국의 질서 하에서 세상이 어떻게 돌아가든 세속의 일에는 신경을 쓰지 않는 경건한 예수다. 그의 유일한 관심사는 영적인 데에 있다. 이 예수를 따르는 신도들에게 세상은 단지 악하고 상시적인 위협이며, 자신의 안위와 성결을 위해 피해야 할 대상이다.

제국의 질서에 맞섬

그러나 예수는 대중기독교의 이해와는 달리 그렇게 온유하기만 한 어린양이 아니었다. 복음서가 제시해 주는 역사의 예수를 조금만 진지하게 살펴봐도 그는 결코 요셉과 같이 제국의 질서에 곧이곧대로 순응하고 살았던 젊은이가 아니었음을 단박에 알아보게 된다.

앞서 2장에서 예수를 '반골 예수'로 설명했다. 그는 참 버거운 로마의 식민치하에서 청년기를 살아가면서 당시의 지배질서에 동화되지 않고 오히려 저항하며 새로운 하나님 나라의 질서를 요구했던 반골이었다.

세상은 그의 등장과 더불어 소동하기 시작했다. 그는 30살쯤 되었을 때 '메시아운동' 곧 '하나님 나라' 운동을 시작하며 역사무대에 등장했다. 그는 무대에 등장하자마자 그 첫 설교 사건에서부터 무리들의 저항을 받았다. 나사렛의 설교는 군중의 분노를 불러왔고, 곧장 죽을 위험을 감수해야 했다. 마태와 마가와 같은 복음서 기자들은 예수가 맨 처음 역사 무대에 등장할 때 "회개하라"는 선포를 한 것으로 기록했다. 그것은 "돌아오라!" 히. Shub! 외치던 히브리 예언자들의 선포였다. 그는 하나님의 나라가 가까이 왔으니 돌이켜 그 기쁜 소식에 동참하라고 외쳤다.

이 메시지를 강화하는 누가에 의하면, 맨 처음 예수가 공적 무대에 등장하며 자기가 자라난 나사렛 회당에서 첫 번째 취임사를 발한 사건을 기록하고 있다. 누가 4:16ff 예수는 이사야 61장을 인용하며 메시아의 등극선언을 했던 것이다. '오늘날 이 말씀이 여러분의 귀에 응했습니다. 내가 바로 그입니다.'

그 설교에 사람들은 은혜를 받았다. 그런데 그 은혜 받은 청중들이 곧이어 그에게 몹시 분노하여 나사렛의 절벽까지 밀고가 밀쳐 죽이려 들었다. 그러니까 누가에 의하면 청년 예수가 역사무대에 맨 처음 등장하여 대중에게 의미 있는 메시지 한 번 전한 바로 그 순간부터 그들을 거스르는 반골이었음을 보여준다. 대중들은 그가 순순히 은혜의 메시지를 전하는 선포자가 아니라 경천동지할 전복을 시도하는 위험한 인물로 인식했다. 이것인 '반골'이 아니고 무엇인가?

우리가 흔히 생각하는 것처럼 예수는 온유하고 겸손해서 모든 사람들에게 늘 사랑의 메시지를 전하고 그들에게 미소로 대하며 언제나 기꺼이 껴안아 주었을 것처럼 생각하지만, 예수는 무대에 등장하자마자 대중들로부터 일종의 탄핵을 받으며 그의 정체를 각인시켰다.

그는 사사건건, 그것이 종교적 이슈이든 사회-경제적 이슈이든, 당대 로마의 지배문화와 제국의 지배질서가 당연시 했던 것들을 고스란히 전복시켜버렸다. 심지어 유대인들에게 있어서 가장 참을 수 없었던 것은 그의 종교적 이단성이었다. 그는 파격을 넘어 참람했고, 거룩을 내팽개치고 부정을 껴안았다. 유대인을 유대인답게 했던 안식일과 음식법을 간단하게 거부하고, 심지어 견고한 성전제도를 부정하기에 이른다. 그뿐인가 모세의 권위에까지 도전하기에 이르렀다. 그는 모세오경의 텍스트를 단숨에 거부해 버렸다. "모세는 너희에게 이렇게 말했지만 나는 너희에게 이렇게 말한다." 사람들은 그를 가리켜 "율법을 폐하는 자"라 탄핵했다. 마태 5:17

예수가 당대 종교질서에 순응하던 경건한 사람이었다는 이미지는 만들어졌거나 오해일 뿐이다. 그는 체제에 대한 저항과 체제를 뛰어 넘는 새로운 자유와 질서를 요구했다. 대중을 옥죄고 있는 성전제도를 극복해 버리고 개별적인 치유와 죄 용서를 선언했다. 나아가 기득권자들을 향한 예언자적 비판을 통해 하나님 나라의 전복적 이상을 제시한 변혁자의 행보를 이어갔다.

특히 그가 가장 심각하게 제지를 받았던 사건은 '안식일 논쟁'이었다. 유대인을 유대인답게 만드는 가장 결정적인 표지가 바로 안식일을 지키는 것이다. 그런데 그는 안식일을 위반하는데 그치지 않고 심지어 인간 편에서 재해석해 버렸다. 이때 예수의 선언을 기억하는가? '사람이 안식일을 위해 존재하는 게 아니다. 안식일이 사람의 유익을 위해 마련되어 있는 것이다!' 종교적 고정관념을 일거에 전복시켜버리는 선언이었다. 충격 아니었겠는가? 안식일은 하나님의 이름을 걸고 율법과 전통에 따라 거룩한 날로 지켜야만 했던 날이 아니었던가? 물론 예수는 율법을 "폐하러 온 것이 아니라 완전케 하러 왔다"고 선언했다. 그러나 완성이라는 그의 설명은 사실상의 폐기를 의미했다. 그런 유형의 안식일이 어떻게 당대 백성들의 삶을 옥죄고 있었는지 그는 잘 알고 있었다. 정작 안식일이 인간들을 새롭게 하고, 자유롭게 하고 회복시키고자 의도되었던 것이라면, 사람이 안식일의 주인이어야 한다. 그런데 하나님의 안식 의도가 사라진 채 오히려 사람을 구속하는 멍에가 되어 있다면, 그것은 수정이 아니라 폐기가 필요했다. 그래서 사람들이 예수를 탄핵했다. 논쟁이 더해갈수록 죽음의 위협은 누적되어 갔다.

이 같은 예를 다 들려면 지면이 부족할 것이다. 예수에 관한 복음서의 많은 기록들이 이런 얘기를 이어가기 때문이다. 하나의 예만 더 들어보자. 이스라엘의 정체성을 규명하는 가장 중요한 것들 중의 하나가 유대의 정결법과 음식법이다. 이를 코셔르Kosher라고 한다. 이스라엘 율법에는 먹어도 되는 정결한 음식이 있고 먹어서는 안 되는 부정한 음식들이 있다. 문제는 이것저것 가릴 수 없는 가난한 사람들이었다. 바리새인들은 거기에 더 많은 세부조항들까지 부과하여 종교의 이름으로 그들을 옥죄고 있었다.

어느 날 예수는 많은 이들과 음식을 먹는데 씻지 않은 손으로 음식을 집어 먹었다. '부정하다!' 그때 예수의 답변이 기억나는가? '사람 밖에서 들어가는 음식이 사람을 더럽게 하지 못한다. 사람을 더럽게 하는 것은 오히려 사람 밖으로 나오는 것'이라는 것이다. 복음서 기자는 거기에 재미있는 해설을 덧붙인다. "예수께서는 이런 말씀으로 모든 음식은 깨끗하다고 하셨다." 마가 7:19 무슨 말인가? 당시의 맥락에서 예수는 그렇게 선언하면 안 되었다. 하나님이 계시한 율법에는 명백히 거룩한 음식이 있고 부정한 음식이 구분되어 있기 때문이다. 그러니 모든 음식이 정하다는 선언은 이단 사설이 되는 것이었다. 유대 음식법 규정에 정면으로 반하기 때문이다.

예수가 이와 같은 일들을 하고 다닐 때마다 지배층의 사람들은 위협을 감지했다. 이에 예루살렘의 성전권력과 교권세력들은 사람들이 그를 따라 환호하고 몰려다닐 때 계속해서 스파이를 보내 염탐을 했다. 그가 무슨 말을 하는지 무슨 행위를 하는지 시험을 하게했다. 율법사, 바리새인, 사두개인들이 와서 다양한 신학적 난제들을 던지며 그의 발언을 책잡아 그를 탄핵하기 위해 무진 애를 썼다. 예수는 정말 당대의 골치 덩어리였다. 소위 종교적 정상성에서 보더라도 그는 정말 문제 덩어리였다. 심지어 예수가 귀신 쫓는 자리에서 그 장면을 지켜보던 율법학자들은 "예수가 바알세불이 들렸다고 하고, 또 그가 귀신의 두목의 힘을 빌어서 귀신을 내쫓는다"고 판단했다. 마태 12:24 그들에게 예수의 종교는 이단이었다. 예수의 신학에는 '사탄신학'이라는 빨간 라벨이 붙게 되었다.

체제 밖 예수 – 시대적 현실에 철저히 저항

요셉과 달리, 예수는 체제 밖의 저항의 삶을 선택했다. 그는 스스로 광야의 방랑과 궁핍, 적대자들의 반대와 저항, 권력자들의 박해와 죽음의 위협, 종국에는 십자가 처형의 길을 갔다. 그는 온갖 종교-제국적 질서를 거부하고 새로운 대안을 제시했다. 위의 안식일 법과 음식법의 예에서 보듯, 그는 하나님께 집중하던 전통종교의 관심을 인간이웃에 대한 관심으로 전환시켰다. 그는 주린 군중을 먹이고 병든 자들을 치유하면서, 하나님을 향한 초월신앙을 바꾸어 세상으로 향하는 내재신앙으로 전환시켰다. 영생을 묻는 질문들에서 보듯 그는 내세적 구원을 현세적 구원으로 바꾸고 묵시적 종말론을 현세적 종말론으로 치환했다. 그에게 하나님 나라는 이 땅에 편만이 임해오는 하나님의 통치였다.

그는 당대의 종교가 조장하는 이기주의적 구원신앙을 뒤엎고 고통받는 인간을 향한 연민과 공감을 호소했다. 마태복음 25장에 묘사된 최후의 심판은 그 척도가 하나님과 개인의 '인격적 관계'의 어떠함이 아니라, 필요에 처한 이웃의 삶에 어떻게 공감하고 개입하고 있는지의 여부임이 판명된다. 그의 복음은 철저하게 가난한 자 곧 사회적으로 소외받는 자들을 위한 복음이었다. 그것은 부자와 기득권자들에게는 오히려 '화음'이었다. 그의 8복마태 5과 '4복 4화' 누가 6는 가난한 자와 애통하는 자, 미움받고 박해 받는 자를 향한 복福과 그 반대급부에 있는 자를 향한 화禍를 극명하게 구분한다. 또한 그는 부자들의 '즉각적 희년 실천'을 촉구하며 공평하고 평균된 세상을 추구했다. 그의 포도원 농부의 비유는 너무도 급진적이었다.

이처럼 예수는 결코 당대의 종교적 맥락에 순응하던 이가 아니었다. 심지어 그는 당대의 종교질서가 '정상적'이라 주장하던 것들에 '아니오'로 맞섰고, 그 백성들을 옥죄고 잇던 숱한 억압적 요소들을 권위 있는 텍스트까지 부정하면서 전복시켰다. 마치 "진리를 알지니 진리가 너희를 자유케 하리라"는 말씀의 표상처럼요한 8:32, 그는 종교에 매인 사람들을 자유롭게 하는데 전념했다. 그럴수록 예수는 그 지배질서를 관할하던 자들에게 위협이 되었고, 동시에 그러한 위협은 제거되어야 했었던 점에서 그의 운명은 결정되고 있었다. 복음서의 기록들은 그 위협이 계속해서 폭발점을 향해 누적되어가고 있던 상황을 그려준다.

한 가지 분명한 사실은 예수의 선포와 행위는 단순히 종교적인 맥락들에 머물러 있지 않았다는 점이다. 그의 하나님 나라의 비유 한마디 한마디는 당대의 사회, 정치, 경제 질서를 문자 그대로 완전히 뒤엎고 있었다. 그의 메시지는 단순히 종교의 경계에 머물지 않고 모든 사회적 차별과 장벽과 억압들을 깨뜨리고 있었다. 예수에게 있어서는 가장 종교적인 것이 가장 정치적인 현실을 울려내고 있었던 것이다.

앞서 살펴본 누가복음 4장의 나사렛 선언에서 그토록 은혜를 받은 청중이 왜 갑자기 그를 죽이려 했는가? 간단하다. 그의 선포가 전통적인 신학적, 세계관적, 나아가 사회적, 민족적 지평을 넘어서버렸기 때문이다. 그는 당대 민중들이 기대해왔던 유대인의 메시아가 아니었다. 그는 모든 민족을 향한 하나님의 복된 현실을 선포하고 있었다. 예수는 그들의 순혈주의적 선민의식을 깨뜨려버린 것이다. 어찌 이스라엘에 문둥병자가 없어서 엘리사 시대에 유일하게 고침 받은 자가 이스라엘의 적국 시리아의 장수 나아만이었겠는가? 어찌 이스라엘에 과부가 없어서 선지자 엘리야 시대에 구원받은 과부가 이방 땅 사렙다의 과부뿐이었겠는가 말이다. 그들은 완전히 분노했다. 그런 예수를 그대로 살려둘 수가 없었다. 유대적 폐쇄주의가 일종의 메시아적 코스모폴리타니즘에 적대적 반응을 보이고 있었던 것이다.

예수의 하나님 나라의 선언과 사역 속에서 얼마나 많은 경계들이 무너졌는가? 예수가 믿음 좋다 했던 사람들은 모두 이방인들이다. 기억하는가? 자기의 종이 고침받기 위해 멀리서 예수께 나아왔던 로마의 백부장은 이방인이었다. 심지어 자기의 귀신들린 딸을 고쳐 달라며 개 취급을 받으면서도 자비를 구하던 여인도 페니키아의 이방여인이었다. 심지어 예수께 영생의 길을 묻는 당대의 학자에게 답변하면서 예를 들었던 주인공은 이방인보다 더 사람취급 하지 않던 사마리아 사람이었다. "가서 그대도 이와 같이 하시오"라며 예표로 세웠던 이가 바로 유대인들이 혐오해 마지않던 사마리아인이었다.

예수는 당대의 지배질서가 정답으로 제시했던 신학적 경계뿐 아니라, 사회적 경계들과 민족적 경계, 계급적 경계들을 모두 넘어서버렸다. 숱한 세부규정을 만들어 놓고 그걸 지키지 못한다고 모두 죄인 만들던 당대의 종교적 경계선들을 다 넘어서버렸다. 한국교회의 설교에서 가장 미진한 부분이 특히 이런 부분이다. 본문 자체가 너무도 당대의 현실 지평을 얘기하고 있는데도, 설교자들이 하나같이 이것을 영적이거나 우의적인 것으로 해석해 버리는 것 말이다.

예수의 재평가와 성서의 역사적 재해석

이와 같이 예수는 체제 내 순응자가 아니었다! 그는 하나님 나라의 선포나 행보를 통해 그 시대의 반골로 살아갔다. 만일 요셉이 그 시대와 문화에 철저히 적응하며 순응하고 살아간 사람의 실례라면, 예수야말로 단순히 저항 정도가 아니라 그 시대를 뒤집어엎으며 살아간 사람의 전형이라 할 것이다. 그는 당대 정통주의 교권주의자들, 곧 성전중심의 이스라엘에서 종교권력을 쥐고 있던 이들에게 과감히 맞섰다. 그는 율법과 성전을 통해 손쉽게 관리되던 율법주의 신앙과 영성을 거부하고, 사람을 자유롭게 하며 회복하고 해방하며 온전케 하는 생명의 종교를 창출해 냈다.

이를 위해 그는 절대적 권위를 부여받고 있던 성서 텍스트마저 거부했다. 모세의 율법은 새롭게 해석되었고, 그 율법에 내재한 입법자 하나님의 본뜻이 그 시대상황에 맞게 재해석되었다. 그에게 안식일은 사람을 위한 회복의 날이었고, 음식법은 모든 이들에게 먹을 것을 주시는 하나님의 은총 안에서 재해석 되어야 했으며, 금식과 기도, 구제와 경건은 하늘 하나님을 향한 종교적 추구가 아니라 지금 이곳에서 그들에게 임하는 하나님의 샬롬의 역사를 불러오는 실재가 되어야 했다. 그런 예수는 당대 기득권자들에게 이단이었고 위협이었으며, 그 결과가 바로 십자가의 처형이었다.

물론 오늘날 우리는 그 죽음이 곧 우리의 죄를 위한 대속적 죽음이라 신앙고백하고 있다. 그러나 그 죽음에 담긴 역사적 맥락을 간과해서는 곤란하다. 그 대속적 죽음이란 교리는 그 죽음에 담긴 역사적 토대를 무너뜨리기 때문이다. 게다가 만일 예수를 여기까지만 이해한다면, 정작 예수를 따를 본이 없어지고 만다. 예수의 본을 따라 우리도 누군가의 대속적 죽음을 죽을 것인가? 그럴 수는 없다. 그러나 '이 제국의 현실 속에서 어떻게 예수를 따라 살아가야 할 것인가' 하는 질문을 가지고 예수를 다시 바라본다면 예수가 살아갔던 방식들에서 많은 해답을 얻어낼 수 있을 것이다.

우리가 주主로 모시는 예수는 제국의 권력이나 그 지배적 가치에 순응 대신 저항을 선택하면서 십자가를 지는 삶을 살았다. 그에게 참된 하나님을 믿는 신앙이란 멋진 예배당에 앉아 길게 기도하고 화려하게 구제하면서, 경건한 모습으로 율법준수를 운운하거나 예수 천당을 노래하며 전도대열에 참여하는 것이 아니었다. 그것은 탐욕과 폭력이 일상인 제국의 질서를 거부하고 고통 받는 가난한 자들과 하나가 되어 그들의 현실에 하나님의 통치가 임하게 하는 실재를 가져오는 것이었다. 예수에게서 분명한 것은 시대가 제시하는 지배질서나 문화에 순응하며 사는 것이 아니었다.

어떻게 살아야 하는가?

이제까지 '체제 속의 요셉'과 '체제 밖의 예수'라는 대립 구도 속에서 이 두 인물을 살펴보았다. 우리는 어떤 길을 선택해야 할까? 어쩌면 요셉처럼 제국의 권력을 탐하고 심지어 그 권력에 충성하면서도 개인적인 신앙에 열심을 내면서 착한 그리스도인으로 살아갈 수 있다고 주장할 수도 있을 것이다. 현재의 경제나 사회질서가 연약한 이웃들에게 어떤 고통을 초래하는지 아랑곳 하지 않아도, 내게 구원의 확신이 있고,

내게 안정된 재산과 직장, 그리고 가정이 있고, 또 봉사할 교회가 있다면 하나님의 은혜를 따라 살아가면 되는 것이 아닌가라고 주장할 수도 있을 것이다.

앞서 요셉의 예에서 보았듯, 아무리 예수 믿어 착한 그리스도인의 삶을 산다 해도, 기존 질서에 무비판적으로 충성하는 것은 오히려 하나님이 미워하시는 불의한 체제를 지원하며, 그 체제를 공고히 함으로 약자들의 고통을 배가하는데 기여한 악이 될 수 있다! 그때에 우리가 주장하는 그 신앙은 하나님께 속한 참 신앙이 아니라 기껏해야 좀 나은 도덕기준 정도로 거룩을 위장하는 종교일 뿐이다. 김동춘 교수는 "지나치게 모범적인 신앙인들이 때로 위험하기까지 하다"며 "창조질서라는 이름으로 흑인 인종차별을 적극 옹호하거나, 불의한 전쟁을 하나님의 뜻으로 일어난 성전이라 외치면서, 전쟁승리를 위해 전심으로 기도하는 이들 대부분이 모범적인 신자들이다"고 지적한 바 있다.

요셉처럼 아무리 정직하고 성실하며, 신앙의 마음으로 가뭄 구휼에 쓰임 받았다 하더라도, 제국의 체제 내에 귀속되어 그 질서에 순응함으로 그 속에서의 번성을 누리는 것은 기독교적 삶에 반할 수 있다. 그것이 결국 하나님의 백성들로 하여금 자유로운 신민이라는 정체성을 잃게 하고, 황제의 노예로 만드는 질서라면 오히려 하나님의 도구이기 보다는 악마의 하수인이 될 수도 있는 것이다!

기독교는 예수 그리스도를 '주'라 부르며, 그의 '제자도'를 강조하는 종교다. 그러므로 필연적으로 그리스도인의 역할모델은 예수 그리스도다! 문제는 그의 '대속적 죽음'을 강조하는 신학만으로는 '따를 본'이 없다는 것이다. 결국, 당대의 지배문화에 저항하며, 하나님이 통치하시는 새로운 질서를 도전하던 예수의 발걸음에 초점을 맞춰야만 할 것이다. 그는 자신의 안녕과 입신양명을 지향하며 살아버릴 수 없었다. 그 시대의 예수의 행보에 주목할 때만 그를 따름이 무엇인지 살필 수 있을 것이다.

따라서, 예수의 도를 따르는 신앙은, 시대가 어떠하든지 자기만 예수 믿어 안녕을 누리는 신앙이 아니다. 홀로 착하고 정직하고 순응하며 위무하고 적절히 소유하고 누리면서 천국을 소망하며 살면 안 되는 것이다! 적어도 예수가 앞서 걸어간 행로에 의하면, '그러면 안 되는 것이다.' 자신이 하나님과의 관계에 온전한지의 여부, 구원의 확신, 현실적 고통으로부터의 자유 추구만이 해답이 아니다. 예수는 '영생을 묻는 이들에게' '가진 것을 가난한 이웃과 나누라'거나 '강도 만난 자의 이웃이 되라'고 말했다. 적어도 예수의 답변에서, 영생은 '죽어서 천국 가는 것'으로 귀결되지 않는다. 그것은 '이신칭의의 복음을 믿으라' 정도가 아니다. 그것이 아무리 우리에게 익숙하다 해도, 복음의 저자인 예수 앞에서는 축소되고 편향된 복음일 뿐이다.

예수에 따르면, 영생은 지금 여기에서 가난하고 애통하고 죽어가는 이웃들에 대한 '희년' 실천 여부에 달렸다. 단순히 교회 나가는 문제나 예배하는 문제, 기도하고 성경보고 헌금하고 금식하는 문제가 아니다. 나아가 단순히 '구제하고 기부하고 자선하라'는 차원도 넘어선다. 즉각적이고, 총체적인 희년을 실현하라는 것이다! 하나님 사랑을 이웃 사랑 안에서 구현하라는 것이다. 이웃을 네 몸과 같이 사랑하라는 것은 무엇이겠는가? 이것은 곧 강도 만난 가난한 이웃들과의 연대일 것이다. 하나님이 가난한 자들에 그토록 관심하시며 그들을 편듦으로 평균을 유지하려 애쓰시듯, 오늘 조금 나은 환경에 처해 있는 우리가 그보다 못한 이웃들을 편듦으로, 대신해서 그들의 목소리를 냄으로, 그들과 연대하여 함께 싸워줌으로 이웃 사랑을 그나마 실천해 가는 것 아니겠는가?

오늘도 우리는 제국적 질서에서 자유롭지 못하다. 이름하여 신제국주의 시대라 할 수 있을 것이다. 게다가 우리는 제국의 힘의 논리들이 여전히 으르렁 거리는 분단 상황 속에 살아가고 있다. 이 땅엔 가공할 만한 대량살상무기를 앞세운 폭력과 금융 자본주의 사슬이 드리운 그림자들이 짓게 드리워져 있다. 그럼에도 대중기독교는 여전히 제국의 신학을 찬양하고, 번영신학을 앞세운 자본주의적 맘몬을 우상으로 받들고 있다. 그들이 제시하는 신앙 틀은 여전히 천국과 영생, 회개와 믿음, 정직과 순종, 용서와 인내 등 개인적 덕목들에만 고정되어 있다. 이런 덕목들이 무용하다거나 힘이 없다고 말하는 게 아니다. 지극히 사회적 삶을 살아가는 우리가 사회적 관계망을 무시하거나, 그래서 사회질서를 규정하는 정치적 현실이나 우리 삶 전반을 아우르는 경제적 맥락을 도외시한 채 이런 덕목들만 얘기하는 것은, 기독교 신앙의 소극적인 면만을 강조하는 것임을 말하려는 것이다. 세상 형편들과 그 이면에 있는 여러 구조적인 측면들을 주목해 살펴보면서, 어떻게 우리의 제국적 지배질서에 '아니오'를 말하고 때로는 대안을 제시하면서 예수의 제자의 도를 따라갈 것인가를 고민해야 한다는 것이다.

이를 위해 이 시대의 예수의 도를 따르는 사람들은 역사와 성서해석에 대한 비판적 시각을 가져야한다. 제국의 폭력적 질서를 정당화해주는 구 신학을 거부하고 자유와 해방을 선언해야 한다. 개인적, 영적, 타계적 거룩에 대한 추구가 아니라, 사회적, 현실적, 하나님 나라적 전복을 선언하고, 그 신앙에 공감하고 헌신하는 이들과 연대하여, 하나님 나라의 가치를 구현해 내는데 헌신해야 할 것이다. 예수를 따라 고통 받는 이웃과 연대하여 모두가 사람답게 안연히 사는 현실을 만들어 가야 할 것이다. 그때에 비로소 예수가 약속한 하나님 나라의 기쁨의 큰 잔치에 모두가 들지 않겠는가?

12장

확장, 교회의 경계를 넘어

이제 책의 마지막 장에 이르렀다. 결코 쉽지 않은 마지막 질문이 남아 있다. 이 제국의 시대, 하나님의 통치 없이는 지옥일 수밖에 없는 문제 많은 세상에서 우리는 어떻게 하나님의 나라를 이루어 갈 것인가? 대중기독교가 제시하는 종교적 해법들은 여전히 타당성이 있는가? 아니면 어떤 수정 또는 전복이 필요하지는 않을까?

기도로 가능할까?

하나님 나라를 이루는 세상 변혁을 위해 기독교에서 어쩌면 가장 많이 강조되는 해법은 기도일 것이다. 하나님은 기도를 들으시는 분이다. 그러므로 문제 상황 속에서 신자가 해야 할 바는 하나님께서 이 문제 상황을 해결해 주시도록 기도하는 것이다. 그렇다. '신자가 기도하면 하나님이 역사한다'는 것이 그리스도인의 믿음이다.

그런데 진짜 기도가 답일까? 정말 우리가 꿈꾸는 하나님 나라의 도래는 우리의 기도로 충분할까? 그렇다면 오늘날 우리가 경험하는 이 땅의 제반 문제는 우리가 기도하지 않거나 부족해서 생긴 것인가? 그래서 우리가 더 열심히 기도하면 해결될 것인가?

물론 예수는 기도를 강조했다. 하지만 그는 제자들의 전통적, 피상적 기도를 교정하며 기도의 초점을 구체화하는 새 기도를 가르쳐주었다. 마태 6-7장 그 핵심에 주기도문이 있다. 물론 그 초점은 "그의 나라가 이 땅위에 임하는 것"이며, 따라서 신자의 간구는 오직 그의 나라를 구하는데 있다. 하지만 사람들은 주기도의 핵심을 종종 망각한다. 그들은 기도에 대한 보다 큰 그림인 마태복음 6장의 초점은 버리고 7장에서만 그 답변을 얻으려 한다. '뜻이 하늘에서 이룬 것 같이 이 땅에서도 이루어지는 하나님의 나라와 의' 대신, 사람이 '구하고 찾고 두드리면 다 얻고, 다 찾고, 다 열린다'는 그 약속 말이다.

그래서 '기도가 답이다'는 말을 신자들 사이에서 너무 쉽게 듣지만, 대개는 개인적인 문제 상황에 대한 결론뿐이다. 함께 살아가는 이 사회의 암울한 현실의 문제에 대해서는 다분히 '기도 제목' 한두 가지로 퉁치고 넘어가 버린다. '하나님이 알아서 하실 것'이기 때문이다. 그러다보니 현실적으로 이러한 공적인 문제에 대해서 우리가 할 수 있는 일은 아무것도 없다. 심지어 극단적인 주장들의 경우, 인간이 무엇을 시도해서도 안 된다. 그것은 하나님의 고유한 통치영역이기 때문이다. 그래서 인간이 무언가를 할 수 있다거나 해야 한다고 말하는 목소리에 '인본주의'라는 딱지까지 붙여버리곤 한다. 하지만 하나님 나라 관점에서 볼 때 이는 위험한 신학이라고 감히 말하고 싶다. 하나님의 의도나 기도 메커니즘 전반을 근본적으로 오해한 목소리이기 때문이다.

하나님이 창조세계를 지으신 후 그는 이 세계를 어떻게 관리하시는가? 에덴에서 하나님은 그 세계의 관리 책임을 인간에게 부여하지 않으셨던가? 심지어 인간의 잘못으로 창조세계 전체가 위험에 처했다고 하지 않았던가? 그래서 바울은 그 세계가 우리의 온전한 구원을 갈망하며 자신의 구원을 기다린다고 하지 않던가? 로마 8 이 창조세계에 우리가 할 바는 없고, 하나님이 하셔야 하며, 우리가 할 수 있는 것은 기도밖에 없다는 신학은 엉뚱한 것이다.

다시 주기도문으로 돌아와 보자. "뜻이 하늘에서 이룬 것 같이 땅에서도 이루어지이다"에서도 문제는 있다. 혹자는 주기도문 전체가 수동태로 표현되었다고 주장한다. '이름이 거룩히 여김 받으소서. 나라이 임하소서. 당신의 뜻이 이 땅에서 이루어지게 하소서. 일용할 양식을 주소서. 빚을 탕감해 주소서. 악에서 구하소서…' 따라서 그 나라가 임하는 현실에서 인간은 매우 수동적이고 의존적 역할자라는 것이다. 그래서 하나님 나라는 오직! 하나님 자신에 의해 임한다는 주장이다. 따라서 인간이 할 수 있는 것은 없으니 인간은 다만 기도할 뿐이라 말한다. 몇 가지 주제만 간단히 간추려 보도록 하자.

이름이 거룩히 여김을 받으소서

이것이 하나님께 달렸으면 사실 우리의 기도가 무슨 소용일까? 하나님의 이름은 이미 거룩한 이름이 아닌가? 그 이름에 문제가 생겼는가? 우리가 '기도를 올려야' 거룩해 지는 이름인가? 이 기도가 필요한 이유가 무엇이겠는가? 그 이름의 영예는 그의 이름으로 일컬음 받는 백성들의 삶에 달렸기 때문이다. 그분의 이름이 칭송을 받을 이름임에도 불구하고, 그 이름이 칭송 또는 비난을 받을지의 여부는 순전히 그 이름으로 일컬음 받는 그의 백성들에게 달려 있다. 따라서 형태는 수동태이나, 실은 기도하는 이가 능동적으로 이 기도에 응답이 되어야할 현실을 요구하고 있는 것이다.

나라이 임하소서

그 나라의 임함은 어떠한가? 하나님이 다 하시면 우리는 왜 기도하는가? 왜 심지어 예수 이후 2천년이 지나도록 그 온전한 청사진뜻이 하늘에서 이루어진 것 같이은 이 땅에서 아직도 구현되지 않는 것인가? 아니면 그 나라는 인간이 기도해야만 비로소 이루어지는, 하나님이 스스로 할 수 없는 영역인 것인가? 아니다. 그 나라는 오직 그 나라와 의를 '추구'하는 이들에 달려 있다. 그 나라의 실재를 고대하며 그 현실화를 위해 헌신하는 백성들의 참여에 달려 있다. 아직도 그 나라가 이 세계에서 요원한 이유는 그 나라의 실재를 내 내세적으로 오해하는 다수의 신자들 때문이며, 심지어 그 나라의 이상을 꿈꾸는 그리스도인들마저 그 실천적 참여에 무관심하기 때문이다. 그 나라의 임함을 기도하는 사람은 그 나라에 실천적 참여자가 되도록 부름을 받고 있다.

일용할 양식을 주소서

일용할 양식은 어떠한가? 굶주린 자가 양식을 위해 하나님께 기도하면 즉각 음식을 얻는가? 아니다. 현실 속에서 누구는 여전히 굶주리는데 누구는 자자손손 배불릴 재산을 축적하고 산다. 하나님은 왜 모두가 배불리 먹는 현실을 주시지 않는가? 굶주리는 당사자나 그리스도인들이 기도하지 않아서인가? 역시 아니다.

우리는 일용할 양식을 구하는 주기도를 수없이 반복하고 있다. 그런데도 수많은 이들이 일용할 양식도 해결하지 못하는 현실을 살아가고 있다. 하나님이 응답을 안 하시는 것인가? 아니면 그럴 능력이 없으신 것인가? 그렇다면 하나님 책임 아닌가? 현실은 다수의 가난한 사람들이 양식을 얻지 못하는 상황에 처해있다. 세계 곳곳에서 1%의 기득권

층이 재화의 절반 이상을 차지하고 있다. 그렇게 부가 편중되어 있고 누구는 양식도 얻지 못하고 있는 현실에서, 일용할 양식을 달라 기도하는 수많은 가난한 자들의 기도에 왜 하나님은 침묵하시는가? 하나님은 부자들만큼은 당할 수 없는 신이신가?

아니다. 이 기도는 신자들이 기도하며 모두가 함께 일용할 양식에 배부를 수 있는 안정된 경제적 토대를 만들어 가라는 요청이다. 부와 소득의 분배적 정의를 추구하라는 것이다. 이것이 우리가 해야 할 기도다. 예수가 가르친 기도는 그 응답이 온통 기도자의 참여 여부에 달려 있다. 신자가 자신의 양식 유여함에 족하지 않고, 함께 일용할 양식으로 배부를 수 있는 공통의 공적 현실을 위해 참여하고 씨름하고 분배하고 나눌 때, 그 기도가 비로소 응답되는 것이다.

빚을 탕감해 주소서

본문의 '죄를 사하여 주소서'라는 기도는 문자적으로 '빚을 탕감해 주소서'라는 기도다. 성서 본문의 각주를 보면 '죄'라는 단어의 원문은 '빚' 부채이라 기록되어 있음을 발견할 것이다. 즉 이 기도의 원문은 '죄 용서'가 아니라 '빚 탕감'에 관심하고 있다. 물론 유대인들은 하나님께 대한 죄가 곧 하나님을 향한 부채라 이해했다고 한다. 빚은 돈이 만능인 현실에서 사람을 노예로 만드는 가장 결정적인 것이다. 그것은 오늘도 개인과 가정을 파탄으로 몰고 가는 주범이다. 그렇게 빚으로 고통 받는 수많은 채무자들의 부채는 어떻게 탕감되는가? 이 기도만 하면 탕감을 받는가? 그렇지 않음을 우리는 경험적으로 알고 있다. 많은 사람들이 부채로 인해 파산을 당하고 가정이 깨어지고, 심지어 목숨을 잃는 동안에도, 하나님은 이 간절한 기도에 즉각 응답하지 않는다. 왜 그러한가?

주지해 보듯, 이 기도는 서로의 탕감을 전제하고 있다. "우리가 서로의 빚을 탕감한 것과 같이." 이는 '빚 탕감'이 기대되는 희년의 이슈다. 당장 빚에 쪼들려 노예로 살게 생겼는데, 또한 사람들 앞에 주체적 인간으로 설수조차 없는데 일용할 양식으로 배부르기만 하면 뭐하는가? 그래서 하나님은 공동체 안에서 서로 빚을 탕감하는 현실을 기대한다. 이 나라의 실재를 아는 기도자들이 서로 탕감함으로 자유하며, 하나님 앞에서 자유로운 인간으로 존엄을 누리고 사는 현실을 함께 빚어가라는 것이다.

그러므로 이 기도 역시 그 기도 속에 즉각적인 답을 내포하고 있다. 서로의 빚을 탕감하는 희년 실천이 선순환을 불러일으켜 모두의 빚이 함께 탕감 받게 될 현실을 불러올 것이다. 응답은 우리 스스로에게 달려있다.

하나님 나라를 이루는 기도

그러나 많은 사람들은 이 공적인 기도의 현실을 간과함으로써 '주기도문'의 충격을 벗어나고 만다. 그 대신 마태복음 7장의 기도로 중점을 이동한다. 하지만 사실 그 본문도 6장의 기도와 다르지 않다. 그럼에도 대중기독교는 7장 본문에 있는 마지막 결론을 간과함으로써, 하나님 나라를 구하는 기도의 핵심적 매커니즘을 오해하고, 이를 사적인 기도로 전환시키고 만다. 바로 황금률에 대한 오해다. 본문의 마지막 결론은 이렇다. "그러므로 너희는 무엇이든지 남에게 대접을 받고자 하는 대로 너희도 남을 대접하여라. 이것이 율법과 예언서의 본뜻이다." 마태 7:12 예수는 이 가르침을 통해 역사의 선순환을 기대했다. '남에게 대접받고자 하는 대로 먼저 남을 대접하는' 일의 선순환을 통해 문자 그대로 "구하는 사람마다 받을 것이요, 찾는 사람마다 찾을 것이요, 문을 두드리는 사람에게 열어 주실 것"을 기대했다. 마태 7:7 모든 사람들이 이처럼 하나님의 나라와 의를 구하면, 의식주 문제는 구할 필요도 없이 그 모든 것을 채움 받을 것이었다. 마태 6:33 그러나 자신이 기도하는 현실에 참여하지 않고서는 결코 구현되지 않는 실재를 전제하고 있다.

구두적인 기도로 이룰 수 있는 것은 거의 없다. 어떤 이슈가 기도제목이 된다면, 신자는 함께 기도하며 다른 기도자들과 함께 그 현실에 뛰어들어야 한다. 그럴 때 하나님의 통치현실을 함께 누리게 된다.

하나님께 드리는 모든 기도는 소중하다. 그러나 주기도문에 담긴 이런 공적 이해를 결여하거나, 기도자의 참여적 현실을 놓아버린다면 그것은 공허한 종교적인 기도가 되고 만다. 주기도문은 누구도 관심도 없고 실제로는 가장 응답되지 않는, 종교인들이 예배 마칠 때마다 암기해야하는 하나의 주문으로 전락하고 마는 것이다.

기억하자. 예수가 근본적으로 그 기도를 가르칠 때의 전제는, 신자의 기도가 잘못되었다는 것이었다. "너희는 이렇게 기도하라." 그런데도 오늘의 대중기독교는 예수가 '잘못되었다'고 책망했던 것으로 다시 돌아가서 그가 가르친 기도를 방기하고 있다. 도대체 그리스도인들은 누구를 따르는 사람들인가?

이 부분은 자칫 오해를 부를 수도 있겠다. 대중기독교 안에 자리 잡은 '기도'에 대한 이해가 워낙 철옹성 같기 때문이다. 기도 응답에 대한 간증은 얼마나 많으며, 기도를 주제로 나온 책은 또 얼마나 많은가? 하여 조금 더 설명해 보기로 한다.

먼저 현실이다. 예컨대 가난한 신자가 아무리 기도해도 그는 가난으로부터 벗어나지 못한다. 또한 병든 신자가 아무리 기도해도 질병에서 해방되지 못한다. 물론 예외는 인정하기로 하자. 어떻게 된 것인가? 현실을 솔직히 받아들이자. 우리 주변에서 수많은 그리스도인들이 가난에 허덕이며 질병과 사고로 유명을 달리하고 있다. 많은 이들이 기도하고 중보하지만 그들은 굶주리며, 또 고통 중에 이 세상을 떠나간다.

그렇다면 그 기도의 응답이 그 기도의 현실에 참여하는 개인과 공동체에 달렸다는 말은 무슨 뜻인가? 기도하는 이 자신이 그 기도에 응답이 되어야 한다는 말은 무슨 뜻인가?

황금률이다. 가령 누군가의 궁핍 중의 기도는 누군가가 자신의 지갑을 열어 그 필요를 채워줄 때 응답된다. 여리고길 강도 만난 사람에게는 사마리아인이 나설 때 비로소 구원의 현실이 임하는 것이다. 예를 하나 들어본다. 만일 내가 속한 공동체의 어떤 사람이 개인적으로 경제적 고통에 처해 있다. 날마다 채무자의 독촉에 시달린다. 이번에 갚지 않으면 추심하러 가겠다, 그래도 못 갚으면 몸이라도 담보하겠다는 등의 위협이 계속된다. 그 고통에서 해방되고자 그는 매일 하나님께 기도한다.

종종 이런 상황에서 '하나님께 기도를 했더니 하나님이 어떻게 아시고 딱 그 만큼의 돈을 채워주셨다'고 간증하는 이들이 있다. 그들에게 그런 기적 같은 일이 일어났다면 감사할 일이다. 하지만 그 간증이 기도 응답에 대한 보편적 간증이 되면 안 된다. 대부분의 사람들에게 그러한 기적은 일어나지 않기 때문이다. '하나님, 이렇게 주세요'라고 기도해도 하나님이 '옛다' 하고 내려주지 않기 때문이다.

누군가가 결정적인 궁핍에 위협받고 있는 현실에 처해있을 때, 황금률의 조언은 그 처지를 아는 누군가가 직접 그 필요를 채우라는 것이다. 예수는 먼저 자신이 대접받고자 하는 대로 먼저 남을 대접하는 그 현실이 '선순환의 역동'을 이끌어 올 것을 기대한다. 가령 누군가 그의 사정기도제목을 알게 되었다. 그는 공동체에 그 제목을 나누며 기도를 이어간다. 그들은 기도하며 스스로 그 기도현실에 참여할 방도를 모색하기 시작한다. "우리가 그 사람을 위해 무엇을 할 수 있을까? 십시일반으로 모아보면 어떨까?" 그렇게 모은 돈을 그에게 전달할 때, 그는 하나님께 이렇게 기도하게 된다.

"하나님, 제 기도에 응답해 주셔서 감사합니다!"

누군가의 그런 실천이 뒤따르기 전까지 그 기도는 응답 되지 않는다. 당신이 움직일 때 그 문제를 당한 이의 기도는 비로소 응답이 되는 것이다. 이것이 하나님 나라를 이루는 기도의 메커니즘이다. 그래서 예수도 이 같은 문제를 염려하지 말고 오직 하나님 나라만 구하라 말씀하신 것이다. 하나님 나라의 실제가 이 같은 방식으로 구현된다면, 궁핍한 이들의 필요마저 채워지지 않겠는가?

또한 누군가의 질병 중의 기도는 누군가가 자신의 의술을 동원하여 치료에 나설 때 해답이 되어온다. 물론 필자도 기적 같은 치유를 기도하며 늘 갈망한다. 또한 기독 의사들은 자신은 다만 도울 뿐 하나님이 치료한다고 신앙고백을 하기도 한다. 하지만 그 돕는 자로서의 의사가 없이, 그가 의술을 펼 수 있는 병원과 부대적인 인프라가 없다면 어떻게 될 것인가? 누군가는 나서서 열심히 배우고 익히며 치료해야 한다. 누군가는 치료법을 연구하고, 처방약을 고민하며, 더 성능이 좋은 검사장비나 수술도구 등을 개발해야 한다. 이것이 우리의 기도에 대해 하나님의 응답하시는 방법이다. 이때 우리는 다만 '하나님이 치유하셨다'고 겸손하게 신앙 고백을 할 따름이다.

다시 말하지만, 하나님 나라의 기도는 '언어적 기도'에 멈추지 않는다. "너희는 기도할 때에, 이방 사람들처럼 빈말을 되풀이하지 말아라. 그들은 말을 많이 해야만 들어주시는 줄로 생각한다"마태 6:7는 것이 예수의 문제 진단이다. 기도는 그런 게 아니다. 주기도가 얼마나 짧은가? 많은 요구사항들을 가지고 오래도록 되뇌이는 '말의 기도'로 될 일이 아니라는 것이다. 하나님 나라의 기도 메커니즘을 적용하지 않고서는 기도는 단지 실천을 회피하는 수단에 불과할 수도 있게 된다.

주기도의 지평은 오히려 역설적으로 기도자의 매우 강한 능동적 참여를 요청한다. 그 결핍된 현실 속에서 기도를 시작한 이가 먼저 참여함으로 스스로 응답이 되는 것이다. 그 외에는 아무 일도 일어나지 않을 것이기 때문이다. 하나님 나라의 기도는 행동하는 기도, 참여적 기도, 스스로 먼저 응답이 되는 기도다. 하나님 나라의 도래는 기도하며 참여하는 이들에게 달렸다!

성령 충만으로 가능할까?

교회가 또한 가장 많이 강조하는 해법은 성령 충만이다. 하나님 나라의 실현은 그리스도인들이 성령으로 충만케 됨으로 가능하게 될 것인가? 이상적으로는, 적어도 탐욕적인 자연인으로서는 불가능하지만 하나님 나라를 꿈꾸던 예수의 진리의 영으로는 가능해야 한다.

신약성서 사도행전은 오순절 성령강림 사건 이후 초대교회의 하나님 나라의 급진적 실천을 보여준다. 교회가 그 성령으로 충만했을 때 그 공동체에 어떤 일이 일어났는가? 성령의 충만은 사람들로 하여금 서로의 재물을 나누어 유무상통하는 역사를 만들어 냈다. 무리 가운데 모든 궁핍한 현실을 막아내는 평균된 현실을 실제로 가능하게 했던 것이다. 이런 일이 세상 어디에서 가능할 것인가? 그 때문에 세상은 놀라고 소동이 일었다. 세상은 교회의 달라진 모습에 감동했다.

오늘날 많은 교회들은 여전히 성령의 충만을 강조한다. 그러나 신비적 성령 충만에 대해서는 많이 강조하지만, 성령에 충만했던 초대교회가 일구어 낸 유무상통의 역사에 대하여는 언급을 꺼린다. 교회는 여전히 '그들이 모이기에 힘쓰며 모일 때마다 서로 음식을 나누어 먹으며, 사도들의 가르침과 기도하는 일에 힘썼다'는 사실에서 그치고 만다. 성령 충만으로 비로소 가능했던 유무상통의 현실까지는 더 나아가지 않는다. 하지만 생각해 보자. 교회가 자주 모이고, 모일 때마다 기도와 말씀에 열심을 내고, 서로 음식을 나눠 먹는다고 세상이 감동하지 않는다. 자기들끼리는 당연히 그러는 것 아닌가?

하지만 사도행전의 기억은 교회의 성령 충만의 행보에 세상이 소동을 일으켰다고 적는다. 그리고 하루에도 3천명이 회개하고 돌아왔다고 보고한다. 행전 2:41 무엇이 그렇게 만들었는가? 하나님 나라의 복음은 강력했고, 그들 자연인으로서는 감당할 수 없었던 일, 곧 자신들의 사유재산을 가난한 자들에게 나누는 희년의 실제 역사가 일어난 것이다. 진리의 성령이 추동하는 하나님 나라의 평균케 하는 역사가 그 처음 공동체 안에서 현실이 된 것이다. 그 결과 사도행전 4장의 증거처럼 그 중에는 핍절한 사람이 없게 되었다. 얼마나 멋진 희년의 그림인가?

기독교의 첫 전통이 그러했다. 그런데 오늘날 교회는 그 일은 모른 체하며 성령 충만의 구호만 목청껏 외치고 있다. 유무상통의 역사는 심지어 관심도 갖지 않은 채, '성령 충만'이라는 종교체험과 신비적인 맥락만 강조하고 있다. 과연 오늘날의 교회는 그리스도의 영, 곧 하나님 나라의 영에 사로잡혀 있기나 한 것일까?

그 성령이 하나님의 영, 그리스도의 영, 진리의 영이라면 그는 성서의 핵심인 하나님 나라를 증거하는 영이다. 온 세상에 하나님의 통치가 편만히 임하도록 신자들에게 영감을 불어 넣고, 용기를 주며, 박해를 받더라도 하나님 나라를 구현해 내는 일에 매진하게 하는 영이다. 그는 창조와 생명의 영으로서 신자들로 하여금 모든 파괴되고 죽어가는 것들에 관심하게 할 것이다. 또한 정의와 평화의 영으로서 모든 불의한 현실을 혁파하고 모든 갈등 속에서 진정한 화해와 평화를 만드는 일에 매진하게 할 것이다. 또한 사랑과 자비의 영으로서 모든 막힌 관계들을 회복시키고 연약한 자들을 일으키게 할 것이다.

그런데 교회가 정녕 성령 충만을 강조하면서 기대하고 있는 현실은 무엇인가? 방언하고 예언하고 환상을 보고 신비체험을 하게 하는 것인가? 교회는 성령 충만을 개인적이고 신비적이고, 교회 내부에서나 통용 가능한 영의 활동으로 제한한다. 성령으로 인한 신비체험은 좋은 것이나 다만 부수적인 것이다. 만일 성령 충만을 하나님 나라의 관점에서 적용한다면 어떻게 가능할까?

이 불의한 시대, 이 문제 많은 세상 한 복판에서 '성령 충만함'을 생각해 보라. 이 주제에 관해서는 필자의 책 〈땅 위에 하늘을 짓다〉에서 구체적으로 다룬 바 있다. 이 분단의 땅 한반도에서 성령 충만함은 어떤 열매를 맺게 하겠는가? 이 역사 현실에서 하나님의 영의 충만은 우리에게 무엇을 기대하고 요구하며 또 인도해 가실까? 분단 상황 때문에 고통 받는 남북한 국민을 향한 하나님의 마음은 무엇일까? 만일 그 평화의 영, 화해의 영, 사랑의 영이 우리 안에 충만하다면, 우리로 이 분단된 현실에 무관심하거나 또는 바라만 보게 하시겠는가?

또한 정치적 극한 대립상황과 경제적으로 극심한 빈부격차의 상황에서 성령 충만함은 무엇을 의미하겠는가? 이 지점이 바로 하나님 나라의 공적지평이 의미하는 바다. 진리의 영으로 충만하면 우리로 거짓과 불의가 난무하는 현실에 저항하고 진실과 공의의 가치를 주장하게 할 것이다. 평화의 영으로 충만하면 분열과 분단의 아픔 있는 이 한반도의 평화 정착과 통일을 위해 헌신하게 할 것이다.

오순절에 임한 동일한 성령이 오늘날 교회에 충만하다면 왜 우리에게 급진적 사회개혁의 역사는 없는가? 평균케 하시는 하나님의 영이 우리 안에 충만하다면, 남들은 일용할 양식에 소외되어 살고 있는데, '하나님이 내게 이런 부를 주셔서 감사하다' 기도하면서 나만 부자인 채로 안연히 살아가겠는가? 그것은 하나님의 성령과 상관없는 현실이다. 하나님 나라의 복음을 알면서는 결단코 세속적이고 이기적으로 살 수는 없다. 열매를 보아 나무를 아는 것이다. 말로는 예수고, 성령이고, 복음이고, 은혜라 할지 모르지만, 같은 교회 안에 가난으로 신음하는 이웃 신자들이 즐비한데도 여전히 누군가는 부자인 채로 남아 있다면 그는 아직 회심하지 않은 것이다. 그는 아직 하나님 나라 밖에 있다는 증거다.

성령으로 충만했던 초대교회 신자들은 성령의 도우심으로 기꺼이 증인이 되고, 박해를 당하면서도 하나님 나라를 증언했다. 성령은 보혜사, 곧 그리스도의 영으로서 그의 가장 우선된 사역은 예수의 복음을 알게 하는 것이다. 그러므로 성령의 가장 핵심된 역할은 예수와 하나님 나라를 증거하는 것이다. 예수가 그토록 목숨 내어놓고 이 땅에 실현되기를 기대했던 하나님 나라의 실상을 도전하는 것이다. 우리에게 하나님 나라의 비전을 깨우치고, 그 비전을 따라 살 수 있는 역량을 부여하고, 우리 스스로는 할 수 없지만 성령의 능력을 따라 살 수 있도록 우릴 감동하고, 추동하고, 심지어 희생을 감수하면서도 그 현실을 살아낼 수 있도록 이끌 것이다.

이제 다시 질문해 보자. 오늘날 성령 충만을 강조하는 그리스도인들 안에, 이런 예수와 이런 하나님 나라에 대한 기대가 있는가? 교회의 설교는 하나님 나라를 상기시키며 또 강화하고, 교회교육은 하나님 나라의 청사진을 각인 시키며, 봉사와 선교는 하나님 나라의 확장을 위해 추진되고 있는가?

교회 공동체로 가능할까?

마지막으로 교회들이 가장 많이 강조하는 해법은 교회 그 자체다. 교회 없이 기독교를 상정할 수 없다. 교회가 세상을 변화시킨다.

지금까지 말해온 맥락에서 교회를 다시 정의하면, 교회는 예수의 하나님 나라 복음에 기초하여 형성된 신앙 공동체다. 따라서 교회는 하나님의 성령, 곧 세상을 새롭게 하고 변혁하며 하나님 나라를 이루는 영으로 움직이는 공동체다. 그렇다면 교회는 스스로 예수의 하나님 나라 복음을 살아내는 공동체임을 실천으로 증명해 보여야 한다. 마치 초대교회가 입증해 보인 성령 충만을 통한 급진적 변화를 오늘의 교회도 스스로 증명할 수 있어야 한다. 특히 그리스도의 몸으로서의 교회는 이 땅에서의 그리스도의 현현이다. 하나님 나라의 표본으로서의 교회공동체는 세상 한복판에서 하나님 나라를 드러내는 대안공동체이어야 한다.

만일 오늘날 예수의 몸 된 교회가, 진정한 사랑의 공동체로 거듭난다면, 그래서 초대교회와 같은 급진적 유무상통을 이룬다면 어떻게 될까? 세상이 여전히 손가락질하며, 많은 신자들이 교회를 떠나며 '가나

안 신자'가 되겠는가? 교회 공동체 내부에서부터 가시적인 하나님 나라 복음의 표현이 가능할 때, 그리고 형제사랑이 공동체 내에서 가시적으로 표현될 때, 비로소 세상은 교회가 예수를 따르는 제자인줄 알게 될 것이다. 요한 13:35

간혹, 하나님 나라를 고민하는 이들이 고통스런 질문을 던지곤 한다. 자신들이 세상 속에서 그 가치들을 시도해 보았지만 세상은 꿈쩍도 하지 않으며, 이 거대한 벽 앞에 아무것도 할 수 없다는 것이다. 그렇다. 세상은 호락호락하지 않으며 결코 혼자로서는 불가능하다. 신자 한 사람이 실제로 할 수 있는 일은 매우 제한되어 있다. 그래서 '공동체'로서의 교회 아니겠는가? 예수의 생명과 이상을 공유한 형제와 자매로서, 하나님 나라의 가치에 동의하고 거기에 헌신한 공동체적 연대와 결집된 힘이라야 세상을 바꿀 수 있다. 하나님 나라는 성령의 능력 안에서 교회의 공동체적 참여를 통해 실현 될 수 있다.

예수는 제자들을 내어보내며, 비둘기처럼 순결하라고도 했지만 동시에 '뱀처럼 지혜로우라'고 일렀다. "보아라, 내가 너희를 내보내는 것이 마치 양을 이리 떼 가운데로 보내는 것과 같다. 그러므로 너희는 뱀과 같이 슬기롭고, 비둘기와 같이 순진하게 되어라. 사람들을 조심하여라." 마태 10:16-17 교회는 비둘기처럼 순결하지도 않지만, 순결만 강조하느라 뱀의 지혜를 놓치면 순식간에 잡아먹히고 만다.

교회가 하나님 나라를 이루는 대안공동체가 될 때 그것은 교회의 각 지체들에게 '지지 공동체'가 될 수 있다. 보다 이상적이라면, 신자 각자는 거침없이 자신이 가진 잉여재산들을 나누어 가난한 지체들의 필요를 채울 것이다. 그런 상황 속에서라면 신자 각자는 용기 있게 하나님 나라만 구할 수 있게 될 것이다. 이 땅의 정의와 평화를 위해 일 할 수 있을 것이다. 그러면 이 모든 것을 채움 받는 현실을 경험하게 될 것이다. 즉 구하고 찾고 두드리는 것마다 모두 얻고 찾고 열리는 현실이 실재하게 되는 것이다. 그것이 '복음전도'와 '하나님의 선교' 곧 사회적 참여를 병행하는 길로 나타나게 될 것이다. 외부 사람들은 복음의 능력을 경험하고 또 함께 누리기 위해 예수께 나올 것이다.

만일 이처럼 하나님 나라의 가치가 공유되고 공동체가 함께 지지그룹이 되어준다면 교회는 세상을 변혁시키는 거대한 힘이 될 수 있다. 현실 참여적 이슈가 생겨날 때 그 공동체가 함께 목소리를 낸다면 세상은 당황하게 될 것이다. 혼자 목소리를 낸다면 아무도 주목하지도 않고, 또 공격을 받으면 쉽게 무너져버리고 말테지만, 함께 하나님 나라의 가치를 주장한다면 세상은 주목하게 될 것이다.

성경이 말하는 교회에 대한 가장 강력한 그림은 '그리스도의 몸'의 비유다. 예수는 더 이상 이 땅에 현존하지 않는다. 그럼에도 그리스도인들은 '임마누엘' 하나님이 우리와 함께 계신다 예수를 고백한다. 예수는 교회곧 자신의 몸를 지체삼아 이미 '지금 여기'에 현현한다. 따라서 교회 없이 예수는 이 땅에 현존하지 않는다. 다시 말해, 예수는 현실적으로 여기에 있지 않다. 그러나 그를 '머리'로 고백하는 몸 된 교회를 통해 여기에 여전히 있다. 성령으로 서로 연락하고 상합한 공동체가 그의 몸을 이루고 지상에 현현하는 것이다. 에베 4:16 그래서 세상은 그의 몸 된 교회를 통해 가시적으로 예수를 경험할 수 있게 된다. 그것이 유일한 길이다. 반대로 교회가 예수의 지상 몸이 되어 그의 뜻을 구현하지 못한다면 세상은 결코 그를 경험하지 못한다. 그러니 교회 공동체는 하나님 나라의 희년 실현에 실천적 대안을 제시할 수 있어야 한다.

또한 교회가 예수의 몸이라면, 예수의 의중이 교회를 움직이는 가장 강력한 콘트롤 타워가 되어야 한다. 그렇다면 그의 의중 속에 담겨 있는 하나님 나라의 가치가 교회를 움직이는 가장 핵심적 가치가 되어야 할 것이다. 따라서 교회의 예배, 교육, 교제, 봉사 등 교회를 이루는 모든 신학과 실천에 하나님 나라라는 가치가 작동해야 한다. 그러면 그 열매가 교회 안에서부터 맺어지게 될 것이다. 초대교회의 유무상통의 역사가 세상을 소동시켰던 것처럼, 교회가 소위 노방전도를 하지 않아도 세상이 교회를 주목하게 될 것이다. 심지어 교회가 더 나은 세상을 위한 대안이라 생각하고 사람들은 교회를 찾아들지 않겠는가?

기독교는 거기까지인가?

교회는 본질상 '세상의' 소금이요 '세상의' 빛이다. 교회가 교회 안에서만 해답이 된다면 그것은 교회가 아니다. 하나님 나라는 '교회 안'에서 구현될 그 무엇이 아니라, 세상 한 복판에까지 편만하게 임해야 할 하나님의 통치현실이다. 하나님 나라 확장이 소명인 교회는 마땅히 교회 경계선 밖의 세계에 관심할 수밖에 없다. 그 복음이 '교회 내부용'이 아니며, 그 하나님이 '교회만의 신'이 아니기 때문이다.

따라서 정상적인 기독교는 교회 밖 신앙 실천에 적극적일 수밖에 없다. 교회가 모이는 이유는 역설적으로 잘 '흩어지기 위함'이다. 교회의 가장 신앙적인 활동은 교회로 하여금 가장 적극적인 공적 현실에 참여할 수밖에 없게 한다. 건강한 교회는 이 땅의 정치현실과 경제상황, 사회현실 속에 적극적인 관심을 가지고, 그 현실 속에 하나님 나라의 가치가 편만하게 임하도록 수고해 갈 것이다.

그것은 우리가 사는 세상의 문제 상황에 대한 직시에서 출발한다. 하나님 나라 복음의 척도에서 보아, 세상 형편은 얼마나 거기에서 멀어져 있고 뒤틀려 있는가? 하나님 나라의 보편적 가치에 익숙할수록 그 왜곡을 손쉽게 분별할 수 있을 것이다. 나아가 그 왜곡된 현실에 의분을 품고 심지어 그 현실에서 발생하는 희생자들에 대한 연민과 억압받는 자들에 대한 사랑과 그 대안을 찾아 나서게 될 것이다. 보다 실천적인 가능성을 생각해보자.

적극적인 '예수 스타일' 선택

첫째, 신자의 개인영성은 중요하다. 그러나 '나만 아는' 이기적인 나는 결단코 하나님 나라에 부합한 삶으로 헌신하지 않는다. 그래서 예수는 율법을 둘로 요약하며, 하나님 사랑과 이웃 사랑을 말했다. 하나님 사랑의 관점에서 나를 사랑할 수 있는 만큼 이웃도 사랑할 수 있게 되는 것이다. 개인의 영성이 깊을수록 우리는 나 아닌 타인에게 관심할 수밖에 없다. 성령이 바로 그러한 영이기 때문이다. 나에게 치중하는 그리스도인의 영성은 형용모순이다. 그러한 성령 충만은 하나님 나라와 상관없다.

둘째, 하나님 나라의 영성으로 길러진 사랑과 연민이 열쇠다. 예수는 백성들에 대한 사랑과 그 처절한 삶의 현실에 대한 연민과 열정을 가졌다. 그것이 그로 하여금 이 땅의 가난한 자들 속에서 사역하게도 하고 십자가를 지기까지 한 동인이었다. 예수를 만나 우리가 경험하는 것도 그로부터 받은 사랑과 연민의 감정이다. 고통 받는 이웃, 강도만난 이웃들의 형편을 보고 들을 때, 우리의 사랑과 연민은 반응을 하게 만든다.

셋째, 동시에 불의한 세상에 대한 분노와 저항이다. 예수는 목자 없이 유리방황하는 민중들의 현실에 분노했다. 가난한 군중을 모조리 죄인 만드는 기존종교에 항의했다. 성전권력을 뒤집어엎고, 헤롯과 가이사의 폭력적 통치에 반한 하나님 나라를 선포했다. 하나님의 복음은 우리로 지배문화에 대한 저항에 나서게 한다. 불의한 정치현실에 저항하고 신자유주의적 자본주의 질서에 저항하며 둔감하고 무책임한 신앙담론에 저항하게 한다.

넷째, 예수의 단순한 라이프 스타일을 따르는 것이다. 예수는 예루살렘의 상류층에 들고자 하는 욕망이나 성공주의 복음을 거절했다. 그는 노동자의 삶을 살면서, 소위 '강남스타일'의 지배적인 삶의 방식에 도전했다. 그 삶을 따르기 위해서, 그리스도인은 단순한 삶을 선택하고, 자기의 욕망을 절제하며 부요한 삶의 스타일을 의도적으로 통제해야 한다. 가난한 이들과 사회적 약자들을 위해 살겠다고 삶의 목표를 재설정하는 것에서부터 시작할 수 있다. 하나님은 그 나라를 추구하는 자에게 필요한 쓸 것을 모두 채우실 것이다. 마태 6장

다섯째, 자신의 직업전공에 따른 구체적인 청사진을 마련하는 것이다. 예수를 믿는다는 것은 그의 하나님 나라의 비전으로 회심방향전환하는 것을 의미한다. 예수의 복음으로 세례를 받고, 그가 분부한 모든 가치에 자신의 행로를 재조정하는 것이다. 안락과 성공, 입신양명만을 추구하던 것에서 돌이켜, 하나님 나라의 가치실현으로 회심하는 것이다. 하나님 나라라는 큰 그림 속에서, '나는 어디에서 어떤 방식으로 기여하며 살 것인가? 나는 그 큰 그림의 어떤 퍼즐조각이 될 것인가?'를 판단하며 살아야 한다. 동시에 자신이 서 있는 삶의 영토에 하나님 나라가 임하기를 추구하며 살아가야 한다.

이웃과 사회에 대한 공동체의 관심과 배움

필자가 많은 기독 청년들과 함께 이 땅의 현실 상황에 대해 이야기를 나누면서 발견한 사실은 그들이 너무 순진하고 착하다는 점이다. 그러다 보니 사회 정황에 익숙하지 않으며 심지어 그에 무관심한 이들이 많다. 또한 착하고 열심 많은 이들일수록 스스로 검증해 보지지 않은 주입식 신앙에 맹목적인 이들이 많다. 역사의식의 결여는 물론 주체적이고 비판적 사고 역시 익숙하지 않다. 그들 중 다수는 '좋은 신앙이란 의심 없는 신앙이요, 권위에 대해서는 비판과 저항 없는 순응'이라는 전제에 대체로 동의하고 있다. 그래서 신앙이란 각자 '하나님과의 인격적인 관계' 문제로만 이해하며 자신의 내면적 삶에 치중한다. 따라서 현실 문제에 무관심하며, 그것이 자신과 세계에 어떤 영향을 미치는지에 대해 무지하다. 사회에 중요한 이슈가 발생해도 자신과 상관없는 일로 여겨 쉽게 지나치며, 설사 양심에 불편감이 올지라도 조금만 외면하면 괜찮아지는 것을 경험적으로 알고 있다. 모든 것은 지나갈 것이므로 그냥 귀 막고 눈 감고 지나칠 수 있다고 보는 것이다. 그런데 교회에 나와서는 찬양과 예배에 적극적이며 해외 선교와 같은 것에는 매우 헌신적인 모습을 보이기도 한다.

혹시 나쁜 신학이, 또한 그러한 신학에 경도된 교회가 기독 청년들을 바보로 만드는 것은 아닌가? 사회에 적응력 없는 종교인이나, 또는 가난한 자들에 공감할 줄 모르는 교조주의자들을 길러내는 것은 아닐까? 혹시 어떤 목회자들은 불의한 세상에 맞서지 않는 체제 순응적인 '착한 아이들'을 양산하는 것이 교회의 사명이라 여기는 것은 아닐까? 아이러니 하게도 신앙생활에 열심 내는 이들일수록 사회문제에 대한 무관심의 크기는 비례하는 경우가 많은 것 같다. 어쩌면 더 큰 책임은 교회들에 있다. 대중기독교의 선포와 신학에 편만한 '오직 믿음'과 반지성주의는 '역사의식'의 부재, '인문학적 사유의 결핍', 나아가 참여적 실천영성의 부재를 가져왔다. 이제 교회는 세상과 대화할 수 없는 지경까지 이르러 있다. 많은 기독 청년들은 교회를 이탈해 가거나, 아니면 그 환경 속에서 견디며 살아가고 있다.

분명한 것은 소위 교회적 신앙은 하나님 나라의 신앙과 동일하지 않다! 교회가 곧 하나님 나라가 아니라면, 참된 신앙은 예배당 출석과 단순히 비례하지 않는다. 세상의 속성을 알지 못하고 어떻게 세상의 빛과 소금이 되겠는가? 하나님 나라의 청사진이 없이 어떻게 세상을 변화시킬 꿈을 꾸겠는가? 설교자들 중에는 '경건'을 구실로 TV나 신문도 보지 않는 것을 자랑하는 이들이 종종 있다. 세속에 물들지 않겠다는 순진한 의지임은 이해하나, 성과 속을 가르는 극단적 이원론이 가져오는 약점을 피할 수 없게 된다. 그것은 오히려 온통 세상에 관심하고 그 한복판에 당신의 나라를 임하게 하시는 하나님 뜻에 위배되는 태도가 아닐 수 없다.

세상의 구조적인 면면을 이해하기 위해 적극적으로 세상을 알아 가야 한다. 객관적으로 사건을 보도하는 뉴스 기사를 읽고, 논설들을 통해 비판적으로 사안을 살펴야 한다. 인문-사회과학에 대한 적절한 공부도 필요하다. 마치 성경에 모든 해답이 있는 양 성경만 권하는 설교자들을 주의해야 한다. 여유가 되면 신학적, 철학적 사유를 깊이 하는 책들을 읽고, 사회, 정치, 경제 전반에 이해를 돕는 사회과학 서적들을 읽을 수 있다. 세상이 변해가는 만큼 신자들의 공부도 지속되어야 한다.

예배와 사회참여의 균형

하나님 나라의 교두보인 교회가 세상을 걱정하는 것이 마땅한데, 오늘날은 거꾸로 세상이 교회를 걱정하고 있다. '(주) 예수' 예수 주식회사라는 비난이 일상화 된지 오래다. 세인들에게 교회는 예수를 팔아 '천국 장사'하는 곳쯤으로 인식되기까지 한다. 실제로 대부분의 사람들은 이제 그 상품에 관심조차 없다. 오히려 그 상품에 혐오감을 느끼는 이들이 점차 많아지고 있다. 사정이 이렇다면 이제 교회는 그 반쪽 복음으로 하던 장사를 그만해야 한다.

신자들 역시, 예배는 열심인데 사회 속 '강도만난 자들의 형편'에는 무관심하다. 한 두 사람 구제하는 일에는 열심인데 사회의 구조적인 문제들에는 의도적으로 등을 돌리려 한다. 그것이 '정치적인 문제이며, 그것은 예수 믿는 사람들이 관심해서는 안 된다'는 프레임에 여전히 갇혀있다. 수많은 국가 사회문제들이 우리 삶에 산적해 있다. 많은 해직 노동자들과 실업 및 미취업 청년들, 비정규직 문제, 여러 참사의 희생자 가족이나 개발 문제로 인한 희생자들, 폭력에 희생되는 여성들과 차별받는 외국인 노동자 및 다문화 가족 등 무관심할 수 없는 이웃들이 많다. 그것은 곧 우리 교우들의 문제요 곧 내 가족의 문제요, 내 자녀들의 문제다.

엘살바도르의 유명한 로메로 주교는 "교회는 이 시대의 절박함에 지금 당장 용감하게 응답해야만 한다"고 말한 적이 있다. 예수의 사명장에 담긴 구원의 지평을 보라. 그것은 가난한 자, 포로된 자, 눈먼 자, 눌린 자들에 대한 대안 있는 복음이다. 급기야 희년의 선포까지 더하여 사회, 경제, 정치, 복지 전반을 아우르고 있다. 이는 교회로 하여금 단순히 예배를 드리고, 지역사회 복지에 참여하라 말하지 않는다.

예수는 당대 세상 권력에 어떤 반응을 얻었나? 예수를 따르는 신자와 교회는 어떠했는가? 왜 그러했는가? 오늘날 우리는 바로 그 예수를 따르고 있는 게 맞는가? 만일 예수가 그 정도에 그쳤다면, 그는 권세자들의 위협과 심지어 죽임을 당하지 않았을 것이다.

하나님 나라의 복음이 이런 시공간적 총체성이나 개인적이고 공적인 전체성을 특징으로 한다면, 그 일을 체계적이고 효율적으로 하는 대안은 바로 이 사회 시스템의 변화다. 하나님 나라의 가치가 이 땅의 지배문화에 스며들도록 그리스도인들은 목소리를 내야 한다. 다시 말하지만 하나님의 나라는 '교회 내부'에 제한되지 않는다. 교회는 하나님 나라의 복음의 공적지평에 대한 관심을 극대화할 필요가 있다.

그것은 시민적 참여로 나타나야 한다. 불의에 대한 예언자적 비판과 함께 사회 전반에 '정의가 강물처럼 흐르는 세상'이 오도록 애써야 한다. 특히 경제정의 실현에 관심을 기울여야 한다. 사회적 약자들에 대한 연대를 강화해야 한다. 교회에서는 사회적으로 힘 있는 자들이 아니라 오히려 사회적 약자들이 주인이 되어야 한다. 복음은 근본적으로 '가난한 자들을 위한 좋은 소식'이기 때문이다. 자신을 위해서도 헬조선의 현실에 분노하고, 대안마련을 위해 연대해야 한다. 최근 장하성 교수는 그의 저서를 통해 "아프니까 분노하라" 주장한 바 있다. "아프니까 청춘"이란 말이 자위적 운명론에 기대어 현실에 대한 분노와 저항의지를 꺾어버린다면, 그는 불의한 현실을 직시하고, 그러한 현실을 만드는 이들과 그 구조에 "분노하고 행동하라"고 촉구했다.

이를 위해 교회는 불의한 현실에 대한 감시 기능을 강화하고, 대안을 모색할 수 있는 전문가들을 격려해야 한다. 신자들 역시 자신이 관심하는 영역의 시민운동에 적극적으로 참여할 수 있다. 건강한 정치적 목표를 가진 정당 활동에도 참여할 필요가 있다. 협동조합과 같은 다양한 가능성들을 실험하며, 새로운 대안들을 모색해 낼 수도 있다. 최근에 회자되는 주빌리희년 은행과 같은 건강한 프로젝트에 교회의 역량을 모을 필요가 있다. 나아가 체제의 불의한 정책이나 사회적 약자들을 힘겹게 하는 법률제정 등에 반대하고 항의하고 시위해야 한다. 불합리한 정부정책에 반대하고 이의 개선을 촉구하기 위해 광장에서 집회하는 것은 헌법이 보장하는 권리일 뿐 아니라, 예수가 보여준 본이기도 하다. 그는 불의한 성전을 뒤엎으며 하나님의 정의를 시위했고, 폭압적인 율법체제를 반대하며 하나님의 사랑과 자비를 시위했다. 가만히 앉아 기도만 하겠다는 것은, '아무 것도' 하지 않겠다는 말과 같다. 예수의 하나님 나라를 꿈꾸는 사람들이 한 마음 되어 불의하고 부당한 현실에 한 목소리를 낸다면, 이 세상은 그 나라의 현실을 앞당겨 경험할 수 있을 것이다.

예수를 따라 세상 한복판으로

우리 주 예수는 당대 세계에 지독한 위협이 되었고, 결국 권력자들의 공모는 그를 십자가에 못 박았다. 그를 따른다는 교회가 현존하는 질서와 권력자들에게 위협이 되지 않는다는 것은 무슨 뜻인가? 교회마다 전도와 선교, 성경공부, 신앙상담, 사회복지는 모두 좋은 것이라며 열심히 추진하고자 한다. 그런데 사회참여에 대해서는 한결같이 불온하며 기독교와 어울리지 않는 것이라고 한다. 예수가 '나를 믿고 천국가자'고 설교하는 전도자였으면 십자가를 졌겠는가? 그가 가난한 자들을 먹이고, 병든 자들을 치유만 했으면 그를 죽였겠는가? 기득권자들은 왜 그를 위협으로 느꼈겠는가? 그가 가르치는 한 마디, 그의 행보 하나

하나가 하나같이 기존 질서에 저항하고 기존 판을 뒤엎는 것들이었기 때문이다. 이 십자가에 처형된 예수를 머리로 한 교회가 정작 예수의 도를 따르는 이들을 비기독교적이라 비판하는 세태는 얼마나 아이러니한가? 혹시 무늬만 예수교요 기독교인 것은 아닐까?

그러나 이러한 참여에는 건강한 성서와 역사해석이 전제되어야 한다. 역사상 중요한 사건들마다에서 그리스도인들의 참여와 또는 방조가 어떤 세상을 만들어 왔는가를 보라. 십자군 전쟁과 같이 기독교의 이름이 전면에 걸린 전쟁에서는 어떠했는가? 진리의 이름으로 마녀사냥을 일삼던 시절은 어떠했는가? 하나님의 이름으로 노예를 당연시하던 세상에서는 어떠했는가? 하나님의 이름으로 식민주의를 정당화 하고, 선교의 이름으로 타종교인들을 탄압하던 세상은 어떠했는가? 여성, 흑인 및 유색인종들을 차별하고 탄압하던 세상에서는 어떠했는가? 나치의 광기에 대한 교회의 침묵과 무사유적 동조가 홀로코스트에서 어떤 참극을 불렀는가? 극우적 반공 이데올로기로 무장한 서북청년단의 광기는 한국 기독교에 어떤 암울한 역사를 남겼는가? 이러한 역사 참여는 대체로 비극을 불러왔고, 그것은 지금도 현재진행형이다.

그런 교회 분위기는 '정통'이라는 이름을 꿰차고, 체제에 순응하면 애국자요, 저항하거나 현실에 대한 비판적 발언을 하면 좌빨이니 종북이니 하며 비난한다. 교회에 순응하면 참 신자요 비판하면 마귀의 자녀가 되곤 한다.

물론 기독교 공동체는 특정 정치 이데올로기, 정파 등에 휘둘려서는 안 된다. 때론 특정 정당의 정강정책과 일치하거나 반대되기도 하겠지만, 교회는 하나님 나라의 복음이라는 척도에서 '좌로나 우'로 치우쳐서는 안 된다. 교회는 '예언자적 비판과 실천'이란 전통 하에서 당대의 권력에 지지도 하고 비판도 해야 하는 것이다.

하나님 나라가 기대하는 정의와 평화는 결코 자동으로 오지 않는다. 언어적인 기도만으로도 실현되지 않는다. 이 땅의 해방과 민주화 등은 많은 전쟁과 소요와 갈등의 산물이다. 많은 고난과 핏값을 치른 이들의 희생의 열매로 주어진 것이다. 세상의 평화는 고통스러운 핏빛 역사로 가득하다. 결코 순진하게 생각해서는 안 된다. 그 과정이 소란스럽다고 기독교적이 아니라는 식의 비판 등은 더더욱 곤란하다. 정의와 평화를 위해 일하는 자들을 보라. 삶은 고단하고 얼굴은 어둡다. 싸움에 치이고 지쳐서 곤한데, 그 싸움에 참여하지도, 그들을 지지하지도 않는 이들이 그들을 향하여 얼굴에 평화가 없다며 비기독교적이라는 등으로 비난하는 것은 잔인한 처사다. 정사와 권세와 세상 어둠의 주관자들과 싸우는 이들은 때로 정신은 피폐하고 소외와 고독, 심지어 폭력과 옥고 등의 희생에 노출되어 있다. 뭇 사람들의 행복한 오늘과 내일을 위해 자신의 오늘과 내일을 희생하는 이들 아닌가?

이 땅의 교회들이 이런 총체적인 하나님 나라의 복음을 공유하고 실현하기 위해 함께 연대한다면 무슨 일이 벌어질지를 상상해 보라. 그러므로 교회는 해외 선교뿐 아니라 사회선교에 적극 참여해야 한다. 건강한 사회를 위해 활동하는 시민단체와 활동가들을 지원하고 또 길러내야 한다. 불의하고 왜곡된 세상형편에 분노하고 비판적으로 사유하며 참여하는 청년들을 지지하고 후원해야 한다.

이 땅의 통치자들과 이 땅의 지배 권력들 다수가 기독교인이라는데, 눈에 띄는 많은 이들이 반민족, 반민주, 반평화, 반평등, 반인권 등의 가치를 추종하며 예수의 하나님 나라 복음에 반하는 '기독교'를 대표해 왔다. 만일 그들이 '하나님 나라의 복음'을 제대로 배웠더라면, 그

가치를 이해했더라면, 그 공적지평을 이해했더라면 얼마나 다른 현실을 살아낼 수 있을까?

그리스도인이란 예수의 도를 따르는 사람들이다. 교회가 예수의 몸이라면, 그래서 지상에 현현하는 그리스도의 보이는 형상이라면 교회는 예수처럼 행동해야 한다. 예수가 지향했던 곳을 가리키고, 그가 가르친 것을 가르치며, 세상에서 예수를 대리하는 공동체가 되어야 한다. 교회는 예수를 따라 세상 한 복판에서 하나님 나라를 구현해 갈 전초기지들이다.

'하나님 나라'의 관점에서 교회는 자기 정체성과 사명에 대한 이해와 실천을 새롭게 규정해야 한다.

이제 글을 맺으면서 다시 질문해 보자.

교회는 그 정체성으로 인해 세상으로부터 어떤 평가를 받고 있는가? 이 땅의 지배 권력은 이 교회를 어떻게 평가하고 있는가? 하나님 나라의 복음 때문에 교회는 현존하는 세계질서에 위협이 되고 있는가?

요한 계시록 21장은 '기독교의 희망'에 관한 이야기를 들려준다.

> 1 나는 새 하늘과 새 땅을 보았습니다. 이전의 하늘과 이전의 땅이 사라지고, 바다도 없어졌습니다.
> 2 나는 또 거룩한 도시 새 예루살렘이 남편을 위하여 단장한 신부와 같이 차리고, 하나님께로부터 하늘에서 내려오는 것을 보았습니다.
> 3 그 때에 나는 보좌에서 큰 음성이 울려 나오는 것을 들었습니다. "보아라, 하나님의 집이 사람들 가운데 있다. 하나님께서 그들

과 함께 계실 것이요, 그들은 하나님의 백성이 될 것이다.
4 그들의 눈에서 모든 눈물을 닦아 주실 것이니, 다시는 죽음이 없
고, 슬픔도 울부짖음도 고통도 없을 것이다. 이전 것들이 다 사
라져 버렸기 때문이다."
5 그 때에 보좌에 앉으신 분이 말씀하셨습니다. "보아라, 내가 모
든 것을 새롭게 한다." 또 말씀하셨습니다. "기록하여라. 이 말
은 신실하고 참되다." 계시 21:1-5

이 세상에 문제는 늘 있었고, 또 있으며, 앞으로도 있을 것이다. 죽음과 아픈 것, 애통과 눈물은 늘 남아 우리를 고통스럽게 할 것이다. 하지만 성경은 더 이상 그러한 고통이 없을 이상적인 현실을 기대하고 격려하며, 소망을 부여한다. 기독교는 하나님 나라의 복음에 더욱 집중해야 할 것이다. 개인으로서, 동시에 교회로서 이 청사진이 우리의 꿈, 살아갈 이유, 기도할 제목이 되기를 기원한다.

닫는 글

1. 예수

앞에서 우리는 반골이요 변혁자였던 복음서의 예수와 그의 하나님 나라 복음을 살펴보았다. 오랜 세월 그를 배우고 그를 따른다면서도 우리는 그의 일부의 모습에만 주목해 왔다. 우리에게 익숙한 예수와 그 유려한 복음, 번성과 평안을 구가하는 이야기들을 반복했다. 예수의 탄생은 '고요한 밤 거룩한 밤'에 목동들이 경배하는 평온한 밤의 서사로, 그의 메시지는 '마음이' 가난하고 그 마음이 청결하고 온유한 자에게 천국이 주어지는 결론으로, 그의 고난과 죽음에는 대속의 의미만으로 고정된 이야기를 반복해 왔다. 그 이야기들 속에서 예수는 언제나 온순한 어린양이었고, 우리의 모든 기도에 응답해주시는, 복 주시는 전능자였다. 더 이상의 이야기는 그리 중요하지 않았다. 대중기독교의 성서 읽기는 대개 이러한 고정된 프레임 안에서 반복되었다. 그것은 불가피하게 그의 메시지를 편향되게 했고, 신자들로 하여금 그의 시선을 마주하지 못하게 했다. 심지어 우리의 예배와 골방, 신학과 실천, 우리의 개인 일상과 공적 현실에서 그를 낯설게 만들었다.

그러나 이제 안다. 그 복음은 이 책에서 제시한 예수와 그의 메시지를 심하게 굴절시켜 놓았다. 예수의 복음은 '교회 너머'의 너른 지평을 지향하고 있다. 그의 하나님 나라의 복음은 예수 믿어 마음의 평안을 얻고 천국 가는 이야기를 넘어, 이 땅의 현실 속에 하나님의 샬롬의 통치가 편만하게 임해오는 현실을 전망한다. 그것은 개인 내면의 영역을 뛰어넘어 사회적이고 공적인 지평을 포괄하는 현실이다. 예수의 꿈 안에서는, 그 나라의 새로운 질서를 열망하는 '적은 누룩'들이 결국 거대한 덩어리를 통째로 바꾸어 놓는 현실을 그리고 있다.

예수를 잘 알아야 한다. 그를 낯설게 감추던 어색한 화장을 지워내고, 복음서 면면에 현시하는 그의 맨얼굴을 다시 회복해 내야 한다. 그가 살았던 세계에서 그의 '하나님 나라' 복음이 함의하던 실재를 잘 알아, 오늘 우리 시대 현실 속에서 다시 그의 목소리가 울려 퍼지고, 그의 거침없는 행보가 이어지도록 해야 한다.

예수를 믿는다는 것은 그의 뜻과 비전을 나의 것으로 수용하고 그의 길을 따라나서는 것을 의미한다. 그래서 그가 우리를 통해 오롯이 살아가도록 우리 삶을 개방하는 것이다. 만일 우리가 복음서의 예수를 오해하고 잘 못 알고 있다면 이상한 예수를 살아낼 수도 있다. 오늘날 많은 이들에게서 보듯, 예수의 이름으로, 바로 그 예수가 직격탄을 날리며 비판했던 바리새적인 모양새로 살아갈 수도 있는 것이다.

당신은 이 시대에 여전히 고통받는 세계를 주목하는가? 자신과 가정과 익숙한 사회적 경계를 넘어, 여전히 비참한 현실에 놓여 있는 모순된 세계를 인식하는가? 예수는 교회 너머의 세상에서 그의 뒤를 따르라 도전한다.

2. 그가 꿈꾸던 나라

오늘날 대중기독교는 '예수가 조심스러워'하는 '가는 천국'만 말하느라 '예수가 역점을 두고 강조'하는 '오는 천국', 곧 '이 땅 위에 임하는 하나님 나라'를 잃었다. 그것은 온 세계에 임해오는 하나님의 현존과 통치 현실이다. 따라서 빛의 부재가 곧 어둠이듯, 하나님 나라의 부재는 곧 역사 안에 지옥을 현존하게 한다. 하나님 나라가 죽음 너머의 실재이기 이전에 지금 여기에의 실재라면, 지옥도 바로 지금 여기의 현장이라는 것을 인식해야 한다. 그러므로 이 땅에 임하는 하나님 나라의 복음을 등한시하는 교회는 '지금 여기'에 임해 있는 '지옥'의 곤경을 간과하는 것이다.

하나님 나라 복음은 기존 질서에 대한 뒤바뀐 현실을 요청한다. 그것은 지배질서와 지배문화, 당대 문명이 정상이라 간주하는 많은 것들에 대한 비판과 도전을 제시한다. 다수의 교회가 그것에 무관심한 채 '성안'의 삶에 만족하고 있다. 복음을 설교하는 이들조차 그것을 언어적 기도로 퉁치고, 내세의 천국 약속으로 변개해 내면서 '성 밖' 세상의 현실 문제를 간과하고 있다. 열심 있는 교회들마저 교회 너머의 사회-정치-경제적 이슈는 도외시하고 주변의 자잘한 구제와 복지사업에 대한 관심에만 머무르고 있다. 예수가 선포한 하나님 나라는 교회 너머 이 땅의 총체적인 현실에 임해야 하는 실재다.

예수가 처형된 십자가의 역사적 의미는 이 '하나님 나라 복음'의 맥락에서 재규명되어야 한다. 그는 그 복음으로 인해 '반체제 인사'가 되었고 '체제반역자'로서 십자가에 달렸다. 예수를 적대하던 세상은 예수가 선포한 복음의 실제 의미를 잘 알고 있었다. 그러나 로마의 공포정치 하에서 억압받던 초대 교회는 생존을 위해 그 의미와 실상을 감추는 편을 선택했다. 그것이 비극의 시작이었다. 복음서의 기록은 모호해지고, 해석자들은 우의적이고 영적인 의미만 이끌어냈다. 덩달아 설교자들은 그 영적이고 내면적인 의미만 강조하며 예수의 종교를 골방에 가두었다. 그의 죽음을 '죄용서'를 위한 대속적 의미에만 묶어 두는 것은 실로 그의 죽음을 무효화 하는 것이나 진배없다.

예수가 전망했던 하나님 나라의 그 전복적인 실상을 다시 되살려 내야 한다. 그것이 교회도 살고 세상도 살리는 길이다. 이를 여전히 망각하고, 심지어 은폐하는 것은, 그 나라의 도래를 갈망했던 예수의 그 절절한 열망을 배반하는 것이다. 온 세상 가득 '샬롬의 현실'이 구현되기를 꿈꾸는 예수의 하나님 나라의 복음을 지금처럼 '교회 내부용'으로만 축소해 버리는 것은 가히 이단적이라 하지 않을 수 없다. 그것은 정작 하나님의 복음이 관심해야 할 어둡고 고통받는 교회 너머의 세상을 향한 소명을 저버리는 것이다. 이는 단순히 복음에 대한 오해가 아니라, 이 세상을 구원하는 하나님 나라의 지평을 선포하고 구현하다 십자가에 달려 죽은 예수에게 등을 돌리는 것이다.

그러므로 십자가에 달린 예수를 주로 고백하는 교회는 오늘의 역사

현실 속에 임해오는 하나님 나라를 선언하며, 그를 따라 박해받는 교회가 되는 것을 각오해야 한다. 예수를 머리로 모신 모든 교회는 그 신앙과 실천에 있어서 이 '하나님 나라'의 코드에 부합하도록 모든 이론과 실천을 재정렬시켜야 한다. 교회의 예배는 이 땅의 현실이라는 토대 위에서, 거기에 임하는 '하나님 나라'에 초점을 두어야 한다. 예배가 지속해 갈수록 그 나라의 가치를 강화하고, 신자를 격려하며 새롭게 회복시키고, 함께 연대하여 그 나라를 일구는 역군이 되어 세상 한복판으로 파송되도록 도와야 한다. 성도의 교제는 하나님 나라의 형제애로 뭉친 급진적인 공동체가 되어야 하며, 서로에게 강력한 지지그룹이 되어야 한다. 서로 예배하고 떡을 떼고 말씀을 배우면서 서로를 회복시키고, 세상을 변화시키기 위한 동지로 구비 되어야 한다. 교회의 교육과 봉사 역시 마찬가지다. 그것은 강력한 하나님 나라의 표현이 되어야 한다. 그 결과 교회는 다시 세상의 빛과 소금으로 되살아나고, 세상은 어둠과 부패를 이기며 소성해갈 것이다.

3. 그를 따라나서기 전에 …

이 책에서 다룬 예수와 하나님 나라 주제를 다루는 데 있어 염두에 두어야 할 점들이 있다.

첫째, 우리 시대에 그 메시지가 전하는 바의 실현을 위해서는 신중한 적용이 필요하다. 예수의 하나님 나라는, 그것이 사후의 현실이거나 또는 이 땅에 구현되어야 할 현실이거나 간에, 양자는 서로 대비되는 개념임에도, 이 둘 모두 서로 다른 맥락에서 이상향에 대한 꿈이다. 즉 어느 쪽이든 이 땅에서 내가 존재하는 동안에는 그 '완성'을 경험할 수 없다는 차원에서 그러하다. 애석하지만, 우리가 무엇을 계획하고 실행하던지, 우리는 다만 믿음으로 그 '근사치'에 도달하기 위해 매진해 갈 따름이다.

둘째, 하나님 나라의 선포와 강조에 있어서 그 균형을 위한 선택적 노력이 요구된다, 하나님 나라는 본성상 그 나라의 미래성과 초월성, 영원성 등이 강조되거나, 반대로 그것의 현재성이나 내재성, 세속성 등이 강조되는 차이를 보일 수 있다. 하지만, 그 나라는 그 양자 모두를 포괄하며 서로 분리되는 실재가 아니기에 어느 한 편만을 취사선택해서는 안 된다. 대신, 교회의 현재 선포의 맥락에서 어떤 점이 강조되고 있느냐에 따라 균형을 요하는 노력이 요구된다 할 것이다. 미래적 지평이 강조되었던 곳에서는 '현재 이곳에 임하는 나라'가, 현재적 지평이 강조되었던 곳에서는 '미래에 완성될 하나님 나라'가 보다 강조된다면 건강한 균형을 유지할 수 있게 될 것이다.

이 책에서는 그 균형을 위해 주로 후자를 강조했다. 대중기독교의 이해가 워낙 전자 쪽으로 치우쳐 있다고 판단했기 때문이다. 그러나 동시에, 어느 한 가지만을 정답이라고 고집하면 똑같은 방식에서 오류에 빠질 수도 있음을 기억해야 한다. 반복하지만, 하나님 나라의 내세적 지평만 강조하면 현세적 지평을 잃듯, '이 땅에 임하는 하나님 나라'만 강조하다 보면 내세적 지평을 간과할 수 있다. 예수 이해에 있어서도 마찬가지다. 교리를 강조하며 예수의 신성만 강조하면 그의 현재성과 역할모델로서의 기준이 약화되고, 예수는 곧장 신화화 되어버린다. 반대로 실천을 강조하며 그의 인성만 강조하면 그의 독특성과 규범성 등이 약화되고 만다. 따라서 이 역시 교회의 상황 분석에 따라 균형을 찾는 강조점이 제시되어야 할 것이다.

셋째, 우리가 예수를 따라 어떻게 살아야 할 것인지에 대해서도 개인과 교회 특성이 고려되며, 각자의 선택이 존중되어야 한다. 신자들 중에는 믿고 기도하며 겸손히 하나님의 역사를 기다리는 이들도 있고, 반대로 자신들의 신앙적 판단을 실행에 옮기며 이를 직접 구현하려는 이들도 있을 것이다. 서로 자신만이 옳다며 진정성 논쟁을 벌이거나 상대를 비난하는 것은, '서로 사랑'이 최고선인 기독교의 관점에 반한다. 예수는 '형제 사랑'에서 그의 제자됨이 표지를 확인했다요한 13:34-35. 예수를 주主로 모신 한 몸 안의 지체됨과 동역 의식이 동반되어야 한다. 서로의 장점을 인정해주고, 서로가 서로를 필요로 하는 유기적 존재들임을 인정하며, 그 나라의 도래를 위해 서로 격려함으로 협력해야 할 것이다.

넷째, 그러나 그런 차이에도 불구하고 그 나라에 대한 총체적인 청사진만큼은 모두에게 분명해야 한다. 예수가 펼쳐 보인 나라에 대한 다각적인 이해와 구체적인 청사진은 함께 공유할 밑그림이어야 한다. 서로 다른 방향성과 대안은 그 청사진을 이루는 서로 다른 지체들의 동역 차원에서 이해될 수 있다. 자신의 이해가 항상 옳고 자신의 방식만이 참되며 자신이 속한 공동체만을 하나님이 사랑하시고 사용하신다는 독선은 스스로에게든 교회 전체로든 아무런 유익이 없다.

4. 이제 예수와 길동무 되어...

이 글들은 예수와 그의 나라에 관한 교회를 향한 나의 충정 어린 제안이다. 물론 당신은 이 책에서 제시된 이해와 기준을 부정하거나 반대하고, 지금까지 가던 길을 그대로 가도 상관없다. 그러나 스스로가 이 책에서 제시한 기준에 미치지 못하는 것과 이를 아예 부정하는 것은 다르다.

예수는 '영생'의 이슈를 다루면서 우리에게 '강도 만난 자의 이웃'이 되라 권한 적이 있다눅 10. 예수를 따르는 이들에게 이는 피할 수 없는 강령이다. 그것은 '하나님 나라'가 일상에 임하는 구체적인 상황을 제시해 준다. 그것은 이 땅에서 강도를 당하고 빼앗기고 두들겨 맞고 죽어가는 이들에 대한 보호를 요청한다. 또한 강도가해자에 대한 처벌과 함께, 강도짓으로라야 배를 채우며 사는 이들을 양산하는 사회 환경 모두를 입체적으로 개선해 내기를 요청한다. 더 나아가 애초에 신변의 위협을 걱정하지 않아도 되는 안전한 세상, 애초에 남에게 피해를 주어서라도 내 파이를 키워야 한다는 생각을 할 필요가 없는 건강한 세상, 갑작스러운 실직이나 노동을 할 수 없는 처지에 놓인 이들도 생존을 걱정하지 않아도 되는 평균된 세상… 이 같은 적용이 '하나님 나라'를 꿈꾸는 교회 신앙의 공적 실천이 되어야 할 것이다.

나는 이 책으로 하나님 나라를 위해 내 상황에서 내가 할 수 있는 작은 역할을 하고자 했다. 나는 이 책이 그려주는 예수와 그의 나라가, 당신과 이 땅의 교회에 하나의 작은 불씨를 제공하게 되길 희망한다. 이 그림에 공감하고, 그 이상에 따라 살아지는 세상을 위해 함께 노래하고 꿈꾸는 이들이 점점 늘어가기를 기대한다. 종종 실패하고 더디더라도 그 꿈 안에서 여전히 더 나은 세상을 희망하며 헌신하는 교회들이 늘어가기를 희망해 본다. 신자들의 기도가 더욱 구체적이게 되길 바라고, 예배가 더욱 그 본질에 치중하기를 바란다. 그 실천이 예수의 꿈에 잇닿는 것이 되길 기대한다. 나아가 그리스도인들이 교회를 넘어 삶의 현장 속에서 성경을 더욱 진지하게 읽고 예수를 더욱 분명하게 인식하며, 더 사랑하며 더 전심으로 따르게 되기를 바란다.

이제 책을 덮기 전에 잠시 멈추어 자신에게 질문해 보자.

- 나는 복음서가 전하는 예수와 그의 나라 복음을 충분히 잘 이해하고 있는가?

- 내 개인의 관심사와 비전은 예수의 그 하나님 나라에 토대해 있는가?
- 내가 속한 교회의 존재 이유와 목적, 방향과 지표가 예수의 '하나님 나라'에 부합하게 정렬되어 있는가?
- 내 교회가 기도하고 헌신하는 영역은 예수의 하나님 나라 확장과 얼마나 직간접적 연관성을 지니고 있는가?
- 우리는 이 예수를 따라 어떻게 살아야 할까?

예수를 따르는 당신의 길이 복되길 빈다.

그의 꿈이 머무는 곳에 그와 함께 길가는 복된 걸음 이어지기를 빈다.

이제는 당신이 그의 도반道伴이 되어…